工业和信息化高职高专"十三五"规划教材立
高等职业教育财经类**名校精品**规划

U0589592

ECONOMICS FOUNDATION

经济学基础

何万能 曾泓华 贺旭红 主编
汪肖 刘会平 谭丹凤 副主编
陈春泉 吴刚 主审

人民邮电出版社
北 京

图书在版编目（CIP）数据

经济学基础 / 何万能，曾泓华，贺旭红主编. -- 北京：人民邮电出版社，2017.1（2021.1重印）
高等职业教育财经类名校精品规划教材
ISBN 978-7-115-44433-2

Ⅰ. ①经… Ⅱ. ①何… ②曾… ③贺… Ⅲ. ①经济学－高等职业教育－教材 Ⅳ. ①F0

中国版本图书馆CIP数据核字（2016）第305274号

内 容 提 要

　　本书以培养高职学生的职业综合能力、复合型技能，拓宽知识面为目标。以经济生活中所涉及的财经金融领域的基础知识和基本现象为主线进行编写。内容包括经济常识、马克思主义政治经济学、财政金融基础知识、创业基础知识 4 个方面。本书着重于培养学生的动手能力，理论上力求简明扼要，且附有职业道德与素养、职业能力训练、学习评价等特色内容。

　　本书可作为高职院校财经类专业经济学基础课程的教材，也可作为经济学、企业管理培训教材或初涉财经领域人员的入门参考用书。

◆ 主　　编　何万能　曾泓华　贺旭红
　　副 主 编　汪　肖　刘会平　谭丹凤
　　主　　审　陈春泉　吴　刚
　　责任编辑　李育民
　　责任印制　焦志炜

◆ 人民邮电出版社出版发行　　北京市丰台区成寿寺路 11 号
　　邮编　100164　　电子邮件　315@ptpress.com.cn
　　网址　http://www.ptpress.com.cn
　　三河市祥达印刷包装有限公司印刷

◆ 开本：787×1092　1/16
　　印张：13.75　　　　　　　　2017 年 1 月第 1 版
　　字数：334 千字　　　　　　 2021 年 1 月河北第 8 次印刷

定价：35.00 元

读者服务热线：(010)81055256　印装质量热线：(010)81055316
反盗版热线：(010)81055315

前　言
Preface

　　《中国制造 2025》和"互联网+"的全面推进，引发了新一轮对企业信息化复合型人才的强势需求。"经济学基础"是经济学、管理学专业的专业基础课，也是许多非经济管理专业的学生认识经济、了解经济，进而理解居民个人消费选择、家庭理财投资决策、厂商生产决策以及当前我国政府实施的宏观经济政策的重要课程。编者根据高职学生的特点，以"基础性、实用性"为原则编写本书。本书的主要特点如下。

　　1. 内容上突出实用性。本书注重理论与实践的结合，以"理论必需，够用为度，能力本位"为原则，使学生掌握基本理论，注重体现经济理论与生活中方方面面的相关性。以理论来解释现实社会中的客观经济现象，以增加学生的学习兴趣，提高学生的实践能力。

　　2. 结构上突出创新性。本书采用最新的教材编写体例，每个模块下设有职业能力目标及主要概念、项目、职业道德与素质、小结、职业能力训练、学习评价等子模块，其中，职业能力训练供学生课后练习和进行经济问题分析。

　　3. 形式上突出生动性。本书力求语言简明扼要、深入浅出、通俗易懂、易学好教，使教学更加生动。

　　本书由湖南财经工业职业技术学院何万能、曾泓华、贺旭红主编；湖南财经工业职业技术学院的汪肖、刘会平、谭丹凤副主编；参加本书编写的还有湖南财经工业职业技术学院的张琦、王志伟、刘小海、刘萍、李慧、周怡岑，衡阳雁能集团财务部长丁友林等。本书由湖南财经工业职业技术学院的陈春泉教授、湖南天翼会计师事务所所长吴刚（高级会计师）审定。

　　由于我们水平有限及时间仓促，书中不足之处请读者批评指正。

编者

2017 年 1 月

目 录
Contents

模块一
经济常识

职业能力目标及主要概念

1. 专业能力
（1）了解有关经济现象和学习经济常识的意义；

（2）熟悉经济学的分类；

（3）掌握经济学研究的基本问题。

2. 职业核心能力
（1）能通过日常的经济现象，分析指出现象背后的经济问题；

（2）提高自己参与经济活动的能力，自觉规范自己在经济生活中的行为。

3. 主要概念
稀缺性、微观经济学、宏观经济学。

项目一 | 经济学概论

【引例与分析】2016 年 8 月 8 日，巴西里约奥运会女子 100 米仰泳半决赛圆满落幕。中国选手傅园慧以 58 秒 95 的成绩获得第三名，成功晋级决赛。

赛后在泳池边接受采访时，当记者告诉她游了 58 秒 95 的成绩时，傅园慧一副惊讶的表情，不相信自己游到了这么好的成绩，她张大嘴巴，眼珠子瞪得圆圆的，非常激动。如此夸张的表情让她迅速成为众多网友的"表情包"，妙语连珠更是让一些网友说"我都快笑哭了"。

"哇！我以为是 59 秒，我居然游得这么快！""我很满意，我没有保留，我用了洪荒之力了！这是我历史最好成绩了。""鬼知道我经历了什么，最近 3 个月恢复太辛苦，之前的训练简直生不如死。"傅园慧一连串的金句让记者都惊讶不已。在被问到是否对决赛充满希望的时候，傅园慧居然摇着头说："没有了，我已经很满意了。"最后，傅园慧一路小跑尖叫离开……

傅园慧的这段"魔性"采访，瞬间爆红网络。傅园慧的微博粉丝短短两天从最初的十几万人涨到了惊人的三百二十多万人，最新的一条微博，评论更是超过 10 万条。而在热搜榜上，傅园慧则超过众多热词，登上首位。

——人民网

[问题]从经济学的角度分析，傅园慧的采访为什么会这么"火"？

[分析]从经济学的角度分析，傅园慧的采访会火爆网络，是因为她没有按规定的格式接受采访，而是出人意料的率性直言，在这种场合以这样的说话方式在今天具有极大的稀缺性！说假话套话尽管安全，但因为不稀缺而极其廉价，而傅园慧说话的方式没有绕弯，都是发自她的内心和本真，无疑会给网络界带来一股清新的"洪荒之力"。

一、稀缺性与经济学

"稀缺"二字，代表着种不同的含义：一个是稀有的；另一个是紧缺的。在经济学里，稀缺被用来描述资源的有限可获得性，是相对于人们无穷的欲望而言的。人的欲望是无限的，但资源是有限的。相对于欲望的无限性，资源的有限性引起了竞争与合作。竞争就是争夺对稀缺资源的控制，竞争是社会配置资源，即决定谁得到多少稀缺资源的方式。所谓合作就是与其他人共同利用稀缺资源、共同工作，以达到一个共同的目的。通过合作的形式是为了以有限的资源生产出更多的产品，合作是解决资源稀缺性的一种途径。

资源的稀缺性是一切经济学分析的基础和前提条件。

经济学是一门研究稀缺资源配置与利用的社会学科。它是研究人和社会如何进行选择，使用具有多种用途的资源来生产各种产品，并在现在或将来将产品分配给各个社会成员以供消费，也就是说经济学主要研究解决生产什么，生产多少，如何生产，为谁生产以及谁作出经济决策等一系列问题的学科。

二、微观经济学与宏观经济学

经济学按照研究对象进行分类，分为微观经济学和宏观经济学。

微观经济学以单个经济单位的经济行为为研究对象，进而研究整体的行为及其后果。微观经济学有 3 大基本前提假设即理性人假设、完全信息假设和市场出清假设。在 3 大假设的基础上，采用个量的研究方法，以价格理论为中心理论研究单个经济单位的资源合理配置的问题。

宏观经济学以国民经济整体的运行为研究对象，进而研究整体的行为及其后果。宏观经济学的基本假设为市场失灵假设和政府有效性假设。在此假设的基础上，采用总量分析的研究方法，以国民收入决定理论为中心理论解决资源充分利用的问题。

微观经济学与宏观经济学是相互补充的，而且都是采用实证分析的方法，微观经济学是宏观经济学的基础。两种经济观察不过是看待同一事物的两种不同的方式。微观经济学自下而上考察经济，宏观经济学则自上而下考察经济。经济作为一个总体的行为依赖于组成总体的个体单位的行为。

业务 1-1

资源的稀缺性是指（　　）。

A. 资源的绝对数量的有限性

B．相对于人类社会的无穷欲望而言，资源总是不足的

C．生产某种物品所需资源的绝对数量的有限性

D．资源必须保留给下一代

答案：B

解析：经济学研究的基础就是资源的稀缺性，如果不存在资源的稀缺性也就不存在经济学，而资源的稀缺性是相对于人类社会的无穷欲望而言的。

业务 1-2

微观经济学解决的问题是（　　）。

A．资源配置   B．资源利用

C．单个经济单位的经济行为   D．价格理论

答案：A

解析：微观经济学是以价格理论为中心理论研究单个经济单位的资源合理配置的问题。

三、经济学研究的基本问题

经济学主要解决 3 大问题，即生产什么、如何生产和为谁生产。

（1）"生产什么"要解决的问题是如何选择用总量既定的生产资源来生产哪些产品，并最大限度地满足人们的需要，也就是资源配置问题。

（2）"如何生产"要解决的是如何从生产同一种产品的许多种不同方法中选择一种成本最低或者最有效率的方法，例如多用资本和少用劳动的方法或少用资本多用劳动的方法。生产方法的选择既要从技术角度考虑，也要从经济角度考虑。而有效的生产方法是指我们不可能增加一种商品的生产而不从另一种商品的生产中获取资源，从而减少另一种商品的产量。

（3）"为谁生产"要解决的实际上是一个收入分配问题，生产出来的产量和劳务用什么样的方式分配到社会的各个成员当中，即怎样分配。

西方经济学除了研究上述 3 个基本的问题之外，还研究社会稀缺资源是否得到充分的使用，社会资源总量的变动，以及货币的稳定性等问题。

 怎样理解西方经济学是一门考察市场体系中稀缺资源配置的科学？

项目二 | 经济理论

【引例与分析】美国总统罗斯福连任 3 届后，曾有记者问他有何感想，总统一言不发，只是拿出一块三明治面包给记者。这位记者不明白总统的用意，又不便问，只好吃了。接着总统拿出第二块，记者还是勉强吃了。紧接着总统拿出第三块，记者为了不撑破肚皮，赶紧婉言谢绝。这时罗斯福总统微微一笑："现在你知道我连任三届总统的滋味了吧。"

[问题]从经济学角度分析记者为何不吃第三块面包了？

[分析]这个故事揭示了经济学中的一个重要的原理：边际效用递减规律。为什么记者不再吃第

三个面包是因为再吃不会增加效用，反而是负效用。在经济学中，总效用是指在一定时间内消费者从消费商品或劳务中获得的满足程度的总和。边际效用是指在一定时间内消费者每增加一单位商品或劳务的消费中所获得的效用增加量。随着消费者消费某物品数量的增加，消费者获得的总效用先是增加，达到一个最大值后开始减少，而该物品对消费者的边际效用是逐渐递减的，在总效用达到最大值时，边际效用为零，如果再继续消费，边际效用成负了。

例如，水是非常宝贵的，没有水，人们就会死亡。但是，你连续喝，超过了你能饮用的数量时，那么多余的水就没有什么用途了，再喝边际价值几乎为零，或是在零以下。现在我们的生活富裕了，我们都有体验"天天吃着山珍海味也吃不出当年饺子的香味"。这就是边际效用递减规律。

一、需求、供给与市场均衡

1．需求理论

（1）需求的含义。需求是指消费者在一特定时期内，在各种可能的价格水平下，愿意而且能够购买的该商品的数量。我们可以把某种商品的各种价格水平和各种价格水平下对应的该商品的需求数量之间的关系用一张表来表示，如表 1-1 所示。

表 1-1　　　　　　　　　　某种商品的需求表

价格数量关系	G	F	E	D	C	B	A
价格 p（元）	1	2	3	4	5	6	7
需求量 Q（单位数）	700	600	500	400	300	200	100

如果把表 1-1 绘制成平面坐标图，就可以得到 7 个间断的点，假设商品的价格和相应的需求变化具有连续性，我们可以把这些点连接起来得到一条光滑的曲线，我们称为需求曲线，如图 1-1 所示。

需求关系可以是直线也可以是曲线，但它有一个明显的特征即向右下方倾斜，表示商品的价格和需求量呈反方向变动的关系。

（2）影响需求的因素。影响消费者购买欲望和购买能力的因素都会影响需求，影响需求的因素主要如下。

① 商品的价格（P）；

② 消费者收入水平（I）；

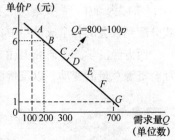

图 1-1　某种产品的需求曲线

③ 替代品的商品价格（P_s），替代品即指可以互相代替来满足同一种欲望的两种商品，例如洗衣粉和肥皂，它们之间是可以相互替代的，替代品之间价格与需求呈同方向变动；

④ 互补商品的价格（P_c），互补品是指共同满足一种欲望的两种商品，例如电视机和遥控器，它们之间是相互补充的，互补品之间价格与需求成反方向变动。

⑤ 消费者的偏好（T）；

⑥ 消费者对商品价格的预期（E）。

（3）需求函数。需求函数是指以影响因素为自变量，需求量为因变量的函数。我们用 Q 代表需求，根据上述的需求量影响因素可以得到需求函数：
$$Q_d=f(P, I, P_s, P_c, T, E...)$$

对于大部分商品来说，在其他条件不变的情况下，消费者收入的增加会增加消费者对某种产品的需求量，那么这种商品即为正常的商品。但有时消费者收入的增加会减少消费者对某种产品的需求量，而消费者的收入减少反而会增加对该商品的需求量，这样的商品即为低档品。

其他条件不变的情况下，替代品和互补品的商品价格的变化都会影响到该商品需求量的变动，具体来说替代品价格升高，会增加该种商品的需求量，反之，则会减少该种商品的需求量。互补品的价格升高，会降低该种商品的需求量，反之，则会增加该种商品的需求量。

在其他条件不变的情况下，消费者预期某种商品未来价格会上升，就会增加该种商品的现期需求量，反之，则会减少该种商品的现期需求量。

在其他条件不变的情况下，消费者的偏好不容易直接度量，但可以作为某种商品需求量的一个影响指标，当消费者感觉商品有益于健康，符合潮流，那么获得商品的欲望会增大，影响商品的需求量。

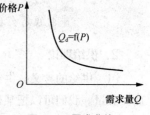
图 1-2 需求曲线

在其他条件不变的情况下，如果只考虑商品价格对其需求的影响，即把某种商品的需求表示为价格的函数，上述函数可以表示为：$Q_d=f(P)$。这是一个向右下方倾斜的曲线，表示降价会使商品的需求量增加，涨价会使商品的需求量减少，因此需求量 Q_d 是一个单调递减的函数。如果没有特别说明，通常所说的需求函数就是指价格需求函数，如图 1-2 所示。

业务 1-3

当羽毛球拍的价格下降时，羽毛球的需求量将（ ）。

A. 减少　　　　B. 不变　　　　C. 增加　　　　D. 视具体情况而定

答案：C

解析：羽毛球拍和羽毛球是互补品，羽毛球拍价格下降，羽毛球需求量增加。

（4）需求的变动和需求量的变动。需求的变动是指在价格不变的情况下，由于其他因素变动所引起的该商品的需求数量的变动。需求的变动表现为需求曲线的平行移动。

需求量的变动是指在其他条件不变的情况下，由于商品价格变动所引起的商品需求数量的变动，需求量的变动表现在需求曲线上就是价格与需求量的组合沿着同一条需求曲线移动。如图 1-3 所示。

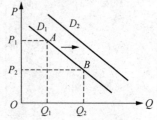
图 1-3 需求量变化曲线

在图 1-3 中，其他条件不变的情况下，价格由 P_1 变为 P_2，商品的需求量由 Q_1 变为 Q_2，即为需求量的变动。在价格不变的情况下，由其他因素引起的商品需求曲线发生平移，由 D_1 变为 D_2，即为需求的变动。

业务 1-4

下列哪一项会导致面包的需求曲线向右移动（　　）。

A．面包价格的上涨　　B．果酱价格的上涨　　C．收入的下降　　D．花生酱价格的下降

答案： D

解析： 本题考查的是需求的影响因素。选项 A 面包价格上涨，面包的需求量会减少，不考虑其他因素情况下需求曲线不移动；选项 B 果酱价格上涨，果酱是面包的互补品，它的价格上涨，导致人们减少对它的需求，从而减少对面包的购买，所以面包的需求曲线向左方移动；选项 C 为收入的下降，在同一价格水平上，消费者的购买力降低，从而使需求数量减少，需求曲线左移；选项 D 为花生酱，原理和果酱一样，它的价格下降，将间接导致人们多购买面包，所以需求曲线右移。

（1）国家限制公共场合吸烟的政策，会使每天吸的香烟量产生怎样的变化？用香烟的需求曲线怎么表示？

（2）国家提高香烟的价格，会使每天吸的香烟量产生怎样的变化？用香烟的需求曲线怎么表示？

2．供给理论

（1）供给的含义。供给是指生产者在一定时期内，在各种可能的价格下，意愿并能够出售的商品数量。我们可以把某种商品的各种价格水平和各种价格水平下对应的该商品的供给数量之间的关系用一张表来表示，如表 1-2 所示。

表 1-2　　　　　　　　　　　　　　　某种商品的供给表

价格数量关系	A	B	C	D
价格 P（元）	2	3	4	5
供给量 Q（单位数）	200	300	400	500

如果把表 1-2 绘制成平面坐标图，就可以得到 5 个间断的点，假设商品的价格和相应的供给变化具有连续性，我们可以把这些点连接起来得到一条光滑的曲线，我们称为供给曲线，如图 1-4 所示。

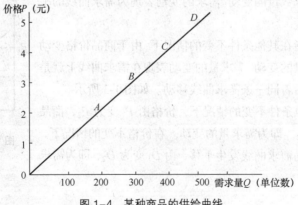

图 1-4　某种商品的供给曲线

供给关系可以是直线也可以是曲线，但它有一个明显的特征即向右上方倾斜，表示商品的价格和需求量呈正方向变动的关系。

（2）影响供给的因素（5个因素）。影响生产者供给欲望和供给能力的因素都会影响供给，影响供给的因素主要有：

① 商品的价格（P）；

② 生产技术和管理水平（T）；

③ 生产要素的价格（P_j）；

④ 对价格变化的预期（E）；

⑤ 相关商品的价格（P_i）。

（3）供给函数。供给函数是指以影响因素为自变量，供给量为因变量的函数。我们用 S 代表供给，根据上述的供给量影响因素可以得到供给函数：

$$S_d = f(P, T, P_j, E, P_i, \dots)$$

生产要素价格的上升会使生产者的单位生产成本提高，使生产者在给定价格下愿意提供的商品数量减少，会使供给曲线向左移动，反之，则向右移动。生产技术的进步和管理水平的提高可以提高劳动生产率，降低生产成本，增加生产者的利润，生产者会提供更多的产量，使供给曲线向右移动。如果生产者预期商品未来价格会上涨，则会推迟产品的出售，使现在的供给曲线向左移动，反之，则会向右移动。相关商品的价格也会影响生产者的供给数量，如果替代品的产品价格高，那么生产者会相应减少该商品的供给，实行转产，供给曲线向左移动。

商品的价格是影响供给的最基本的因素，假如其他影响生产者供给量的因素都不变，只考虑价格与供给量之间的关系，即把某种商品的供给表示为价格的函数，上述函数可以表示为：$S_d = f(P)$。这是一个向右方上倾斜的曲线，表示降价会使商品的供给量减少，涨价会使商品的供给量增加，因此供给量 S_d 是一个单调递增的函数。如果没有特别说明，通常所说的供给函数就是指价格供给函数，如图1-5所示。

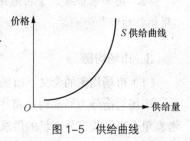

图1-5　供给曲线

（4）供给的变动和供给量的变动。供给的变动是指商品本身价格不变的情况下，其他因素变动所引起的供给的变动。供给的变动表现为供给曲线的平行移动。如图1-6所示。

供给量的变动是指其他条件不变的情况下，商品本身价格变动所引起的供给量的变动。供给量的变动表现在供给曲线上就是价格与供给量的组合沿着同一条供给曲线移动。如图1-7所示。

在图1-6中，商品在价格 P_0 的情况下，其他因素会影响供给曲线 S_0 向左移动变为 S_1，供给量由 Q_0 变为 Q_1，或者供给曲线 S_0 向右移动，供给量由 Q_0 变为 Q_2，此为供给的变动。

在图1-7中，在其他因素不变的情况下，价格由 P_1 变为 P_2，或者由 P_2 变为 P_1，都会引起供给量在 Q_1、Q_2 之间变动，此为供给量的变动。

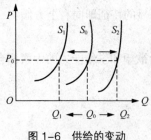

图 1-6　供给的变动

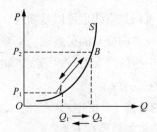

图 1-7　供给量的变动

业务 1-5

鱼贩以每千克 4 元的价格从水库运来鲜鱼 500 千克到早市销售，如他面临的需求曲线为 $Q=1\,000-100P$，为获得最大利润，他应销出（　　）。

A．500 千克　　　B．400 千克　　　C．A、B 答案都正确　　　D．A、B 答案都不正确

答案：A。

解析：假设鱼贩售出 Q_s 千克，鱼贩售出的千克数满足鱼的需求曲线，每千克的售价为 P_s，则鱼贩的利润函数=$P_s×Q_s-2\,000=P_s×(1\,000-100P_s)-2\,000=-100P_s^2+1\,000P_s-2\,000$，要想此函数取值最大，则当 $P_s=5$ 元，$Q_s=500$ 千克。

 想一想

1．国家鼓励发展养殖业，提高生猪收购价格，使得生猪的养殖数量大增，这会对猪肉的供给产生什么影响？用供给曲线如何表示？

2．由于暴雨摧毁了农作物，使得猪饲料的价格上升，这会对猪肉的供给产生什么影响？用供给曲线如何表示？

3．市场均衡

（1）市场均衡的含义。市场上，当商品的市场供求达到平衡的状态时称为市场均衡。

市场均衡分为局部均衡和一般均衡。局部均衡是在假定其他市场条件不变的情况下，孤立地考察单个市场或部分市场的供求与价格之间的关系或均衡状态，而不考虑它们之间的相互联系和影响。一般均衡是经济学中局部均衡概念的扩展，它是寻求在整体经济的框架内解释生产、消费和价格的关系，在一个一般均衡的市场中，每个单独的市场都是局部均衡的。

（2）均衡价格的形成。需求曲线和供给曲线都说明了价格对于消费者需求和生产者供给的影响，在一定条件下，我们把需求和供给曲线结合在一起，可以得到一个均衡的商品价格，此时该商品的需求价格与供给价格相等。如图 1-8 所示。

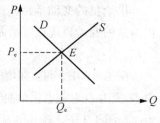

图 1-8　市场均衡

均衡价格表现为商品市场上需求和供给这两种相反的力量的共同作用的结果，它是在市场的供求力量的自发调节下形成的。

（3）均衡价格的计算。消费者和生产者根据市场价格决定愿意并且能够购买或者能够提供的商品数量，带着各自的盘算，消费者与生产者一起进入市场，最终决定市场的均衡。

图 1-8 中 D 线表示需求曲线，S 曲线表示供给曲线。我们把供求相等的点 E 定义为均衡点，把与 E 点相对应的价格水平定义为均衡价格（P_e），即供求平衡时的价格；把与 E 点相对应的产量定义为均衡产量 Q_e，即供求平衡的产量。我们现在假设：

需求曲线的函数为 $Q^d = a - b \cdot P$，其中 Q^d 代表商品的需求量，P 代表商品的价格，a、b 为常数，且 a、$b > 0$；

供给曲线的函数为 $Q^s = -c + d \cdot P$，其中 Q^s 代表商品的供给量，P 代表商品的价格，c、d 为常数，且 c、$d > 0$。

$$联立方程组 \begin{cases} Q^d = a - b \cdot P \\ Q^s = -c + d \cdot P \end{cases}$$，我们可以求出 P_e 和 Q_e。

例如，在一定的时间内，某商品的需求函数为 $Q^d = 25 - 3P$，供给函数为 $Q^s = -15 + 5P$，请求出该商品的均衡价格（元）和均衡产量（件）。则

$$\begin{cases} Q^d = 25 - 3P \\ Q^s = -15 + 5P \end{cases}$$，得出均衡价格为 5 元，均衡数量为 10 件。

均衡价格理论作为经济学的基石有着非常广泛的用途，它可以解释价格变动的原因，预测价格变化的方向，同时也有利于分析政府干预市场可能出现的后果。

业务 1-6

假设某商品的需求曲线为 $Q = 3 - 9P$，市场上该商品的均衡价格为 4，那么，当需求曲线变为 $Q = 5 - 9P$ 后，均衡价格将（　　）。

A. >4　　　　B. <4　　　　C. $=4$　　　　D. ≤ 4

答案：A

解析：需求曲线为 $Q = 3 - 9P$ 时，最大的需求量为 3，当需求曲线变为 $Q = 5 - 9P$ 时，最大的需求量为 5，假设供给不变，需求的截距增加，需求曲线右移，均衡价格上升，>4。

（4）供求规律。供求规律是指一种商品的均衡价格和均衡数量的变动规律。均衡价格和均衡数量的变动主要有以下 4 种情形。

① 需求变化而供给保持不变。当需求发生变化，而供给不变时，需求、均衡价格和均衡产品数量的变化方向一致，如图 1-9 所示。

② 供给变化而需求保持不变。当供给发生变动，而需求不变时，供给同均衡价格反方向变化，供给同均衡产品数量同方向变化，如图 1-10 所示。

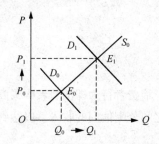

图 1-9　需求变化供给不变曲线

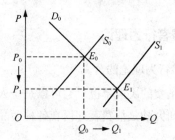

图 1-10　供给变化需求不变曲线

③ 需求、供给同方向变化。当需求、供给同方向变化时，均衡数量朝同方向大幅度变化，均衡价格变化方向取决于供给和需求变化额的大小比较，如图 1-11 所示。

④ 需求、供给变化方向相反。当需求、供给变化方向相反时，均衡价格大幅度变化且与需求变化方向一致，均衡数量变化方向取决于供给与需求变化额的大小比较，如图 1-12 所示。

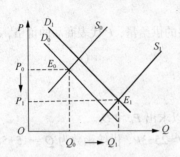
图 1-11　需求、供给同向变化曲线

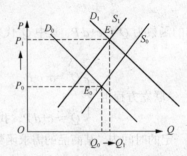
图 1-12　需求、供给反向变化曲线

把上述变化规律总结如表 1-3 所示。

表 1-3 　　　　　　　　　　　　供求规律变化表

	供给未变	供给增加	供给减少
需求未变	价格相同，数量相同	价格下降，数量增加	价格上升，数量减少
需求增加	价格上升，数量增加	价格不确定，数量增加	价格上升，数量不确定
需求减少	价格下降，数量减少	价格下降，数量不确定	价格不确定，数量减少

业务 1-7

在供给和需求同时增加的情况下，有（　　　　）。

A．均衡交易量和均衡价格都增加　　　　B．均衡价格上升，均衡交易量不确定

C．均衡价格不确定，均衡交易量上升　　D．均衡价格上升，均衡交易量下降

答案： C

解析： 在供给和需求同时增加的情况下，均衡数量增加，但均衡价格取决于供给和需求变化额的大小程度。

想
一
想　　　某年的夏天，天气特别炎热，突然有一天发生了地震摧毁了部分甘蔗田，使糖的价格上升。请分析这两件事对冰淇淋市场有什么影响？试着用供求规律进行解释。

二、消费者行为理论

1. 消费者行为理论的含义

消费者指消费的决策单位，它可以是个人或家庭。消费者行为即消费者购买商品的行为。消费者行为理论研究的是消费者如何在各种商品和劳务之间分配他们的收入，以达到满足程度的最大化。

2．消费者行为的动机和约束条件

商品的需求来源于消费者，他们被假定为以理性经济行为追求自身利益的当事人。消费者的收入或者获取收入的手段是有限的。因此，消费者的最优选择就是要把有限的收入合理地用于不同的商品，以便从消费商品中获取"利益"最大。所以，对消费者最优行为的理论考察要分析消费者获取商品的动机、收入约束及实现目标的条件。

消费者消费商品的动机源于消费者本身的欲望。欲望即"需要而没有"，指一个人想要但还没有得到某种东西的一种心理期望。物品之所以能成为用于交换的商品，原因在于商品恰好具有满足消费者某些方面欲望的能力。

人们的欲望是消费者对商品需求的动因，商品具有满足消费者欲望的能力，消费者则依据商品对欲望满足的程度来选择不同的商品及相应的数量。消费者拥有或消费商品以及服务对欲望的满足程度被称为商品或服务的效用。一种商品或服务效用的大小，取决于消费者的主观心理评价，由消费者欲望的强度所决定。而欲望的强度又是人们的内在或生理需要的反映。所以同一种商品对不同的消费者或者一个消费者的不同状态而言，其效用满足程度也会有所不同。

这样，欲望驱动下的消费者行为可以描述为在可支配的资源既定的条件下，消费者选择所消费的商品数量组合，力图获得最大的效用满足，所以消费者行为理论又称为效用理论。

3．基数效用和序数效用

效用有大有小，效用理论按对效用的衡量方法分为基数效用论和序数效用论。基数效用论认为，效用的大小是可以测度的，并且可以加总求和。表示效用大小的计量单位就是效用单位，人们就是根据这个效用计数单位来衡量不同商品效用的大小。例如，吃一个鸡蛋获得的满足为10，看一场电影获得的满足是12，从而，看一场电影比吃一个鸡蛋划算。

序数效用论认为消费者消费商品获得满足无法用一个数量来表示，而只能排序。例如，消费者知道看一场电影获得的效用比吃一个鸡蛋获得效用高，但是效用具体数量则不得而知。

基数效用理论采用的是边际效应分析法，而序数效用理论采用的是无差异曲线分析法。

（1）边际效应分析法与消费者均衡。总效用是指在一定时间内消费者从消费商品或劳务中的获得的满足程度的总和，记为 TU，用公式表示为 $TU=f(Q)$，如图1-13所示。

边际效应是指在一定时间内消费者每增加一单位商品或劳务的消费中所获得的效用增加量，记为 MU，用公式表示为 $MU=\Delta TU(Q)/\Delta Q$，如图1-14所示。

随着消费者消费某物品数量的增加，该物品对消费者的边际效应是递减的。物品的边际效应随其数量的增加而减少，这种现象普遍存在于一切物品，我们称之为边际效应递减规律，又称戈森定律。

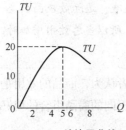

图1-13　总效用曲线

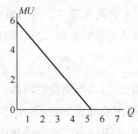

图1-14　边际效应曲线

从消费者的角度看，商品被优先满足最重要的需要，故最先消费的商品边际效应就大；从商品本身对消费者所产生的重复刺激看，随一种商品消费数量的连续增加，消费者接受的重复刺激程度越来越弱。从图 1-13 和图 1-14 可以看出，消费第 1 个商品时，效用最大为 6，随着消费商品数量的增多，当消费第 5 个商品时，总效用达到最大为 20，而边际效应此时为 0。此时再消费商品，对消费者来说总效用开始减弱，也就意味着边际效应变负数了。

消费者均衡所研究的是消费者在既定收入的情况下，如何实现效用最大化的问题。在运用边际效应分析法来说明消费者均衡时，我们假设：

① 消费者的偏好既定，消费者对各种物品的效用与边际效应的评价是既定的；

② 消费者的收入既定，商品的价格既定；

③ 每一单位货币的边际效应对消费者都是相同的。

那么，达到消费者均衡的原则是:消费者用全部收入所购买的各种物品所带来的边际效应，与为购买这些物品所支付的价格的比例相等，或者说每 1 单位货币所得到的边际效应都相等。

假设消费者把所有的收入都用来使用两种商品 A 和 B，X_1 表示商品 A 的数量，X_2 表示商品 B 的数量，P_1 表示商品 A 的价格，P_2 表示商品 B 的价格，I 表示消费者的收入，那么我们可以用函数表示：

$$P_1 X_1 + P_2 X_2 = I$$

如果消费者使用两种商品达到均衡，我们假设 MU_1 是 A 商品的边际效应，MU_2 是 B 商品的边际效应，λ 表示每元钱的边际效应，则有：

$$\frac{MU_1}{P_1} = \frac{MU_2}{P_2} = \lambda$$

如果 $\frac{MU_1}{P_1} < \frac{MU_2}{P_2}$，说明对于消费者而言，同样的一元钱，购买商品 A 的边际效应要小于商品 B 的边际效应，这样理性的消费者就会调整商品 A、B 的消费量，会减少消费商品 A，增加消费商品 B，那么总效用就会增加，直到两种商品的边际效应相等时，也就是达到均衡状态时，才能获得最大的效用。

业务 1-8

当总效用增加时，边际效应应该（　　　）。

A. 为正值，且不断增加　　　　　　　　B. 为正值，且不断减少

C. 为负值，且不断减少　　　　　　　　D. 为负值，且不断增加

答案：B

解析：总效用函数是先递增，达到最大值后开始递减，边际效应函数是一个单调递减的函数，在总效用函数最大值对应的点时，边际效应为零。所以当总效用增加时，边际效应应该为正值，且不断减少。

（2）无差异曲线分析法与消费者均衡。序数效用论者认为，商品的效用是无法具体衡量的，商品的效用只能用顺序或等级来表示。消费者对于各种不同的商品组合的偏好程度有差别，这种偏好程度的差别，决定不同商品组合的效用大小顺序。

序数效用论有 3 个基本的假设。

① 完全性。对于任何两个商品组合 A 和 B，消费者可以明确判定，要么对 A 的偏好大于对 B 的偏好，要么对 A 的偏好小于对 B 的偏好，要么对 A 和 B 的偏好一样或者说偏好无差异。

② 可传递性。对 3 个商品组合 A、B 和 C 而言，如果消费者对 A 的偏好大于 B，对 B 的偏好大于 C，则该消费者对 A 的偏好一定大于对 C 的偏好。

③ 非饱和性。如果几个商品组合的区别仅在于其中一种商品的数量不同，在其他商品数量相同的条件下，消费者更偏好于一种产品数量大的商品组合。

无差异曲线是用来表示两种商品的不同数量的组合给消费者所带来的效用完全相同的一条曲线。

无差异曲线具有如下特点。

① 无差异曲线是一条向右下方倾斜的曲线，其斜率为负值。

② 无差异曲线具有密集型，在同一平面图上有无数条无差异曲线，每一条无差异曲线代表一种满足水平即效用水平。而且离原点越远的无差异曲线所代表的效用越大。

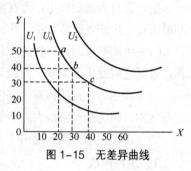

图 1-15　无差异曲线

③ 在同一平面图上，任意两条无差异曲线不能相交。

④ 无差异曲线是一条凸向原点的线。

无差异曲线既可以反映不同消费者的不同偏好，又可以描述所能够追求的效用最大化。图 1-15 中的效用曲线 U_0 上的三个点 a、b、c 就是效用无差异点。不管是在 a 点消费 50 个 Y 商品，20 个 X 商品，还是在 b 点消费 40 个 Y 商品，30 个 X 商品，对消费者带来的效用都是一样的。

┃ 业务 1-9 ┃

序数效用论认为，商品效用的大小（　　　）。

A．取决于其使用价值　　　B．取决于其价格　　　C．不可比较　　　D．可以比较

答案： D

解析： 序数效用论者认为，商品的效用是无法具体衡量的，商品的效用只能用顺序或等级来表示。

┃ 业务 1-10 ┃

无差异曲线为斜率不变的直线时，表示相结合的两商品（　　　）。

A．可以替代　　　B．完全替代　　　C．互补的　　　D．互不相关

答案： B

解析： 无差异曲线是用来表示两种商品的不同数量的组合给消费者所带来的效用完全相同的一条曲线，是一条向右下方倾斜的曲线，其斜率为负值，当无差异曲线为斜率不变的直线时，此时两种商品是可以完全替代的。

业务 1-11

某个消费者无差异曲线图包含无数条无差异曲线，因为（　　）。

A．收入有时高，有时低　　　　　　　　B．欲望是无限的

C．消费者人数无限　　　　　　　　　　D．商品的数量无限

答案：D

解析：无差异曲线图包含无数条无差异曲线，因为在不同的无差异曲线的点表示给消费者带来的效用是不一样的，任意两条无差异曲线不能相交，离原点越远的无差异曲线所代表的效用越大。

三、生产者行为理论

生产者行为理论即生产者在成本支出一定的条件下，将生产要素变成产品或劳务时能实现利润最大化。生产者通常是指厂商或企业，最大化利润的实现主要涉及 3 个方面的问题。

（1）生产要素的投入量与产量的关系。即如何在生产要素的投入量既定时使产量最大，或者在产量既定时使生产要素的投入量为最少。

（2）成本与收益的关系。要使利润最大化，就要考虑如何使成本最小。并注意与第一个问题进行区别，因为是产量最大并不等于利润最大，收入最小并不等于成本最小。

（3）市场问题。当厂商出于不同市场时，应该如何确定自己产品的产量与价格。

1．生产函数

生产是一切能够创造和增加效用的活动。生产活动需要消耗各种经济资源，包括劳动、土地、资本和企业家才能。

生产函数是指用一个数理模型、图表或图形来表示在一定时期内，在技术水平不变的情况下，生产中所使用的各种生产要素的数量与所能生产的最大产量之间的关系。

如果用 Q 代表产量，用 L 代表投入的劳动，K 代表投入的资本，N 代表投入的土地，E 代表投入的企业家才能，则它们之间的关系可以表示为：

$$Q=f(L, K, N, E)$$

在式中，N 一般是固定的，E 难以估算，所以式子可以简化为 $Q=f(L, K)$。

生产函数表明厂商所受到的技术约束，一定的生产函数与一定的生产技术水平相联系。如果技术条件改变，必然会产生新的生产函数。

生产函数有不同的分类，按生产要素是否可变分为短期生产函数和长期生产函数，按技术系数不同分为固定比例生产函数和可变比例生产函数。

业务 1-12

生产函数表示（　　）。

A．一定数量的投入，至少能生产多少产品

B．生产一定数量的产品，最多要投入多少生产要素

C．投入与产出之间的关系

D．以上都对

答案：C

解析：生产函数是指用一个数理模型、图表或图形来表示在一定时期内，在技术水平不变的情况下，生产中所使用的各种生产要素的数量与所能生产的最大产量之间的关系。

2．短期生产函数

短期是指生产者来不及调整全部生产要素的数量，至少有一种生产要素数量不变的时期。

短期生产函数研究的是在其他投入要素不变的情况下，可变生产要素劳动（L）投入与产出量（Q）之间的函数关系。用公式表示为：

$$Q=f(L)$$

短期生产函数按照不同的产量分类可以分为 3 类。

（1）总产量函数。总产量是指投入一定的生产要素所生产的产品总量。用 TP 表示总产量，L 表示投入的劳动，则总产量函数用公式表示为：

$$TP=f(L)$$

（2）平均产量函数。平均产量是指平均单位生产要素的产量。用 AP 表示平均产量，L 表示投入的劳动，则平均产量函数用公式表示为：

$$AP=f(L)=TP/L$$

（3）边际产量函数。边际产量是指每增加一单位生产要素的投入所带来的总产量的增加。用 MP 表示边际产量，L 表示投入的劳动，则边际产量函数用公式表示为：

$$MP=f(L)=\Delta TP/\Delta L$$

3 种短期生产函数的关系用列表的方式如表 1-4 所示。

表 1-4　　　　　　　　　　短期生产函数关系

工人数目（L）	总产量（TP）	平均产量（AP）	边际产量（MP）
1	10	10	10
2	25	12.5	15
3	44	14.6	19
4	60	15	16
5	70	14	10
6	75	12.5	5
7	77	11	2
8	77	9.6	0
9	72	8	−5
10	62	6.2	−10

用曲线图表示，如图 1-16 所示。

从图 1-16 可以看出，MP 是与 TP 线上某点相切的切线斜率。当 $MP>0$ 时，TP 递增；当 $MP<0$ 时，TP 递减；当 $MP=0$ 时，TP 最大。

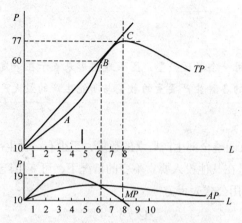

图 1-16 TP、AP、MP 曲线之间的关系

AP 是 TP 曲线上各点与原点连线的斜率。TP 曲线递增阶段的拐点即 B 点处对应 AP 最大值。

MP 曲线穿过 AP 曲线最高点，当 MP>AP 时，AP 递增；当 MP<AP 时，AP 递减；当 MP=AP 时，AP 最大。

通常，我们把图 1-16 所示的 OB 区域称为第 1 区域，即平均产量递增区域；把 BC 区域称为第 2 区域，即平均产量、边际产量递减区域；把 C 以后的区域称为边际产量为负的区域。

生产要素的合理投入量不在第 1 区域，因为在本区域每投入一单位 L，其平均产量 AP 上升，即 L 的潜在力量尚未发挥完。

生产要素的合理投入量不在第 3 区域，因为在本区域每投入一单位 L，不仅不会使 TP 增加，还会使 TP 减少。

因此，第 2 区域为经济区域，最佳的生产要素投入量在此区域。第 2 区域的起点在 AP 最大点且与 MP 线相交，终点在 MP=0 处。

在上述图表中，随着工人的增加，当增加更多的工人时，每增加 1 个工人所带来的总产量的增量会越来越小。比如，该服装公司的边际产量在第 3 个工人之后开始递减，一直到第 8 个工人的边际产量为零。这一边际产量连续下降的过程被称为边际报酬递减规律。

边际报酬递减规律是指在其他条件不变时，连续将某一生产要素的投入量增加到一定的数量之后，总产量的增量即边际产量将会出现递减现象。

一般认为，边际报酬递减规律并不是根据经济学中的某种理论或原理推导出来的规律，它只是根据对实际的生产和技术情况观察所做出的经验性的概括，反映了生产过程中的一种纯技术关系。同时，该规律只有在下述条件具备时才会发生作用：

（1）生产技术水平既定不变；

（2）除一种投入要素可变外，其他投入要素均固定不变；

（3）可变的生产要素投入量必须超过一定点。也就是说，投入要素不是完全替代品。比如，在农业生产中，第一单位的劳动与一些农业机械及一块耕地结合时，开始有可能明显增加总产量，但随着劳动投入增加，过了某一点之后，下一单位劳动投入所生产的农产品数量将小于前一单位劳动投入所生产的产量。因此，边际报酬递减规律在农业生产或一些劳动密集型工作中表现得比较突出。

业务 1-13

生产函数 $Q=f(L, K_0)$ 反映生产的第 2 阶段应该（　　）。

A．开始于 AP_L 曲线的最高点，终止于 MP_L 为零处

B．开始于 MP_L 曲线的最高点，终止于 AP_L 曲线的最高点

C．开始于 AP_L 曲线和 MP_L 曲线的相交处，终止于 MP_L 曲线和水平轴的相交处

D．以上都对

答案：D

解析：通过图 1-16 可知，生产的第二阶段即 BC 区域，这个区域的起点在 AP 最大点且与 MP 线相交，终点在 $MP=0$ 处。

业务 1-14

在总产量、平均产量和边际产量的变化过程中，（　　）。

A．总产量首先开始下降　　　　　　B．平均产量首先开始下降

C．边际产量首先开始下降　　　　　　D．平均产量下降速度最快

答案：C

解析：通过图 1-16 可知，MP 曲线比 TP 曲线，AP 曲线最先达到最大值，随后开始下降。

3．长期生产函数

长期生产函数是指在相对长的时间里，一切生产要素都是可以调整变化的生产函数。在经济学的分析中，为了简化分析，通常假设生产中只使用劳动和资本这两种生产要素。若以 L 表示劳动投入数量，以 K 表示资本投入数量，则生产函数写为：

$$Q=f(L,K)$$

生产函数表示生产中的投入量和产出量之间的依存关系，这种关系普遍存在于各种生产过程之中。

在长期内，所有的要素都可以变化，这样，不同的要素在为生产产品而组合在一起时，就存在这样一种可能性，即各种要素的不同组合，可以带来相同的产量。我们把带来相同产量的不同要素的不同组合的点连接起来，就得到了一条等产量线。因此，所谓等产量线，就是带来相同产量的不同要素不同组合的点的轨迹。

我们假定使用两种要素：劳动（L）和资本（K），生产一定量的产品（Q）。不同的劳动和资本的组合生产的产量如表 1-5 所示。

表 1-5　　　　　　　　　　　　　劳动资本组合的等产量

组合方式	资本（K）	劳动（L）
A	6	1
B	3	2
C	2	3
D	1	6

把不同资本和劳动组合的等产量可以用图 1-17 表示。

在图 1-17 等产量曲线上，减少 K，增加 L，或减少 L，增加 K，产量保持不变，线上任何一点，L、K 组合不同，但产量却相同。

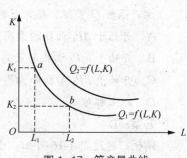

图 1-17　等产量曲线

等产量曲线自左向右下方倾斜，斜率为负，表明两要素间存在替代关系；同一平面上可以有无数条等产量线，不同曲线代表不同产量，离原点越远的等产量曲线所代表的产量水平越高（$Q_2 > Q_1$），无数条等产量线不能相交。

在等产量曲线 Q_1 上，当维持相等的产量时，减少资本的投入（$K_1 \rightarrow K_2$），就要相应增加劳动力的投入（$L_1 \rightarrow L_2$），即 2 种生产要素之间的替代。

在维持产量不变的前提下，当一种生产要素的投入量不断增加时，每一单位的这种生产要素所能替代的另一种生产要素的数量是递减的，我们把这种规律称为边际技术替代率递减规律。

若全部的生产要素按相同的比例发生变化，其所引起的产出变动成为规模报酬的函数。根据产出变动与投入变动之间的关系，将生产函数又分为以下 3 种情况。

（1）规模报酬递增函数。当生产专业化程度提高，规模扩大会使生产要素的使用更具有效率，产品产出的数量变化比例要大于投入要素的变化比例。

（2）规模报酬不变函数。当造成规模递增的因素已经被全部利用时，产品产出的数量变化比例等于投入要素变化比例。

（3）规模报酬递减函数。当规模过大，管理效率下降时，产品产出的数量变化比例要小于投入要素变化比例。

业务 1-15

等产量曲线是指这条曲线上的各点代表（　　）。

A．为生产同样产量投入要素的各种组合的比例是不能变化的

B．为生产同等产量投入要素的价格是不变的

C．不管投入各种要素量如何，产量总是相等的

D．投入要素的各种组合所能生产的产量都是相等的

答案： D

解析： 相同产量的不同要素的不同组合的点连接起来，就得到了一条等产量线。因此，所谓等产量线，就是带来相同产量的不同要素不同组合的点的轨迹。

业务 1-16

边际收益递减规律发生作用的前提条件是（　　）。

A．连续增加某种生产要素的投入而保持其他要素不变

B．按比例增加各种生产要素

C．不一定按比例增加各种生产要素

D．以上都对

答案：A

解析：边际收益递减规律发生作用的前提条件是增加某种生产要素投入的同时要保持其他生产要素不变。

四、成本理论

成本的一般含义是指厂商为了得到一定数量的商品或劳务所付出的代价。成本的内容包括两个部分，一个是机会成本，另一个是经济成本。

机会成本是指当把一定经济资源用于生产某种产品时所放弃的另一种产品生产所产生的最大收益。机会成本存在的条件有两个：（1）生产要素是稀缺的；（2）生产要素具有多种用途。

业务 1-17

某机器原来生产产品 A，利润收入为 200 元，现在改为生产产品 B，所花的人工、材料费为 1 000 元，则生产产品 B 的机会成本是（　　）。

A．200 元　　　　　B．1 200 元　　　　　C．1 000 元　　　　　D．800 元

答案：A

解析：机会成本是生产者所放弃的使用相同的生产要素在其他生产用途中所能得到的最高收入。生产产品 B，所放弃生产产品 A 所能带来的最高收入为 200 元，所以生产产品 B 的机会成本是 200 元。

经济成本是指商品或劳务生产中耗用的实际成本，也称为会计成本。

成本可以分为总成本（TC），平均成本（AC）和边际成本（MC）；如果按时间长短可以分为短期成本（SC）和长期成本（LC）；按成本在短期内是否随产量变化分为固定成本（FC）和变动成本（VC）。

如果把成本交叉分类，可以分为：短期总成本（STC）、短期平均成本（SAC）和短期边际成本（SMC），长期总成本（LTC）、长期平均成本（LAC）和长期边际成本（LMC）。而且可以再细分为短期总固定成本（$STFC$）、短期总变动成本（$STVC$）、短期平均固定成本（$SAFC$）和短期平均变动成本（$SAVC$）。

成本和产量的关系，我们可以用函数来表示：以产量（Q）为自变量，成本（C）为因变量，它们的关系可以表示为 $C=f(Q)$。成本函数也可以分为短期成本函数和长期成本函数，它们之间的关系如图 1-18、图 1-19 所示。

从图 1-18 可以发现，LTC 从原点出发，而 STC 不从原点出发。长期总成本曲线是短期总成本曲线的包络，长期总成本曲线与短期总成本曲线形状基本相同。

从图 1-19 可以发现，LAC 曲线是 SAC 曲线的包络线，LAC 曲线上任一点都对应着一个最优生产规模，LAC 曲线的最低点与 SAC 曲线的最低点相切。

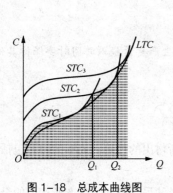

图 1-18 总成本曲线图   图 1-19 平均成本曲线图

业务 1-18

在 LAC 曲线下降的区域内，（   ）。

A．$LAC \leqslant SAC$ B．SAC 的最低点在 LAC 上

C．LAC 与各条 SAC 相切于 SAC 的最低点   D．无法判定 SAC 与 LAC 的位置关系

答案： A

解析： 根据图 1-19 我们可知，LAC 曲线是 SAC 曲线的包络线，在 D 点之前，LAC 曲线下降区域，都是 $LAC \leqslant SAC$。

业务 1-19

在短期平均成本 SAC 与长期平均成本 LAC 的相切处（   ）。

A．$SMC > LMC$ B．$SMC < LMC$ C．$SMC = LMC$ D．以上均不对

答案： C

解析： 根据图 1-19 我们可知，LAC 曲线与 SAC 曲线相切时，$SMC = LMC$。

五、厂商均衡理论

厂商是市场经济中生产组织的基本单位，指各种所有制类型和公司治理结构的企业或生产经营机构。

厂商理论是研究影响资源配置和分配的厂商行为的理论，也就是关于一企业面对它所处的市场类型，如何决定其产品的产量和价格，以使其达到利润最大化。厂商理论不再泛泛地谈供给与需求如何决定价格，而是结合市场组织形式探讨厂商如何决定其产品价格与产量，所以也叫市场理论，厂商均衡理论。根据市场的竞争程度可以把市场分为完全竞争市场和不完全竞争市场，不完全竞争市场又细分为垄断竞争、寡头垄断和完全垄断 3 种情形。

1．完全竞争市场

完全竞争市场是一种竞争不受任何阻碍的市场类型或结构。完全竞争市场应具备的条件有 4 个：（1）该产品在市场上有大量的买主和卖主，从而厂商价格既定；（2）产品同质化程度较高；（3）投入要素可以自由流动；（4）信息比较充分。

完全竞争市场的均衡价格由整个行业的供给和需求曲线的交点决定，对于个别厂商和消费者而言，只能接受而不能影响这个价格，对个别厂商的需求曲线是一条从既定市场价格出发的平行线。

完全竞争市场厂商的平均收益与边际收益都等于均衡的市场价格，而厂商的成本曲线与产品市场类型无关。

业务 1-20

下列哪一种产品市场最接近完全竞争模式（　　）。

A．飞机　　　　　　B．香烟　　　　　　C．水稻　　　　　　D．汽车

答案：C

解析：完全竞争模式需要满足四个条件，即市场上有大量的买主和卖主、产品同质化程度较高、投入要素可以自由流动、信息比较充分，选项里面只有水稻市场满足条件。

业务 1-21

在完全竞争市场上，如果某行业的厂商的平均价格等于平均成本，那么（　　）。

A．原有厂商退出该行业　　　　　　B．新的厂商进入该行业

C．无厂商退出该行业　　　　　　D．无厂商进入该行业

答案：C、D

解析：在完全竞争市场上，如果某行业的厂商的平均价格等于平均成本，表明市场达到均衡，既无厂商进入该行业，也无厂商退出该行业。

2．完全垄断市场

完全垄断指整个行业的市场只由一家厂商控制，这家厂商控制某种产品的全部供给，并且可以控制和操纵价格，其他任何厂商进入该行业都极为困难或不可能，要素资源难以在该市场上流动。

形成完全垄断的原因主要有 3 个方面。

（1）资源的垄断。有些厂商为了控制市场，得到最大的利润，从而控制资源市场的开采、买卖和流通。

（2）自然垄断。如果由一个厂商生产整个行业产出的生产总成本比由两个或两个以上厂商生产这个产出的生产总成本低，即产生了这个行业就是自然垄断的。如果自由竞争的结果造成由单一厂商生产，则该行业可以算是个自然垄断行业，或者，如果种种竞争力量导致了一种不同的行业结构，那么，也可能出现自然垄断。19 世纪和 20 世纪初期的经济学家认为，形成自然垄断的条件包括两点：即单一厂商生产的超级效益和过度或"毁灭性"竞争造成的不良结果。

（3）法定垄断。法定垄断是指由国家的权利，或者通过专门的法律、政策来规定，只能由某个部门、组织或个人来生产和提供某种产品或服务，从而可以无限制地运用超经济手段建立进入壁垒，维护垄断地位。

完全垄断市场下厂商的边际收益要小于平均收益，不存在具有规律性的厂商和行业的短期供给曲线。在完全垄断情况下，一家厂商就是整个行业。因此，整个行业的需求曲线也就是一家厂

商的需求曲线。

完全垄断市场，厂商不可以任意定价，必须根据市场定价。在短期，由于各种原因，如既定规模成本过高、市场需求较小等，可能导致短期亏损，不一定总是获得垄断利润。短期均衡有 3 种情况：获得超额利润、获得正常利润和蒙受损失，而达到短期均衡时也满足边际收益等于短期边际成本。

长期中，垄断厂商可以调整全部要素，在高价少销与低价多销中进行选择，以便使所达到的产量能实现利润最大化，这时存在垄断利润。垄断厂商达到长期均衡的条件时，实现了最佳的生产规模，此时边际收益与长期边际成本和短期边际成本都相等。

完全垄断厂商是市场价格的制定者，可以根据市场情况选取不同的定价策略确定市场价格。在理论分析时，假定行业中只有唯一的价格。但在实践中，垄断厂商可以凭借其所处的垄断地位对不同的消费者或不同的销售量索要不同的价格，也就是说同一厂商在同一时间对同一产品向不同的购买者可以索取不同的价格，即价格歧视。

价格歧视有 3 种情形，即一级价格歧视、二级价格歧视和三级价格歧视。

一级价格歧视，又称完全价格歧视，为每单位产品制定不同的销售价格。如果厂商已知消费者的需求曲线，即已知消费者对每一单位产品愿意并且能够支付的最高价格，厂商就可以按此价格逐个制定商品价格。一级价格歧视的厂商将所有消费者剩余榨光，转化为了生产者的垄断利润。

二级价格歧视是指垄断厂商根据不同的消费者及其购买量确定的价格。如商品的批发和零售价格不一样。

三级价格歧视是指垄断厂商对同一种产品在不同的市场上或对不同的消费者群体收取不同的价格。根据不同市场的需求状况制定不同的价格：对需求弹性较小的市场索取较高价格；对需求弹性较大的市场制定较低的价格。如同一种产品，国内市场和国际市场价格不一样，黄金时间和非黄金的广告费不一样等。

政府对完全垄断厂商的干预方式主要有实行价格管制和制定相关法律法规进行限制。

业务 1-22

在完全垄断市场上，平均收益与边际收益的关系是（　　）。

A．平均收益大于边际收益　　　　　　B．平均收益等于边际收益

C．平均收益小于边际收益　　　　　　D．以上都不对

答案：A

解析：完全垄断市场下厂商的边际收益要小于平均收益，不存在具有规律性的厂商和行业的短期供给曲线。

业务 1-23

完全垄断厂商定价的原则是（　　）。

A．消费者均衡　　　B．社会福利最大化　　　C．利润最大化　　　D．随心所欲

答案：C

解析：完全垄断市场，厂商不可以任意定价，必须根据市场定价。在短期，由于各种原因，可能导致短期亏损，不一定总是获得垄断利润。长期中，垄断厂商可以调整全部要素，在高价少销与低价多销中进行选择，以便使所达到的产量能实现利润最大化，这时存在垄断利润。

3．垄断竞争市场

垄断竞争市场是指介于完全垄断和完全竞争之间，而又偏向于竞争的一类市场。在垄断竞争市场下，竞争现象较为普遍，但又存在垄断现象。

垄断竞争市场的形成在于企业数量不是特别多，但是还比较多，各个企业生产或出售的产品近似一致，但各有各自的特点，而且生产要素进入或退出本行业有一点障碍，但还是比较容易。

在短期均衡实现过程中，垄断竞争市场同垄断市场一样，也会出现超额利润、收支相抵、亏损 3 种情况，垄断竞争市场的短期均衡条件是边际收益等于边际成本。

在长期，厂商可以任意变动一切生产投入要素。如果一行业出现超额利润或亏损，会通过新厂商进入或原有厂商退出，最终使超额利润或亏损消失，从而在达到长期均衡时整个行业的超额利润为零。因此，垄断竞争与垄断不同（垄断在长期拥有超额利润），而是与完全竞争一样，在长期由于总收益等于总成本，只能获得正常利润。

在长期均衡时，平均收益等于平均成本，因此，利润为零。此时不会有新的厂商加入，也不会有旧的厂商退出，市场达到长期均衡。长期均衡的条件是边际收益等于边际成本，平均收益和平均成本等于均衡价格。

业务 1-24

形成垄断竞争的最基本条件是（　　　）。

A．产品有差别　　　　　　　　　　　B．企业利用国家赋予的特权

C．厂商的数量相当多　　　　　　　　D．拥有资源

答案： A

解析： 垄断竞争市场是指介于完全垄断和完全竞争之间，而又偏向于竞争的一类市场。在垄断竞争市场下，竞争现象较为普遍，但又存在垄断现象，形成垄断竞争的最基本条件是产品有差别构成竞争条件。

业务 1-25

最需要进行广告宣传的市场是（　　　）。

A．完全竞争市场　　　B．垄断竞争市场　　　C．完全垄断市场　　　D．寡头垄断市场

答案： B

解析： 完全竞争市场信息比较充分，完全垄断市场整个行业的市场只由一家厂商控制，都不需要进行广告宣传，垄断竞争市场产品构成竞争关系，需要进行广告宣传。

4．寡头垄断市场

寡头垄断是指少数厂商垄断了某一行业的市场，控制了这一行业的供给，其产量在该行业总供给中占有很大比重的市场结构。

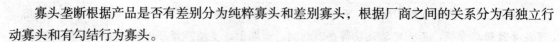

寰头垄断根据产品是否有差别分为纯粹寰头和差别寰头，根据厂商之间的关系分为有独立行动寰头和有勾结行为寰头。

寰头的形成主要源于厂商追求规模经济，不断扩大生产规模，而市场又相对狭小；另一方面行业中几家企业控制生产所需的基本生产资料，政府对企业也进行扶持，这样就会形成寰头。

寰头垄断的基本特点是厂商数极少，新的厂商加入该行业比较困难，产品既可同质，也可存在差别，厂商之间同样存在激烈竞争，但同时又互相依存，厂商行为具有不确定性。

厂商均衡以利润最大化为目标，分别分析 4 种厂商在短期和长期中如何决定价格和产量，分析 4 种厂商的平均收益曲线、边际收益曲线同需求曲线的关系，从而区别 4 种厂商均衡的各自特点，并得出结论：完全竞争厂商或市场是经济效益最高、成本最小、价格最低、各种资源或生产要素的利用达到最优的状态。4 种市场类型的比较如表 1-6 所示。

表 1-6　　　　　　　　　　　　4 种类型市场的比较

市场的类型	厂商的数目	产品差别的程度	对价格控制的程度	退出一个行业的难易程度	接近哪种市场情况
完全竞争	无数	完全相同	没有	很容易	农产品（小麦，玉米）
垄断竞争	很多	有差别	有一些	比较容易	轻工业（香烟、糖果）
寰头竞争	几个	差别很小或有差异	相当程度	比较困难	重工业（钢铁、汽车）
完全垄断	一个	只有一个生产者，产品没有接近的替代者	相当大，但是通常受管制	很困难	公用事业（水、电）

业务 1-26

寰头垄断市场上的厂商数量（　　）。

A．一家　　　　　　B．几家　　　　　　C．相当多　　　　　　D．非常多

答案：B

解析：根据表 1-6 的总结可知，寰头垄断市场的厂商数量只有几个。

业务 1-27

寰头垄断市场形成的最基本条件是（　　）。

A．对资源或技术的控制　　　　　　B．产品差别的存在

C．某些行业规模经济的要求　　　　D．法规的限制

答案：A

解析：寰头垄断市场的形成在于行业中只有几家企业控制生产所需的基本生产资料，政府对企业也进行扶持，这样就会形成寰头。

六、收入分配理论

分配理论则要解决资源配置中的最后一个问题——为谁生产的问题，分配理论的核心问题是生产要素价格的决定。只要生产要素的价格确定，就可以根据具体价格水平，再结合生产要素提

供者所提供的生产要素的数量，从而最终确定应分配给生产要素提供者的收入。因此，分配理论也被称为生产要素价格决定理论。

1. 生产要素的需求和供给

生产要素的价格是由生产要素的需求和供给所决定。与普通商品的需求不同，生产要素的需求有两大特点。

（1）生产要素的需求是一种"派生的需求"。所谓"派生的需求"是指由于人们需要某种产品而间接地产生了对生产该产品的某些生产要素的需求。例如：人们需要吃饭，于是就会派生出对生产大米的那些生产要素的需求包括土地、劳动、种子等；人们需要衣服，由此而派生出对生产衣服的机器、劳动、生产场地等的需求。

（2）生产要素的需求是一种"联合的需求"。所谓"联合的需求"是指同时对多种生产要素的需求。由于人们所需要的消费品不可能仅由一种生产要素生产而成，而必须通过不同数量的若干种生产要素组合生产而成，由此就产生了对生产要素的联合需求。这种联合需求说明生产要素之间具有互补性。

生产要素的需求曲线与普通商品的需求曲线相似，也是一条向右下方倾斜的负斜率曲线。对此，可用边际生产力这一概念加以解释。边际生产力实际上就是生产要素的边际产量，根据"边际收益递减规律"，随着生产要素数量的增加，其边际产量递减，即生产要素的边际生产力递减，从而导致生产厂商意愿支付的价格递减，需求曲线向右下方倾斜。

生产要素的供给因生产要素的不同而不同，没有一个普遍的一般性的规律。19世纪早期的经济学家把生产要素划分为土地、劳动和资本3大类，它们的价格则分别称为地租、工资和利润（包括利息），直到后期再增加了第4个要素，即企业家才能。因此，要结合各种具体的生产要素作具体分析。

业务 1-28

生产要素的价格等于（　　　）。

A. 要素的边际成本　　B. 边际产品收益　　C. 边际产值　　D. 依具体情况而定

答案： D

解析： 生产要素的价格由生产要素的需求和供给所决定。

---

2. 工资理论

（1）完全竞争市场上工资的决定。在一般情况下，劳动的供给曲线是一条向右上方倾斜的曲线，反映劳动的供给量随着工资的上升而增加。但是，当工资水平高到一定程度以后，劳动的供给曲线会变成与横轴相垂直，甚至出现向后弯曲（见图1-20），其原因在于当工资水平上升到一定程度以后，人们可以不用那么卖力地工作就可以维持生活，于是闲暇变得越来越重要，最终导致劳动供给不再随工资的上升而增加，供给曲线垂直。更有甚者，当工资水平高到人们即便减少劳动也能维持原有生活状况甚至更好时，劳动供给量就会绝对地减少，供给曲线变为负斜率。

于是，劳动的需求曲线和供给曲线相交，决定了均衡的工资水平以及在这一工资水平下的雇佣工人数量。值得注意的是，由于劳动供给曲线向后弯曲，因此，从理论上讲，劳动的供给曲线和需求曲线可能会有两个交点，形成两个均衡如图 1-21 所示。

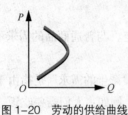

图 1-20 劳动的供给曲线　　　　　图 1-21 工资的决定

（2）不完全竞争市场上工资的决定。劳动力市场并不完全是自由竞争的市场，也会存在垄断因素。导致劳动力市场出现垄断的原因主要源于工会的存在。工会的主要目的是为保护其会员的合法权益，其中工资就是其关注的主要问题之一。工会往往会采取限制最低工资的办法来保证一个合理的工资水平。所谓最低工资，是指一个高于均衡工资水平的最低工资水平。

> **业务 1-29**
>
> 随着工资水平的提高，（　　）。
> A．劳动供给量会一直增加
> B．劳动供给量先增加，但工资提高到一定水平后，劳动供给量不仅不会增加反而会减少
> C．劳动供给量增加到一定程度后就不会增加也不会减少了
> D．劳动供给量会一直减少
> **答案：** B
> **解析：** 如图 1-20 所示，当工资水平高到一定程度以后，劳动的供给曲线会变成与横轴相垂直，甚至出现向后弯曲，其原因在于当工资水平上升到一定程度以后，人们可以不用那么卖力地工作就可以维持生活，于是闲暇变得越来越重要，最终导致劳动供给不再随工资的上升而增加。

> **业务 1-30**
>
> 某工人在工资率为每小时 2 美元时，每周挣 80 美元，每小时 3 美元时，每周挣 105 美元，由此可以断定（　　）。
> A．收入效应起着主要作用　　　　　　B．替代效应起着主要作用
> C．收入效应和替代效应都没有发生作用　　D．无法确定
> **答案：** A
> **解析：** 当工资率上升时，工人的工资增加，表明收入效应起主要作用。

3．地租理论

地租理论所要研究的是土地价格的决定问题。如前所述，西方经济学中所谓的土地，是一个广义的概念，不仅包括一般意义陆地上的土地，还包括江河、山川、海洋、矿藏、森林、阳光等一切自然资源。所有这些，都是大自然所赋予，而不是人为地生产出来的。正因为如此，一般认为，土地的总量（供给量）是既定的，与市场价格的变化无关，表现在图上，土地的供给曲线是

一条垂直于横轴的曲线，无论价格如何变化，其给量都不会变动。

于是，一条向右下方倾斜的需求曲线与一条垂直于横轴的供给曲线相交，形成均衡，均衡的地租水平为 P_0，如图 1-22 所示。随着经济的发展，对土地的需求不断增加，需求曲线不断右移，其结果导致地租不断上升。如图 1-23 所示。

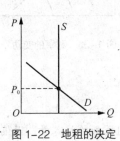

图 1-22　地租的决定　　　　　图 1-23　地租的变动

经济学家同时发现，土地具有的数量既定的特点，使得土地的供给不因地租的变动而变动。对于土地的所有者而言，即使地租降到非常低的水平，但只要大于零，他们就会提供土地。因为如果不提供土地，他们将一无所得。因此，经济学家认为，对于整个经济社会而言，地租并不是为得到土地而必须支付的报酬，它仅仅是一种额外的收入，是实现土地资源合理配置的一种手段（因为当地租由于对土地需求的上升而上升时，只有那些有能力支付地租的生产者才能获得土地，而这种支付能力在一定程度上就是效率的体现）。除土地外，还有一些生产要素也具有类似的特点。

业务 1-31

地租不断上升的原因是（　　）。

A．土地的供给与需求共同增加　　　　B．土地的供给不断减少，而需求不变

C．土地的需求日益增加，而供给不变　　D．土地的供给不断减少，而需求增加

答案：C

解析：一般认为，土地的总量（供给量）是既定的，当需求增加时，地租会上升。

4．利息理论

利息的大小用利率（r）表示，利率的高低取决于对资本的需求和资本的供给。对资本的需求，主要是厂商投资需求，一般来说，利率越高，厂商的投资成本就越高，因此就越不愿意投资；相反，利率越低，厂商投资需求就越大。因此，表现在图上，资本的需求曲线是一条向右下方倾斜的曲线。

资本的供给主要来源于储蓄，而人们的储蓄状况又与利率直接相关。一般而言，利率水平越高，人们的储蓄也就越多，反之，则越少。因此，资本的供给曲线就是一条向右上方倾斜的曲线。

家庭的储蓄与它的时间偏好有关，时间偏好就是指对于当前消费的偏好。时间偏好越强，延迟消费（即储蓄）所需要的回报就越高。

把资本的供给曲线与需求曲线放在一起，两者的交点就形成一个均衡，均衡的利率水平为 r_0，如图 1-24 所示。从人类社会长期发展来看，随着经济的不断发展，资本的供给会不断增加，供给曲线不断右移，从而导致利率呈不断下降趋势，如图 1-25 所示。

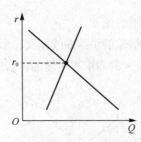

图 1-24　利率的决定

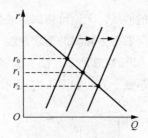

图 1-25　利率的变动

业务 1-32

如果市场利息率普遍下跌，那么任何资本资产的现值将（　　）。

A．下跌，因为较低的利息率表明，在未来任一时期增加的收入量，现值较高

B．下跌，因为较低的利息率表明，在未来任一时期增加的收入量，现值较低

C．保持不变，除非相关的成本或收入因素因此而改变

D．增加，因为较低的利息率表明，在未来任何时期增加的收入量，现值较高

答案：D

解析：市场利息率下跌时，资产折现后的现值较高。

5. 利润理论

西方经济学所讲的利润，具体又可分为两种，正常利润和经济利润。

（1）正常利润。正常利润是企业家才能这一生产要素的报酬。如果把企业家看作是一个特殊的工人，则正常利润就相当于是支付给这一特殊工人的工资，因此，正常利润的决定类似于前面所说的工资的决定。但应看到，由于企业家作为一种高级人才，其边际生产力一般而言要远高于普通劳动力，因此对其的需求也远高于对一般劳动的需求，从而导致企业家才能的需求曲线要远高于普通劳动力的需求曲线；同时，作为一种高素质人才，企业家的培养所需的成本投入也远高于一般的劳动力，从而导致企业家才能的供给曲线也远高于一般劳动的供给曲线。正因为如此，企业家才能这一生产要素的价格——正常利润，一般而言要高于普通劳动的价格——工资。但由于企业家才能的边际生产力的不可测性，使得企业家才能的需求曲线也很难确定，进而导致正常利润具有不可测性。

（2）经济利润。经济利润是指厂商的总收益减去总成本后的余额。由于正常利润作为企业家才能这一生产要素的报酬已被计入总成本之中，因此经济利润实际上也就是正常利润以外的利润，因此也被称为超额利润。

经济利润的来源及大小，西方经济学者认为，主要可以从以下 3 方面理解。

① 垄断。从前面的市场理论中可以得知，垄断造成了其他厂商的进入困难，从而使原有厂商得以通过高价获取经济利润，而市场的垄断程度越高，经济利润也就越高。这种由垄断地位所带来的经济利润也称为垄断利润。

市场垄断的具体情况有两种：卖方垄断（又称专卖）和买方垄断（又称专买）。所谓卖方垄断是指产品的销售厂商垄断了某种产品的销售，从而通过抬高产品的销售价格来获取垄断利润。所

谓买方垄断是指生产厂商垄断了某种生产原材料的购买,从而通过压低收购价格来获取垄断利润。

② 风险。生产和投资中的高风险往往也是一种很好的进入障碍,因为并不是所有的生产厂商都愿意承担或能够承担经营风险。于是,风险的存在本身就是一种最好的垄断形式,使得那些风险的承担者具有一种垄断地位,并由此获取超额利润。风险越大,垄断性越强,利润也就越高。因此利润也被认为是承担风险的报酬。反过来说,也正是因为有高额的经济利润,才会诱使很多人愿意冒巨大的风险。

③ 创新。创新之所以可以获取经济利润,从根本上说应归功于以上两点。一方面创新能使创新者获得别人所无法获得的新技术、新工艺等创新成果,从而提高收益或降低成本,获取超额利润,而其创新成果又能受到专利等形式的保护,使创新者在一段时期内具有垄断地位,获取垄断利润。另一方面,创新过程中始终存在着失败的可能,其本身就是一种风险投资。因此从风险的角度来看,创新者获取相应的利润回报也是合理的,高额的利润回报能够刺激厂商不断创新,从而成为促进生产技术乃至整个社会不断发展进步的动力源泉。

业务 1-33

在完全垄断市场上,垄断者生产厂商能获得超额利润主要是由于(　　)。

A. 实行了买方垄断　　　　　　B. 实行了卖方垄断

C. 对产品进行了创新　　　　　D. 政府的支持

答案: B

解析: 所谓卖方垄断,是指产品的生产厂商垄断了某种产品的销售,从而通过抬高产品的销售价格来获取垄断利润。

业务 1-34

在以下 3 种情况下,属于创新的是(　　)。

A. 改进牡丹牌彩电生产技术　　　B. 建立了一个生产牡丹牌彩电的新工厂

C. 在广告中宣传牡丹牌彩电　　　D. 从国外引入新技术生产牡丹牌彩电

答案: A

解析: 改进生产技术属于创新,其他选项都不属于创新。

七、市场失灵与微观经济政策

市场失灵也称市场缺乏效率,是指市场机制(即价格调节市场的机制)不能实现资源的有效配置,也就是说市场机制造成资源的配置失当。

在完善的市场经济制度下,市场充分发挥作用能达到最高的经济效率,而现实社会中,由于存在着一些限制,影响市场机制发挥作用以致资源配置效率低。信息不对称、外部性、公共物品和垄断妨碍市场价格机制的正常功能而又不能通过市场自身予以克服,这是造成市场失灵的主要原因。

影响市场失灵的因素及相应的经济政策如下。

1. 信息不对称

信息不对称是指市场上买方与卖方所掌握的信息不对等,其中的一方比另一方掌握更多的信息。在一些市场上，卖方所掌握的信息多于买方，例如冰箱的生产者对自己产品的质量和性能比消费者知道得多。但是在有些市场上，买方所掌握的信息多于卖方，例如购买医疗保险的投保人肯定比保险公司更了解自己身体状况和发病的可能性。

（1）逆向选择问题。市场上的交易双方在信息不对称的情况下，会产生逆向选择问题。逆向选择会导致高质量产品在市场上被低质量产品驱逐出去。因为真正质量好的商品不会按低价出售，按低价出售的商品质量真的较差，最终的结果是售出的商品质量低劣，消费者出的价钱也极低，高质量的商品被驱逐出市场。例如，在信贷市场，债权人不了解债务人的风险程度，只能根据平均风险水平确定利率，结果导致低风险者不愿意贷款，贷款者都是高风险者。

因为信息不对称而产生了逆向选择，可以通过信号传递的方式予以解决。信号传递是指市场上信息多的一方通过某种方式将信号传递给信息少的一方，即向市场发出信息。例如生产高质量产品的厂商可以通过提供质量保证或售后服务的方法来使消费者明白他们出售的产品质量是可靠的，消费者就能够把产品的质量保证书看作产品高质量的信号，并愿意为提供了产品质量保证的产品支付更高的价格。

不同的市场上因为信息不对称而产生的问题性质不同，需要采取不同的解决办法，有的问题可以通过政府干预解决，例如老年人健康保险市场的逆向选择问题，有的也可以通过某些有效的制度安排或有效的措施来消除。

（2）道德败坏行为。因为信息的不对称，还可能产生道德败坏。道德败坏是指协议达成以后，信息多的一方通过改变自己的行为，来损害对方的利益。由于信息不对称，达成协议的另一方无法准确地核实对方是否按照协议办事。例如，在保险市场，个人在没有为车辆购买保险之前会采取多种措施防范车辆被偷，但在为车辆购买了防盗险之后，个人有可能不再采取防范措施，这样的现象就是保险市场的道德败坏。

道德败坏是在交易一方的隐藏行为无法察觉或监督的情况下发生的，解决的办法只能通过某些制度设计使具有信息优势的交易方约束自己的行为，要求具有私人行为或私人信息的交易方的自利行为得到激励的引导，以符合或不违背缺乏信息的另一方的利益。例如，保险公司解决道德败坏的问题，可以在保险单中加入共同保险或免赔条款等。

（3）委托-代理问题。在经济生活当中，当一方当事人（即委托人）雇佣另一方当事人（即代理人）代表委托人完成某些任务时，委托人的目标和代理人的目标并不一致，这就产生了委托-代理问题。在实际的工作当中，委托人不能直接监督代理人的行为，委托人与受托人之间信息不对称，具有信息优势的一方是代理人，而信息劣势一方是委托人。例如，股份有限公司的股东作为委托人，委托职业经理管理公司的日常事务，当经理的目标和股东的目标不一致时，可能会损害股东的利益，就产生了委托代理问题。

解决委托代理问题的关键是激励加相应的惩罚措施，即委托人需要确定一些适当的激励措施促使代理人采取某种行为以符合委托人的利益，当代理人产生损害委托人利益的行为时，也要给予一定的惩罚。例如，企业管理者的收入取决于企业的经营状况，用业绩来评定薪水，这样就可以把管理者和企业所有者的利益协调起来。

2. 外部性

外部性又称为外部效应，是指生产或消费某些商品时，会给没有生产或没有消费这些商品的其他厂商和个人带来损害或利益。

外部性有两种类型：正的外部性和负的外部性。正的外部性又称为外部经济，是指某个经济行为主体的活动会使他人或社会受益，而受益者又无需花费代价。负的外部性又称为外部不经济，是指某个经济行为主体的活动会使他人或社会受损，而造成负外部性的人没有为此承担成本。

外部性使竞争市场资源配置的效率受到损失，是导致市场失灵的一个重要原因。解决外部性对市场失灵的影响主要有以下两种方式。

（1）政府对外部性的公共政策。因为外部性而导致的市场失灵，可以通过政府干预的方式予以解决。政府干预的形式也有很多种，涉及生态、环境等外部性问题，政府可以直接管制或制定相关保护措施和法律法规，对资源的开发使用实施统一管理，也可以采取课税或补贴的形式，促进私人成本与社会成本相一致，还可以根据实际情况确定排污标准，向排污企业发放可交易的排污许可证，排污许可证可以在市场上进行交易，用这种方式来降低排污的成本。

（2）明晰产权。产权不但包括对资源的所有权和使用权，而且包括其他许多的法定权利。产权有两种，一种是公共产权，另一种是私人产权。公共产权由整个社会拥有，个人不可能使资源仅供自己使用或支配。私人产权由私人拥有，按现有的法律供自己使用支配，私人产权是可以界定的，即产权的界限是明晰的。

经济学家科斯认为，外部经济从根本上说是因为产权界定不够明确或不恰当造成的。所以政府不必一定要用干预的方法来消除社会收益或成本与私人收益或成本之间的差异，政府只需要界定并保护产权就可以了。这就是著名的科斯定理所概括的思想。科斯定理的主要内容是：只要法定权利可以自由交换，而且交易成本等于零，那么法定权利的最初配置状态对于资源配置效率而言就是无关紧要的。

在产权明确界定下，外部性成本可以内部化，资源的有效配置可以得以实现。如果考虑资源的最优配置，将产权赋予交易的任何一方都没有什么差异，只要产权是明晰界定并受到法律的有效保护，双方之间的谈判和交易可以带来资源的最有效利用。

3．公共物品

如果一个人消费某种物品不会减少该物品的数量，而且并不排斥他人对该物品的消费，那么该物品就是公共物品。公共物品是相对于私人物品而言的，公共物品在消费上具有非竞争性和非排他性两个重要的特征。例如，警察、交通、国防、消防等都是公共物品。

如果由私人提供公共物品，其供给量就是零，因为某些个人不付费，完全依赖于他人付费也可以同享公共物品的好处（即搭便车者），说明市场机制不能保证公共物品的供给，发生了市场失灵。

公共物品导致市场失灵的问题，一般只能通过政府强制性税收来为公民提供公共物品的方式解决。

4．垄断

自由的市场经济不可避免地会产生垄断。少数资本主义大企业，为了获得高额利润，通过相互协议或联合，对一个或几个部门商品的生产、销售和价格进行操纵和控制。垄断行业就是行业或市场中只有一个或极少数厂商的情况。

垄断情形下，厂商的产量低于社会最优产量，商品的市场价格又高于市场最优的价格，垄断不仅抑制了需求而且不利于增加供给。垄断会造成社会缺乏公平，市场经济效率低下。

针对垄断造成的市场失灵，政府可以采取经济、行政和法律的手段予以限制，其中包括对行业的重新组合，实施经济和行政的处罚以及颁布反垄断法等。政府对垄断行业的调节，还可以对垄断厂商的价格进行调节，对完全垄断厂商的税收进行调节。

┃ 业务 1-35 ┃

导致市场失灵的因素有（　　　）。

A．垄断　　　　　　B．外部经济效果　　　C．公共物品　　　D．政府干预

答案：A、B、C

解析：政府干预是解决市场失灵的一种方式。

┃ 业务 1-36 ┃

当一个消费者的行动对他人产生了有利的影响，而自己却不能从中得到补偿，便产生了（　　　）。

A．消费的外部经济　　　　　　　　B．消费的外部不经济

C．生产的外部经济　　　　　　　　D．生产的外部不经济

答案：A

解析：因为消费行动对他人产生了有利的影响，而自己却不能从中得到补偿，便产生了消费的外部经济。

八、国民收入与宏观经济政策

1．国民收入核算理论

国民收入是指一个国家在一定时期（通常为 1 年）内物质资料生产部门的劳动者新创造的价值总和，社会总产品的价值扣除用于补偿消耗掉的生产资料价值的余额。

在价值形态上，国民收入等于社会总产值减去已消耗生产资料价值国民收入。在物质形态上表现为体现新创造价值的生产资料和消费资料两部分。

国民收入是反映一个国家国民经济发展水平的综合指标，人均国民收入则是直接反映这个国家社会生产力发展水平和人民生活水平的综合指标。国民收入作为综合指标，它可以反映社会再生产及其最终结果；在不同的社会制度下，国民收入反映不同的社会经济关系。例如，资本主义制度下，国民收入所体现的积累与消费的关系，反映的是无产阶级与资产阶级经济利益对抗的关系；社会主义制度下，国民收入所体现的积累与消费的关系，反映的则是劳动人民长远利益与目前利益之间的经济关系。国民收入作为一个国家一定时期内新创造的价值的总和，能够比较准确地反映这个国家新增加的物质财富，因而也是反映宏观经济效益的综合指标。

（1）国内生产总值。反映国民收入的主要统计数据是国内生产总值（GDP)。国内生产总值是指一个国家或地区在一定时间内运用生产要素所生产的全部最终产品的价值。GDP 是一个市场价值，测量的是最终产品的价值，中间品价值不计入 GDP，而且是一定时期内生产而不是所出售产品的价值，因而 GDP 是一个流量而不是存量。

GDP 分为名义 GDP 和实际 GDP。名义 GDP 是用生产物品和劳务当年的价格计算的全部最终产品的市场价值。实际 GDP 是用前一年作为基期价格计算出来的全部最终产品的市场价值。由于价格的变动,名义 GDP 并不反映实际产出的变动,通常要把名义 GDP 折算为实际 GDP,折算方法如下所示。

$$GDP 折算系数 = 名义 GDP / 实际 GDP$$

特别指出的是要和 GDP 进行区分的另一个指标是国民总收入(GNI)。国民总收入(GNI)是一个国民概念,是指某国国民所拥有的全部生产要素在一定时期内所生产的最终产品的市场价值。例如,一个在日本工作的中国公民所创造的财富计入中国的 GNP,但不计入中国 GDP,而是计入日本的 GDP。

(2)国内生产总值的核算方法。GDP 的核算有 3 种方法:生产法、收入法、支出法。3 种方法从不同的角度反映国民经济生产活动成果,理论上 3 种方法的核算结果相同。

生产法是从生产的角度衡量常住单位在核算期内新创造价值的一种方法,即从国民经济各个部门在核算期内生产的总产品价值中,扣除生产过程中投入的中间产品价值,得到增加值。核算公式为:

$$增加值 = 总产出 - 中间投入$$

收入法是从生产过程创造收入的角度,根据生产要素在生产过程中应得的收入份额反映最终成果的一种核算方法。按照这种核算方法,增加值由劳动者报酬、生产税净额、固定资产折旧和营业盈余 4 部分相加得到。

支出法是从最终使用的角度衡量核算期内产品和服务的最终去向,包括最终消费支出、资本形成总额和货物与服务净出口 3 个部分。

从理论上说,按支出法、收入法与生产法计算的 GDP 在量上是相等的,但实际核算中常有误差,因而要加上一个统计误差项来进行调整,使其达到一致。实际统计中,一般以国民经济核算体系的支出法为基本方法,即以支出法所计算出的国内生产总值为标准。下面我们简单介绍一下收入法和支出法核算 GDP。

① 收入法。收入法核算 GDP,就是从收入的角度,把生产要素在生产中所得到的各种收入相加来计算的 GDP,即把劳动所得到的工资、土地所有者得到的地租、资本所得到的利息以及企业家才能得到的利润相加来计算 GDP。这种方法又叫要素支付法、要素成本法。

在没有政府的简单经济中,企业的增加值即其创造的国内生产总值,就等于要素收入加上折旧。但当政府介入后,政府往往征收间接税,这时的 GDP 还应包括间接税和企业转移支付。间接税是对产品销售征收的税,它包括货物税、周转税。这种税收名义上是对企业征收,但企业可以把它计入生产成本之中,最终转嫁到消费者身上,故也应视为成本。同样,还有企业转移支付(即企业对非营利组织的社会慈善捐款),它也不是生产要素创造的收入,但要通过产品价格转移给消费者,故也应看作成本。资本折旧也应计入 GDP。因为它虽不是要素收入,但包括在应回收的投资成本中。

另外,非公司企业主收入也应计入 GDP 中。非公司企业主收入是指医生、律师、小店铺主、农民等的收入。他们使用自己的资金,自我雇用,其工资、利息、租金不像公司的账目那样,分成其自己经营应得的工资、自有资金的利息、自有房子的租金等,其工资、利息、利润、租金常混在一起作为非公司企业主收入。这样，按收入法计算的公式就是：

$$GDP = 工资 + 利息 + 利润 + 租金 + 间接税和企业转移支付 + 折旧$$

② 支出法。支出法核算 GDP，就是从产品的使用出发，把一年内购买的各项最终产品的支出加总而计算出该年内生产的最终产品的市场价值。这种方法又称最终产品法、产品流动法。从支出法来看，国内生产总值包括一个国家（或地区）所有常住单位在一定时期内用于最终消费、资本形成总额，以及货物和服务的净出口总额。它反映本期生产的国内生产总值的使用及构成。

在现实生活中，产品和劳务的最后使用，主要是居民消费、企业投资、政府购买和出口。因此，用支出法核算 GDP，就是核算一个国家或地区在一定时期内居民消费、企业投资、政府购买和净出口这几方面支出的总和。如果把居民消费用字母 C 表示，企业投资用 I 表示，政府购买用 G 表示，X 表示出口，M 表示进口，则"$X-M$"表示净出口，那么用支出法计算 GDP 的公式就是：

$$GDP = C + I + G + (X - M)$$

业务 1-37

国内生产总值是下面哪一项的市场价值（　　）。

A. 1 年内一个经济中生产的所有最终商品和劳务

B. 1 年内一个经济中交换的所有商品和劳务

C. 1 年内一个经济中交换的所有最终商品和劳务

D. 1 年内一个经济中的所有交易

答案： A

解析： 国内生产总值是指一个国家或地区在一定时间内运用生产要素所生产的全部最终产品的价值。GDP 是一个市场价值，测量的是最终产品的价值，中间品价值不计入 GDP，而且是一定时期内生产而不是所出售产品的价值。

业务 1-38

一国的国民总收入小于国内生产总值，说明该国公民从外国取得的收入（　　）外国公民从该国取得的收入。

A. 大于　　　　　　B. 小于　　　　　　C. 等于　　　　　　D. 可能大于也可能小于

答案： B

解析： 国民从外国取得的收入计入该国的国民总收入，但不计入该国的国内生产总值，当国民总收入小于国内生产总值，表明该国公民从外国取得的收入小于外国公民从该国取得的收入。

业务 1-39

下列哪一项计入 GDP（　　）。

A. 购买一辆用过的旧自行车　　　　　　B. 购买普通股票

C. 汽车制造厂买进 10 吨钢板　　　　　　D. 晚上为邻居照看儿童的收入

答案： D

解析：买用过的旧自行车、买普通股票、买钢板都不是用生产要素生产出了最终产品，不能计入GDP，照看儿童取得收入属于劳动所得工资要计入GDP。

2．国民收入决定理论

国民收入决定理论研究经济社会的总产出和总收入如何决定。经济学家凯恩斯从总需求入手研究国民收入如何决定，建立了以需求为中心的国民收入决定理论。总需求是整个社会对产品与劳务需求的总和，包括消费需求、投资需求、政府对各种产品与劳务的购买支出以及净出口。

凯恩斯在进行总需求分析时，提出了以下几点最简单的经济关系假设：

① 不存在政府，也不存在对外贸易，只有居民和厂商，即两部门的经济；

② 不论需求量为多少，经济制度均能以不变的价格提供相应的供给量；

③ 折旧和公司未分配利润都为零。

均衡产出是指与总需求相等的产出。均衡产出条件下，经济社会总收入刚好等于所有居民和全体厂商想要有的消费支出与投资支出。也就意味着，企业的产量以至于整个社会的产量一定稳定在社会对产品的需求的水平上。由于两部门经济中的总需求只包括居民的消费需求（用"c"表示）和厂商的投资需求（用"i"表示），因此均衡产出（用"y"表示）用公式就表示为：

$$y=c+i$$

要达到整个国民经济产出的总供给和总需求的平衡，国民收入量和国民消费量必须相等。然而在实际生活中，人们习惯上把一定时期所获得的收入一部分用于消费，另一部分用于储蓄（用"s"表示）。生产创造的总收入等于计划消费与计划储蓄之和，用公式表示为：

$$y=c+s$$

当达到均衡产出时，有$y=c+s=c+i$，所以$s=i$，即计划投资=计划储蓄。

业务 1-40

在两部门经济中，收入在（　　　）时均衡下来。

A．储蓄等于实际投资　　　　　　　B．消费等于实际投资

C．储蓄等于计划投资　　　　　　　D．消费等于计划投资

答案： C

解析：两部门经济中的总需求只包括居民的消费需求和厂商的投资需求，因此均衡时储蓄等于计划投资。

3．宏观经济政策分析

宏观经济政策是指国家或政府有意识有计划地运用一定的政策工具，调节控制宏观经济的运行，以达到一定的政策目标。宏观调控是公共财政的基本职责，所谓公共财政，指的是为弥补市场失效、向社会提供公共服务的政府分配行为或其他形式的经济行为。

严格地说，宏观经济政策是指财政政策、货币政策、收入分配政策和对外经济政策。除此以外，政府对经济的干预都属于微观调控，所采取的政策都是微观经济政策。

（1）财政政策。财政政策是指国家根据一定时期政治、经济、社会发展的任务而规定的财政工作的指导原则，通过财政支出与税收政策的变动来影响和调节总需求，进而影响就业和国民收

入政策。其中，变动税收指改变税率和税率结构，变动财政支出指改变政府对商品和劳务的购买及转移支付。

财政政策是国家整个经济政策的组成部分，是国家干预经济的主要政策之一。为了达到某种经济目标，往往不能只采用一种政策工具，为了实现最优的政策效应，必须把各种财政政策工具配合使用。如何使各项政策协调配合是决定政策中一个至关重要的问题。这种协调与配合包括各种财政政策工具的配合使用，也包括国内外政策的协调。只有政策的协调与配合得当，才能获得最理想的政策效应。在我国，实行的财政政策主要有以下几种。

① 国家预算。主要通过预算收支规模及平衡状态的确定，收支结构的安排和调整来实现财政政策目标。

② 税收。主要通过税种、税率来确定和保证国家财政收入，调节社会经济的分配关系，以满足国家履行政治经济职能的财力需要，促进经济稳定协调发展和社会的公平分配。

③ 财政投资。通过国家预算拨款和引导预算外资金的流向、流量，以实现巩固和壮大社会主义经济基础，调节产业结构的目的。

④ 财政补贴。它是国家根据经济发展规律的客观要求和一定时期的政策需要，通过财政转移的形式直接或间接地对农民、企业、职工和城镇居民实行财政补助，以达到经济稳定协调发展和社会安定的目的。

⑤ 财政信用。是国家按照有偿原则，筹集和使用财政资金的一种再分配手段，包括在国内发行公债和专项债券，在国外发行政府债券，向外国政府或国际金融组织借款，以及对预算内资金实行周转有偿使用等形式。

⑥ 财政立法和执法。是国家通过立法形式对财政政策予以法律认定，并对各种违反财政法规的行为（如违反税法的偷税抗税行为等），诉诸司法机关按照法律条文的规定予以审理和制裁，以保证财政政策目标的实现。

⑦ 财政监察。是实现财政政策目标的重要行政手段，即国家通过财政部门对国有企业、事业单位、国家机关团体及其工作人员执行财政政策和财政纪律的情况进行检查和监督。

为了发挥财政调控国民经济总量的不同功能，可选择扩张性财政政策、紧缩性财政政策和中性财政政策。

扩张性财政政策是指通过财政分配活动来增加和刺激社会的总需求。在国民经济存在总需求不足时，通过扩张性财政政策使总需求与总供给的差额缩小以至平衡。扩张性财政政策的手段主要有减税和增加财政支出。减税可以增加民间消费和投资，增加政府支出可以增加政府购买和转移支付，增加消费需求和投资需求。在经济衰退时期，国民收入小于充分就业的均衡水平，总需求不足。这时政府通常采取扩张性的财政政策，增加政府支出和减少政府税收。

紧缩性财政政策是指通过财政分配活动来减少和抑制总需求。在国民经济已出现总需求过旺的情况下，通过紧缩性财政政策消除通货膨胀缺口，达到供求平衡。实现紧缩性财政政策目标的手段主要是增加税收和减少财政支出。增加税收可以减少民间的可支配收入，降低人们的消费需求；减少财政支出可以降低政府的消费需求和投资需求。在经济繁荣时期，国民收入高于充分就业的均衡水平，存在过度需求。这时政府通常采取紧缩性财政政策，减少政府支出和增加政府税收。

中性财政政策是指财政的分配活动对社会总需求的影响保持中性。财政的收支活动既不会产生扩张效应，也不会产生紧缩效应。

现代国家的财政政策，都是随着不同时期政治和经济发展的不同需要而不断调整的。但这种调整在一定时期内又保持相对稳定。在财政政策实施中还存在许多实际问题，这些问题要影响到政策效应。

首先，任何一种财政政策都有其正效应，这就是说，在一项政策实现其最终目标时必然产生某些副作用。例如，扩张性财政政策在刺激经济的同时，也会导致通货膨胀加剧，实现充分就业的代价是通货膨胀；财政政策在刺激总需求的同时又会使利率上升，抑制投资，这就是财政政策的挤出效应，这种挤出效应减少了财政政策刺激总需求的作用。

其次，宏观经济政策仅仅是从经济的角度来分析政策问题，实际上政策效应还要受到许多非经济因素尤其是政治因素的影响。国际上的政治斗争、国内的政治问题，都要影响政策效应。因此，仅仅从经济角度来分析政策效应是不够的。实际上，决策者在决定政策时要对各种经济与非经济因素作出综合的分析，否则很难达到预期的政策效应。

最后，就经济因素而言，宏观经济学也并不是完全的，这样，也就难免做出错误的决策，从而影响财政政策效应。

> **业务 1-41**
>
> （   ）的手段主要有减税和增加财政支出。
>
> A. 自动稳定的财政政策　　　　B. 紧缩性财政政策
>
> C. 扩张性财政政策　　　　　　D. 中性的财政政策
>
> **答案：** C
>
> **解析：** 扩张性财政政策是指通过财政分配活动来增加和刺激社会的总需求，减税可以增加民间消费和投资，增加政府支出可以增加政府购买和转移支付，增加消费需求和投资需求。

（2）货币政策。货币政策分为狭义的货币政策和广义的货币政策。

狭义货币政策是指中央银行为实现其特定的经济目标而采用的各种控制和调节货币供应量或信用量的方针和措施的总称，包括信贷政策、利率政策和外汇政策。

广义货币政策指政府、中央银行和其他有关部门所有有关货币方面的规定和采取的影响金融变量的一切措施，包括金融体制改革等。

两者的不同主要在于后者的政策制定者包括政府及其他有关部门，他们往往影响金融体制中的外生变量，改变游戏规则，如硬性限制信贷规模，信贷方向，开放和开发金融市场。前者则是中央银行在稳定的体制中利用贴现率，准备金率，公开市场业务达到改变利率和货币供给量的目标。

我国运用货币政策所采取的主要措施有：控制货币发行、控制和调节对政府的贷款、推行公开市场业务、改变存款准备金率、调整再贴现率、选择性信用管制、直接信用管制、常备借贷便利等。

国家运用货币政策的最终目标，一般有4个。

① 稳定物价。稳定物价目标是中央银行货币政策的首要目标，而物价稳定的实质是币值的稳

定。目前各国政府和经济学家通常采用综合物价指数来衡量币值是否稳定。物价指数上升，表示货币贬值；物价指数下降，则表示货币升值。稳定物价是一个相对概念，就是要控制通货膨胀，使一般物价水平在短期内不发生急剧的波动。

② 充分就业。充分就业也就是指凡是有能力并自愿参加工作者，都能在较合理的条件下随时找到适当的工作。在充分就业的情况下，凡是有能力并自愿参加工作者，都能在较合理的条件下随时找到适当的工作。一般以失业率指标来衡量劳动力的就业程度，失业率的大小，也就代表了社会的充分就业程度。失业，理论上讲，表示了生产资源的一种浪费，失业率越高，对社会经济增长越是不利，因此，各国都力图把失业率降到最低的水平，以实现其经济增长的目标。

③ 促进经济增长。经济增长就是指国民生产总值的增长必须保持合理的、较高的速度。目前各国衡量经济增长的指标一般采用人均实际国民生产总值的年增长率，即用人均名义国民生产总值年增长率剔除物价上涨率后的人均实际国民生产总值年增长率来衡量。

中央银行以经济增长为目标，指的是中央银行在接受既定目标的前提下，通过其所能操纵的工具对资源的运用加以组合和协调。一般地说，中央银行可以用增加货币供给量或降低实际利率水平的办法来促进投资增加，或者通过控制通货膨胀率，以消除其所产生的不确定性和预期效应对投资的影响。

④ 平衡国际收支。平衡国际收支就是采取各种措施纠正国际收支差额，使其趋于平衡。因为一国国际收支出现失衡，无论是顺差还是逆差，都会对本国经济造成不利影响，长时期的巨额逆差会使本国外汇储备急剧下降，并承受沉重的债务和利息负担；而长时期的巨额顺差，又会造成本国资源使用上的浪费，使一部分外汇闲置，特别是如果因大量购进外汇而增发本国货币，则可能引起或加剧国内通货膨胀。

但需指出的是我国的货币政策仅仅有保持货币币值稳定和促进经济增长的作用。

根据对总产出的影响，可把货币政策分为两类：扩张性货币政策（积极货币政策）和紧缩性货币政策（稳健货币政策）。在经济萧条时，中央银行采取措施降低利率，由此引起货币供给增加，刺激投资和净出口，增加总需求，称为扩张性货币政策。反之，经济过热、通货膨胀率太高时，中央银行采取一系列措施减少货币供给量，以提高利率、抑制投资和消费，使总产出减少或放慢增长速度，使物价水平控制在合理水平，称为紧缩性货币政策。

一般情况下，国家对宏观经济进行调控，会混合使用财政政策和货币政策，不同情形下的效果也是不同的。

扩张性的财政政策和紧缩性的货币政策，会导致产出不确定，利率会上升；紧缩性的财政政策和紧缩性的货币政策，会导致产出减少，利率不确定；紧缩性的财政政策和扩张性的货币性政策，将导致产出不确定，利率会下降；扩张性的财政政策和扩张性的货币政策将导致产出增加，利率不确定。

采用不同的宏观经济政策，不仅要看经济走势，还要看政治需要。宏观经济政策应是短期调控宏观经济运行的政策，需根据形势的变化而进行调整，不宜长期化，因为经济形势是不断变化的。在经济全球化趋势不断发展的今天，一国的经济形势，不仅取决于国内的经济走势，还在相当程度上取决于全球经济的走势。

业务 1-42

经济中存在失业时，应采取的财政政策工具是（　　）。

A．增加政府支出　　　　　　　B．提高个人所得税

C．提高公司所得税　　　　　　D．增加货币发行量

答案：A

解析：当存在失业时，采取扩张性财政政策在刺激经济的同时，可以实现充分就业。

业务 1-43

如果中央银行认为通胀压力太大，其紧缩政策为（　　）。

A．在公开市场出售政府债券　　　　B．迫使财政部购买更多的政府债券

C．在公开市场购买政府债券　　　　D．降低法定准备金率

答案：C

解析：当存在通货膨胀时，货币贬值，购买力下降，中央银行会采取紧缩的货币政策，减少市场货币的流通，可以通过在公开市场购买政府债券来实现。

项目三　当代宏观经济问题

【引例与分析】20 世纪 80 年代，津巴布韦是非洲最富裕的国家之一，被称为非洲的"菜篮子"和"米袋子"。2008 年 1 月，津巴布韦中央银行发行最大面值为 1 000 万津元后，4 月又发行了当今世界上面额最大的 2.5 亿津元纸币，可仍旧有人提议要发行更高面值的纸币。在津巴布韦，人们对货币的使用早已不是按张，而是按"堆"或用秤来"称量"。被称之为津巴布韦化。津巴布韦是世界上百万富翁最多的国家，然而它又却是最贫困的国家之一。如果在津巴布韦乘坐出租车，即使全用 5 万面额的纸币付费，数钞票付给司机所要花费的时间也差不多与路途全程所用时间相当，其 2008 年通货膨胀率高达 220 万%。

从 2000 年起，总理穆加贝开始推行土地改革，这一改革的目的是为了让黑人获得更加公平的土地分配。在津巴布韦宣布独立的 20 年后的 2000 年，占总人口 1%的白人农场主仍然控制着 70%最肥沃的土地，在白人农场主和黑人之间爆发了严重的暴力冲突，引发了以美英为首的西方国家的经济制裁，导致外国资本人大量撤出，使得该国政治、经济和社会生活日趋混乱。

[问题]1. 什么是通货膨胀？通货膨胀对津巴布韦人民的社会经济有什么影响？

2. 引起通货膨胀的因素有哪些？

[分析]

通货膨胀是指市场上流通的货币数量超过经济实际需要，引起货币贬值和物价水平全面而持续的上涨。津巴布韦通货膨胀的原因与政府的货币供给量有密不可分的关联。价格持续上涨的过程，也是津币价值持续贬值的过程。高昂的物价和低廉的劳动力导致了津巴布韦民众生活不堪重负，使他们深陷尴尬的情境之中。恶性的通货膨胀不仅严重影响了民众的生活，还影响了津巴布韦正常的经济发展。

造成通货膨胀的直接原因是国家财政赤字的增加。政府为了挽救经济危机或弥补庞大的财政

赤字，不顾商品流通的实际需要，滥发纸币。他们之所以要利用这种办法来弥补财政赤字，是因为这种办法比起增加税收、增发国债等办法富于隐蔽性，并且简便易行。根据通货膨胀的程度不同，引起通货膨胀的因素也不一样，总的来说，既有供给方面的因素，也有需求方面的因素，还有市场结构性方面的因素等。

一、失业

1．失业的含义

一个人愿意并有能力为获取报酬而工作，但尚未找到工作的情况，即认为是失业。

失业有广义和狭义之分。广义的失业指的是生产资料和劳动者分离的一种状态。在这种状态下，劳动者的生产潜能和主观能动性无法发挥，不仅浪费社会资源，还对社会经济发展造成负面影响。

狭义的失业指的是有劳动能力的处于法定劳动年龄阶段的并有就业愿望的劳动者失去或没有得到有报酬的工作岗位的社会现象。

我们常用失业率来反映失业的程度，失业率=失业人数/社会劳动力人数，社会劳动力人数即就业人数与失业人数之和。

2．失业的类型

失业有多种不同的情形，根据失业产生的原因，把失业主要分为自愿失业、非自愿失业以及隐蔽性失业等。

（1）自愿失业。自愿失业是指工人所要求的实际工资超过其边际生产率，或者说不愿意接受现行的工作条件和收入水平而未被雇用而造成的失业。自愿失业又分为摩擦性失业和结构性失业。

摩擦性失业指人们在转换工作过程中的失业，指在生产过程中由于难以避免的摩擦而造成的短期、局部的失业。这种失业在性质上是过渡性的或短期性的，通常起源于劳动力供给方。

结构性失业是指劳动力供给和需求不匹配造成的失业，其特点是既有失业，又有空缺职位，失业者或者没有合适的技能，或者居住地不当，因此无法填补现有的职位空缺。结构性失业在性质上是长期的，而且通常起源于劳动力的需求方。这种失业是由经济变化导致的，这些经济变化引起特定市场和区域中的特定类型劳动力的需求相对低于其供给。

（2）非自愿失业。非自愿失业，是指有劳动能力、愿意接受现行工资水平但仍然找不到工作的现象。这种失业是由于客观原因所造成的，因而可以通过经济手段和政策来消除。经济学中的所讲的失业是指非自愿失业。非自愿失业又分为技术性失业和周期性失业。

技术性失业是指因为在生产过程中引进先进技术代替人力，以及改善生产方法和管理而造成的失业。从两个角度观察，从长远角度，劳动力的供求总水平不因技术进步而受到影响；从短期看，先进的技术、生产力和完善的经营管理。以及生产率的提高，必然会取代一部分劳动力，从而使一部分人失业。

周期性失业是指经济周期波动所造成的失业，即经济周期中的衰退或萧条时，因需求下降而导致的失业，当经济中的总需求减少，降低了总产出时，会引起整个经济体系的普遍失业。当经济发展处于一个周期中的衰退期时，社会总需求不足，因而厂商的生产规模也缩小，从而导致较为普遍的失业现象。

周期性失业对于不同行业的影响是不同的，一般来说，需求收入弹性越大的行业，周期性失业的影响越严重。也就是说，人们收入下降，产品需求大幅度下降的行业，周期性失业情况比较严重。

3．失业的影响

失业带来的影响主要有两个方面，即社会影响和经济影响。

（1）社会影响。失业的社会影响虽然难以估计和衡量，但它最易为人们所感受到。失业威胁着作为社会单位和经济单位的家庭的稳定。失业以后，家庭会没有收入或收入遭受损失，家庭的要求和需要得不到满足，家庭关系将因此而受到损害。此外，家庭之外的人际关系也受到失业的严重影响。一个失业者在就业的人员当中失去了自尊和影响力，面临着被同事拒绝的可能性，并且可能要失去自尊和自信。最终，失业者在情感上受到严重打击。

（2）经济影响。失业的经济影响可以用机会成本的概念来理解。当失业率上升时，经济中本可由失业工人生产出来的产品和劳务就损失了。从产出核算的角度看，失业者的收入总损失等于生产的损失，因此，丧失的产量是计量周期性失业损失的主要尺度，因为它表明经济处于非充分就业状态。

20 世纪 60 年代，美国经济学家阿瑟•奥肯根据美国的数据，提出了经济周期中失业变动与产出变动的经验关系，被称为奥肯定律。

奥肯定律的内容是：失业率每高于自然失业率一个百分点，实际 GDP 将低于潜在 GDP 两个百分点。自然失业率是指在没有货币因素干扰的情况下，让劳动市场和商品市场的自发供求力量起作用时，总需求和总供给处于均衡状态下的失业率。

4．失业问题的解决措施

根据失业类型的不同，解决措施也不一样。自愿失业是由于劳动人口主观不愿意就业而造成的，无法通过经济手段和政策来消除。我们主要是针对非自愿失业提出解决措施，主要有以下几个方面。

（1）采取扩张性财政政策，如增加政府购买支出、增加转移支付、减少税收。

（2）采取扩张性货币政策，如降低法定准备金率、降低再贴现率、在公开市场上购买证券。

（3）采取供给政策，如通过使工人对工作职位作出更积极的反应而影响劳动供给，促使雇主愿意接受或雇佣现有技能的工人，以突破他们对劳动就业的限制。

（4）减少工会等垄断组织对增加就业的制约。

二、通货膨胀与通货紧缩

1．通货膨胀与通货紧缩的含义

通货膨胀是指物价水平普遍而持续地上升。当市场上流通的货币数量超过经济实际需要，人们手中的货币增加，购买力就会下降，从而引起货币贬值和物价水平全面而持续的上涨。衡量通货膨胀的指标是物价指数，物价指数是反映各个时期商品价格水准变动情况的指数。

通货膨胀之反义为通货紧缩。当市场上流通货币减少，人民的货币所得减少，购买力下降，影响物价至下跌，造成通货紧缩。长期的货币紧缩会抑制投资与生产，导致失业率升高及经济衰退。对于其概念的理解，仍然存在争议。但经济学者普遍认为，当消费者价格指数（CPI）连跌 3 个月，即表示已出现通货紧缩。通货紧缩就是由产能过剩或需求不足导致物价、工资、利率、粮食、能源等各类价格持续下跌。

无通货膨胀或极低度通货膨胀称之为稳定性物价。

2．通货膨胀和通货紧缩的分类

（1）按照通货膨胀的严重程度，可将其分为 3 类：低通货膨胀、急剧通货膨胀和恶性通货膨胀。

① 低通货膨胀的特点是，价格上涨缓慢且可以预测。此时的物价相对来说比较稳定，人们对货币比较信任。

② 急剧通货膨胀的特点是，总价格水平以每年 20%～100%甚至 200%的比率上涨。这种通货膨胀局面一旦形成并稳固下来，便会出现严重的经济扭曲。

③ 恶性的通货膨胀，货币几乎无固定价值，物价时刻在增长，其灾难性的影响使市场经济变得一无是处。

（2）通货紧缩有以下两种类型。

① "温和型通货紧缩"，这是由于技术进步、运输和通信设施改善大幅度降低交易成本，以及由开放市场、引进竞争造成的。这种温和型的通货紧缩，对经济增长的影响是正面的。

② "危害型通货紧缩"，这是由于生产能力过剩和需求低迷所致，表现为实际产出与潜在生产能力之间的 "产出缺口" 不断扩大。

就全世界范围来看，同时存在这两种类型的通货紧缩。发达的欧美国家主要是以第一种通货紧缩为主，而日本和大多数新兴经济国家则主要是以第二种类型的通货紧缩为主。

3．通货膨胀和通货紧缩的成因

通货膨胀的成因主要是社会总需求大于社会总供给，货币的发行量超过了流通中实际需要的货币量。通货紧缩的成因主要是社会总需求小于社会总供给，长期的产业结构不合理，形成买方市场及出口困难导致的。

造成通货膨胀的直接原因是国家财政赤字的增加。造成通货膨胀的原因主要有以下 3 个方面。

（1）需求拉动型的通货膨胀，在于总需求的过度增长，总供给不足，总需求的增长而引起的商品平均价格的普遍上涨。

（2）供给推动的通货膨胀，在于成本的增加，因为商品和劳务的生产者主动提高价格而引起的商品平均价格的普遍上涨。

（3）结构性通货膨胀，在总需求并不过多的情况下，而对某些部门的产品需求过多，造成部分产品的价格上涨的现象。

4．通货膨胀和通货紧缩危害

通货膨胀直接使纸币贬值，如果居民的收入没有变化，生活水平就会下降，造成社会经济生活秩序混乱，不利于经济的发展。不过在一定时期内，适度的通货膨胀又可以刺激消费，扩大内需，推动经济发展。通货紧缩导致物价下降，在一定程度上对居民生活有好处，但从长远看会严重影响投资者的信心和居民的消费心理，导致恶性的价格竞争，对经济的长远发展和人民的长远利益不利。

5．通货膨胀和通货紧缩治理措施

治理通货膨胀最根本的措施是发展生产，增加有效供给，同时要采取控制货币供应量，实行适度从紧的货币政策和量入为出的财政政策等措施。治理通货紧缩要调整优化产业结构，综合运用投资、消费、出口等措施拉动经济增长，实行积极的财政政策、稳健的货币政策、正确的消费政策，坚持扩大内需的方针。

三、经济周期

1．经济周期的含义

经济周期是指经济增长过程中反复出现并具有规律性的扩张与衰退相互交替的经济现象。同时也是国民总产出、总收入和总就业的波动，是国民收入或总体经济活动扩张与紧缩的交替或周期性波动变化。

2．经济周期的特征

经济周期是经济活动有规律的变动现象，它主要有 4 个方面的特征：①经济周期是市场经济中不可避免的经济现象；②经济周期是经济活动总体性、全局性的波动；③一个完整的经济周期由繁荣、衰退、萧条和复苏 4 个阶段组成；④经济周期的长短由周期的具体性质决定。

3．经济周期的类型

自 19 世纪中叶以来，人们在探索经济周期问题时，根据各自掌握的资料提出了不同长度和类型的经济周期，主要分为 3 种类型。

（1）短周期。短周期也称为基钦周期，时间为 3～4 年，由英国经济学家基钦 1923 年提出。基钦认为经济周期实际上有主要周期与次要周期 2 种。主要周期即中周期，次要周期为 3～4 年一次的短周期。这种短周期就称基本钦周期。

（2）中周期。中周期也称为朱格拉周期，时间为 8～10 年，由法国经济学家朱格拉 1860 年提出。朱格拉周期是以国民收入、失业率和大多数经济部门的生产、利润和价格的波动为标志加以划分的。

（3）长周期。长周期也称为康德拉季耶夫周期，时间为 50～60 年，由俄国经济学家康德拉季耶夫于 1925 年提出。该周期理论认为，从 18 世纪末期以后，经历了 3 个长周期。第一个长周期从 1789 年到 1849 年，上升部分为 25 年，下降部分 35 年，共 60 年。第二个长周期从 1849 年到 1896 年，上升部分为 24 年，下降部分为 23 年，共 47 年。第三个长周期自 1896 年起，上升部分为 24 年，1920 年以后进入下降期。

围绕经济周期这个问题，其他经济学家从其他的角度提出了自己的观点，例如美国经济学家库兹涅茨从与房屋建筑相关的角度提出了平均长度为 20 年左右的经济周期，熊彼特以他的"创新理论"为基础提出的熊彼特周期等。

4．经济周期形成的原因

经济周期的形成受到多种因素的影响，经济周期的影响因素主要分为两个方面。

（1）外因论。该观点认为经济周期源于经济体系之外的因素，具有代表性的为太阳黑子理论、创新理论和政治周期理论。

太阳黑子理论把经济的周期性波动归因于太阳黑子的周期性变化。因为据说太阳黑子的周期性变化会影响气候的周期变化，而这又会影响农业收成，而农业收成的丰歉又会影响整个经济。太阳黑子的出现是有规律的，大约每 10 年左右出现一次，因而经济周期大约也是每 10 年一次。该理论由英国经济学家杰文斯于 1875 年提出的。

创新理论认为科学技术的创新会刺激经济的发展、繁荣与衰退，而科学技术的创新不可能始终如一地持续不断的出现，从而必然有经济的周期性波动。创新理论是奥地利经济学家熊波特提出的。

政治性周期理论把经济周期性循环的原因归之为政府为了循环解决通货膨胀和失业问题而做出周期性的决策。

（2）内因论。该观点认为经济周期源于经济体系内部的收入、成本、投资在市场机制作用下的必然现象。具有代表性的理论为纯货币理论、过度投资理论、消费不足理论和心理理论。

纯货币理论认为货币供应量和货币流通度直接决定了名义国民收入的波动，而且经济波动完全是由于银行体系交替地扩张和紧缩信用所造成的，尤其以短期利率起着重要的作用。纯货币理论主要由英国经济学家霍特里（Ralph George Hawtrey）在 1913—1933 年的一系列著作中提出的。

投资过度理论把经济的周期性循环归因于投资过度。由于投资过多，与消费品生产相对比，资本品生产发展过快。资本品生产的过度发展促使经济进入繁荣阶段，但资本品过度生产从而导致的过剩又会促进经济进入萧条阶段。

消费不足理论把经济的衰退归因于消费品的需求赶不上社会对消费品生产的增长。这种不足又根据源于国民收入分配不公所造成的过度储蓄。该理论一个很大的缺陷是，它只解释了经济周期危机产生的原因，而未说明其他 3 个阶段。

心理理论认为经济的循环周期取决于投资，而投资大小主要取决于业主对未来的预期。而预期却是一种心理现象，而心理现象又具有不确定性的特点。因此，经济波动的最终原因取决于人们对未来的预期。当预期乐观时，增加投资，经济步入复苏与繁荣，当预期悲观时，减少投资，经济则陷入衰退与萧条。随着人们情绪的变化，经济也就周期性地发生波动。

四、国际收支平衡

1．国际收支平衡的含义

国际收支平衡，指一国国际收支净额即净出口与净资本流出的差额为零，即：国际收支净额 =净出口-净资本流出。

国际收支是在特定的时间段内衡量一国对所有其他国家的交易支付，也是宏观经济政策四大目标之一。如果其货币流入大于流出，国际收支是正值，会产生贸易顺差。如果其货币的流出大于流入，国际收支是负值，会产生贸易逆差。当一国国际收入等于国际支出时，为国际收支平衡。一国国际收支的状况主要取决于该国进出口贸易和资本流入流出状况。

2．国际收支平衡的类型

国际收支平衡具体分为静态平衡与动态平衡、自主平衡与被动平衡。

静态平衡，是指一国在 1 年的年末，国际收支不存在顺差也不存在逆差。

动态平衡，不强调 1 年的国际收支平衡，而是以经济实际运行可能实现的计划期为平衡周期，保持计划期内的国际收支均衡。

自主平衡，是指由自主性交易即基于商业动机，为追求利润或其他利益而独立发生的交易实现的收支平衡。自主交易是否平衡，是衡量国际收支平衡与否的一个重要标准。

被动平衡，是指通过补偿性交易而达到的收支平衡，即一国货币当局为弥补自主性交易的不平衡而采取调节性交易。

3．国际收支平衡的目标

国际收支平衡的目标要求做到汇率稳定，外汇储备有所增加，进出口平衡。国际收支平衡不是消极地使一国经常收支和资本收支相抵，也不是消极地防止汇率变动、外汇储备变动，而是使一国外汇储备有所增加。适度增加外汇储备是改善国际收支的基本标志。同时由于一国国际收支状况不仅反映了这个国家的对外经济交往情况，还反映出该国经济的稳定程度。

五、中国经济新常态与供给侧改革

1．经济新常态的含义

2014 年 11 月，国家主席习近平在亚太经合组织（APEC）工商领导人峰会开幕式主旨演讲中，首次系统阐述了经济新常态的特征：一是从高速增长转为中高速增长。二是经济结构不断优化升级，第三产业消费需求逐步成为主体，城乡区域差距逐步缩小，居民收入占比上升，发展成果惠及更广大民众。三是从要素驱动、投资驱动转向创新驱动。

经济新常态给中国带来 4 个方面的发展机遇。一是新常态下，中国经济增速虽然放缓，实际增量依然可观。二是新常态下，中国经济增长更趋平稳，增长动力更为多元。三是新常态下，中国经济结构优化升级，发展前景更加稳定。四是新常态下，中国政府大力简政放权，市场活力进一步释放。

当然，新常态也伴随着新问题、新矛盾，一些潜在风险渐渐浮出水面。中国能不能适应新常态，关键在于全面深化改革的力度。中国改革已经进入攻坚期和深水区，要敢于啃硬骨头，敢于涉险滩，敢于向积存多年的顽疾开刀。

新常态是对我国经济发展阶段性特征的高度概括，是对我国经济转型升级的规律性认识，是制定当前及未来一个时期我国经济发展战略和政策的重要依据。我国经济发展进入新常态后，增长速度正从高速增长转向中高速增长，经济发展方式正从规模速度型粗放增长转向质量效率型集约增长，经济结构正从增量扩能为主转向调整存量、做优增量并存的深度调整，经济发展动力正从传统增长点转向新的增长点。面对经济发展新常态，既要深化理解、统一认识，又要坚持发展、主动作为，努力做到观念上适应、认识上到位、方法上对路、工作上得力，切实把思想和行动统一到中央的认识和判断上来，不断增强调结构、转方式的自觉性和主动性。

2．中国经济新常态特征

2014 年中央经济工作会议从 9 个方面对中国新常态下的经济特征做了阐述。

（1）消费需求方面，我国从过去明显模仿型排浪式的消费转变为个性化、多样化消费；必须采取正确的消费政策，释放消费潜力，保证产品质量安全，通过创新供给激活需求，使消费继续在推动经济发展中发挥基础作用。

（2）投资需求方面，对创新投融资方式提出了新要求，抓住基础设施互联互通和一些新技术、新产品、新业态、新商业模式的投资机会，善于把握投资方向，消除投资障碍，使投资继续对经济发展发挥关键作用。

（3）出口和国际收支方面，国际金融危机发生前国际市场空间扩张很快，出口成为拉动我国经济快速发展的重要动能，全球总需求不振，我国低成本比较优势也发生了转化，同时我国出口竞争优势依然存在，高水平引进来、大规模走出去正在同步发生，必须加紧培育新的比较优势，使出口继续对经济发展发挥支撑作用。

（4）生产能力和产业组织方式方面，过去供给不足是长期困扰我们的一个主要矛盾，2014年传统产业供给能力大幅超出需求，产业结构必须优化升级，企业兼并重组、生产相对集中不可避免，新兴产业、服务业、小微企业作用更加凸显，生产小型化、智能化、专业化将成为产业组织新特征。

（5）生产要素相对优势方面，过去劳动力成本低是最大优势，引进技术和管理就能迅速变成生产力，2014年以后人口老龄化日趋发展，农业富余劳动力减少，要素的规模驱动力减弱，经济增长将更多依靠人力资本质量和技术进步，必须让创新成为驱动发展新引擎。

（6）市场竞争特点方面，过去主要是数量扩张和价格竞争，2014年以后正逐步转向质量型、差异化为主的竞争，统一全国市场、提高资源配置效率是经济发展的内生性要求，必须深化改革开放，加快形成统一透明、有序规范的市场环境。

（7）资源环境约束方面，过去能源资源和生态环境空间相对较大，2014年以后环境承载能力已经达到或接近上限，必须顺应人民群众对良好生态环境的期待，推动形成绿色低碳循环发展新方式。

（8）经济风险积累和化解方面，伴随着经济增速下调，各类隐性风险逐步显性化，风险总体可控，但化解以高杠杆和泡沫化为主要特征的各类风险将持续一段时间，必须标本兼治、对症下药，建立健全化解各类风险的体制机制。

（9）资源配置模式和宏观调控方式方面，全面刺激政策的边际效果明显递减，既要全面化解产能过剩，也要通过发挥市场机制作用探索未来产业发展方向，必须全面把握总供求关系新变化，科学进行宏观调控。

我国经济发展进入新常态，绝不意味着我国经济已经进入某种新的稳态，更不是说我国目前的现状便是新常态。如果把现状认作新常态，新常态就变成对现状的消极默认，从而失去其蕴含的进取精神。目前的状态只是新常态的一个起始点，它正引领我国经济进入一种综合动态优化过程：某些特征正在生成、发展、壮大，另一些特征则在弱化、改变或者消失。简言之，中国经济发展新常态是一个有着确定愿景、随实践不断发展变化的动态过程。有专家认为，新常态作为当前和今后一个时期中国经济发展的"大逻辑"，指的是多重因素变化的综合优化过程。它指向的是中高速增长、质量效益提高、生态效应改善、可持续性增强的良性组合，指向的是社会主义市场经济的各个方面制度更加成熟和定型。

3. 供给侧改革

（1）供给侧改革的含义。2007年以来，我国经济增速逐年下滑，但需求刺激效果甚微。需求侧有投资、消费、出口"三驾马车"，"三驾马车"决定短期经济增长率。而供给侧则有劳动力、土地、资本、创新"四大要素"，"四大要素"在充分配置条件下所实现的增长率即中长期潜在经济增长率。从需求侧管理转向供给侧管理，是在思路上要从凯恩斯主义的思路转向供给学派的供给侧管理（见图1-26）。

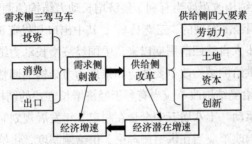

图1-26 需求侧三驾马车与供给侧四大要素

"供给侧改革"，就是从供给、生产端入手，通过解放生产力，提升竞争力促进经济发展。供给侧强调通过提升生产能力来拉动经济增长，即意味着所有产业要升级，把产品品质提升到一个非常高的水平，主动吸引用户购买。具体而言，就是要求清理僵尸企业，淘汰落后产能，将发展方向锁定新兴领域、创新领域，创造新的经济增长点。

供给侧结构性改革，就是从提高供给质量出发，用改革的办法推进结构调整，矫正要素配置扭曲，扩大有效供给，提高供给结构对需求变化的适应性和灵活性，提高全要素生产率，更好满足广大人民群众的需要，促进经济社会持续健康发展。

（2）供给侧改革的实质。当前中国经济的发展困局表象来看是需求不足。2007年以来，中国经济增速逐年下滑。从需求侧看，外需中，全球出口增速2010年见顶回落，过去3年持续零增长，中国较难独善其身，而低成本优势不再，令低端制造业向东南亚转移不可避免。内需中，2011年人口结构出现拐点，2012年人口抚养比见底回升，2013年地产销量增速持续下行，工业化步入后期，投资增速持续下行。

其实质是供需错配。但需求刺激效果甚微，2015年以来央行5次降息降准，发改委新批基建项目规模超过2万亿，但投资依然萎靡。而在消费领域中，则呈现出较为明显的供需错配：国内消费增速拾级而下，但中国居民在海外疯狂扫货，国内航空客运增速缓慢下行，但跨境出游却持续高增长。这意味着，当前中国经济面临的问题，并不在短期需求，而在中长期供给。

供给侧结构性改革包含5个方面的内容：去产能、去库存、去杠杆、降成本、补短板。一是通过改革增加劳动力、资金、土地、资源等生产要素的高效投入；二是通过改革促进技术进步、人力资本提升、知识增长等要素升级；三是通过改革培育企业、创业者、创新型地区或园区、科研院所和高等院校、创新型政府等主体；四是通过改革（如减税、简政放权、放松管制等）激发各主体的积极性和创造性；五是通过改革淘汰落后产业、培育有市场竞争力的新产业和新产品。

（3）供给侧改革的重点。供给侧改革的关键是推进供给的结构性调整，即通过创新供给结构引导需求的结构调整与升级。中国经济面临3大结构调整，即经济结构、增长动力结构和增长方式结构的重大调整。

推进供给侧改革应当以推进上述 3 大结构调整为重点。

① 经济结构。供给侧结构性改革应当有利于经济结构的调整。经济结构的调整按层次包括产业结构和产品结构的调整，调整产业结构重点是推进现代第三产业的发展，提高第三产业占国民经济的比重。调整产品结构包括生产性消费品结构和生活性消费品结构，变制造大国为制造强国；推进消费升级和消费结构调整也是供给侧结构改革的重要任务。

② 动力结构。供给侧结构改革应当有利于经济增长动力结构的调整。改革开放以来，出口、投资、消费一直是支撑我国经济发展的"三驾马车"，其中出口与投资贡献率最高。美国次贷危机以后，特别是我国经济已步入自然回落周期以来，中国经济增长动力结构发生深刻变化，内需逐渐成为主要动力。因此，供给侧结构改革要适应和推进动力结构的调整。

③ 经济增长方式。供给侧结构改革应当有利于经济增长方式的结构调整。中国经济正由要素驱动、投资驱动转向创新驱动。十八届五中全会在制定 5 年发展规划时，将创新发展确定为五大发展战略之首。供给侧结构改革应当在供给侧理论、供给侧制度、供给侧技术等方面寻求突破。

供给侧与需求侧的结构性改革应当同步推进，不能顾此失彼。"在适度扩大总需求的同时，着力加强供给侧结构性改革。"显然，供给侧与需求侧是矛盾统一体的两个方面，不能强调一侧，忽略另一侧。这是因为，中国经济运行正面临着供给侧和需求侧都亟待结构性调整的双重压力，供给侧方面的问题是结构性供给过剩和结构性供给不足并存。只有坚持供给侧和需求侧的同步结构性调整，实现新的平衡，才能实现经济的稳步增长。

职业道德与素质

【案例背景】2015 年 6 月 15 日，上证指数从 5178 点高位突然掉头向下，大跌 103 点，市场陷入极大的恐慌和大面积踩踏之中。在 6 月中旬至 8 月末，有 21 个交易日指数大幅下跌或暴跌，17 次千股跌停。上证指数从高位 5178 点一路下跌至最低 2850 点，区间振幅超过 2300 点，跌幅为 45%。创业板指权从 4000 点跌至 1779 点，腰斩过半，惨烈程度可见一斑。证监会、央行等多个部门在此期间联合出台了多个稳定股市的措施，包括 7 月 5 日监管层宣布 IPO 暂停、主要券商启动稳定市场基金且中国人民银行通过多种形式给予中国证券金融股份有限公司流动性支持。然而，有部分证券公司恶意做空，造成了中国股市严重暴跌。此轮股市暴跌后，查出证监会相关的官员、相关的离职人员和部分私募大佬，在股市暴跌中，有的在外围摇旗呐喊，散布谣言，蛊惑人心，干扰股市健康发展；有的充当"内鬼"，在获取内部信息后，通过散布虚假信息操纵市场，然而自己却暗度陈仓，从中牟利。

【问题】在股市交易中如何规避恶意做空？

【分析】《证券法》规定实施市场操纵行为，从而"恶意做空"股票或股市，可能引起行政处罚和民事赔偿责任，情节严重的还可能被追究刑事责任、锒铛入狱。推动股市健康发展，更好地发挥股市对经济社会发展促进作用的同时，也要进一步加大市场监管，加快制度建设，完善市场体制，健全市场运行机制，强化各项基础工作，如建立平准基金、加强市场督查力量、建立股市应急机制等，避免再次出现大起大落、严重震荡的现象。

 小结

项目	学习目标	重难点
经济学概论	了解经济学的分类，掌握经济学相关概念及研究的基本问题	经济学研究的基本问题
经济理论	了解经济现象，熟悉相关的经济学原理知识，掌握几种简单的经济学分析方法和思路	需求供给理论，消费者行为理论，生产者行为理论，成本理论，厂商均衡理论，收入分配理论，国民收入与宏观经济政策
当代宏观经济问题	了解宏观经济环境及其变化的影响因素，熟悉宏观经济的基本理论知识，掌握宏观经济基础分析工具和分析方法	失业、通货膨胀，经济周期、经济新常态及供给侧改革

 职业能力训练

一、单项选择题

1. 微观经济学解决的问题是（　　　）。

    A. 资源配置   B. 资源利用

    C. 单个经济单位的经济行为   D. 价格理论

2. 宏观经济学中心理论是（　　　）。

    A. 失业与通货膨胀理论   B. 经济周期与经济增长理论

    C. 价格理论   D. 国民收入决定理论

3. 在理论的形成中假设（　　　）。

    A. 是非常重要的，离开了一定的假设条件，分析与结论就是毫无意义的

    B. 假设的某些条件往往不现实，因此有假设就很难得出正确的结论

    C. 理论是客观规律的反映，不应该有假设

    D. 可以根据需要随意设置

4. 经济学中，"一方是无限的需要，一方是有限的商品"，这句话的含义是（　　　）。

    A. 人类的本性是自由的，不愿与他人分享

    B. 政府应当对产出进行再分配

    C. 目前的生产方式是无效率的

    D. 不存在简单的办法以解决稀缺性与人类需要的无限性之间的矛盾

5. 以市场机制为主要资源配置方式的经济中，（　　　）起到了关键的作用。

    A. 需求   B. 供给   C. 价格   D. 均衡价格

6. 从根本上讲，经济学与（　　　）有关。

    A. 货币
                                      B. 公司盈利或亏损的决定

    C. 稀缺资源的配置
                                  D. 支票簿的平衡

7. 经济物品是指（　　　）。

    A. 有用的物品
                                        B. 稀缺的物品

    C. 要用钱购买的物品
                               D. 有用且稀缺的物品

8. 以下问题中哪一个不属微观经济学所考察的问题？（　　　）

    A. 一个厂商的产出水平
                          B. 失业率的上升或下降

    C. 联邦货物税的高税率对货物销售的影响
    D. 某一行业中雇佣工人的数量

9. 经济学家提出模型的主要理由是（　　　）。

    A. 一个模型为验证一种假设所必需

    B. 一个模型可帮助弄清和组织对一个论点的思考过程

    C. 一个模型为决定一个指数所必需

    D. 只有模型中才可使用实际变量

10. 微观经济学是经济学的一个分支，主要研究（　　　）。

    A. 市场经济
        B. 个体行为
             C. 总体经济活动
        D. 失业和通货膨胀等

11. 宏观经济学是经济学的一个分支，主要研究（　　　）。

    A. 计划经济
                                      B. 经济总体状况，如失业与通货膨胀

    C. 不发达国家经济增长
                          D. 计算机产业的价格决定问题

12. 人们在经济资源的配置和利用中要进行选择的根本原因在于（　　　）。

    A. 产品效用的不同
                                  B. 人们的主观偏好不同

    C. 经济资源的稀缺性
                                D. 经济资源用途的不同

13. 张某对面包的需求表示（　　　）。

    A. 张某买了面包

    B. 张某没有买面包，而买了煎饼

    C. 面包价格每个 1 元时，张某用现有的收入买 4 个，而每个为 2 元时，买 1 个

    D. 张某准备买 10 个，但钱没带够

14. 需求规律说明（　　　）。

    A. 药品的价格上涨会使药品质量提高
            B. 计算机价格下降导致销售量增加

    C. 丝绸价格提高，游览公园的人数增加
    D. 汽车的价格提高，小汽车的销售量减少

15. 当出租车租金上涨后，对公共汽车服务的（　　　）。

    A. 需求增加
        B. 需求量增加
             C. 需求减少
        D. 需求量减少

16. 对大白菜供给的减少，不可能是由于（　　　）。

    A. 气候异常严寒
                                  B. 政策限制大白菜的种植

    C. 大白菜的价格下降
                              D. 化肥价格上涨

17. 供给规律说明（　　　）。

    A. 生产技术提高会使商品的供给量增加

    B. 政策鼓励某商品的生产，因而该商品供给量增加

C. 消费者更喜欢消费某商品，使该商品的价格上升

D. 某商品价格上升将导致对该商品的供给量增加

18. 需求的减少意味着需求量（　　　）。

A. 在任何价格水平下都不降低　　　　　B. 仅在均衡价格水平下降低

C. 在一些价格水平下降低　　　　　　　D. 在所有价格水平下降低

19. 政府把价格限制在均衡价格以下可能导致（　　　）。

A. 黑市交易　　　B. 大量积压　　　C. 买者买到了希望购买的商品

20. 政府把价格提高到均衡价格以上可能导致（　　　）。

A. 黑市交易　　　B. 大量积压　　　C. 卖者卖出了希望出售的商品

21. 均衡价格随着（　　　）。

A. 需求和供给的增加而上升　　　　　　B. 需求的减少和供给的增加而下降

C. 需求和供给的增加而下降　　　　　　D. 需求的减少和供给的增加而上升

22. 当商品的供给和需求同时增加时，该商品的均衡价格将（　　　）。

A. 上升　　　B. 下降　　　C. 不变　　　D. 无法确定

23. 需求和收入正相关的是（　　　）。

A. 替代品　　　B. 互补品　　　C. 劣等品　　　D. 正常商品

24. 如果甲商品价格下降引起乙商品需求曲线向右移动，那么（　　　）。

A. 甲与乙为替代品　　　　　　　　　　B. 甲与乙为互补品

C. 甲为高档商品，乙为低档商品　　　　D. 乙为高档商品，甲为低档商品

25. 玉米减产导致玉米市场价格上涨，这个过程发生了（　　　）。

A. 玉米供给的减少引起玉米需求的减少

B. 玉米供给的减少引起玉米需求的减少

C. 玉米供给量的减少引起玉米需求的减少

D. 玉米供给量的减少引起玉米需求量的减少

26. 当汽油价格急剧上涨时，对小汽车的需求将（　　　）。

A. 减少　　　B. 保持不变　　　C. 增加　　　D. 以上都有可能

27. 当咖啡价格下跌时，对茶叶的需求将（　　　）。

A. 减少　　　B. 增加　　　C. 保持不变　　　D. 不确定

28. 某种商品需求曲线右移的原因，可能是（　　　）。

A. 该商品价格上涨　　　　　　　　　　B. 该商品价格下跌

C. 消费者的收入水平提高　　　　　　　D. 消费者的收入水平下降

29. 一般而言，当一种商品的市场价格下跌时，将导致该商品的（　　　）。

A. 供给减少　　　B. 供给增加　　　C. 供给量增加　　　D. 供给量减少

30. 当建筑工人工资增加，将导致（　　　）。

A. 新房子供给曲线左移，且新房子价格下跌

B. 新房子供给曲线右移，且价格下跌

C. 新房子供给曲线左移，且价格上涨

    D. 新房子供给曲线右移，且价格上涨

31. 总成本曲线与可变成本曲线之间的垂直距离（　　）。

    A. 随产量减少而减少　　　　　　　　B. 等于平均固定成本

    C. 等于固定成本　　　　　　　　　　D. 等于边际成本。

32. 随着产量的增加，短期固定成本（　　）。

    A. 增加　　　　　　B. 减少　　　　　　C. 不变　　　　　　D. 先增后减

33. 已知产量为 8 个单位时，总成本为 80 元，当产量增加到 9 个单位时，平均成本为 11 元，那么，此时的边际成本为（　　）。

    A. 1 元　　　　　　B. 19 元　　　　　　C. 88 元　　　　　　D. 20 元

34. 当某厂商以最小成本产出既定产量时，那他（　　）。

    A. 总收益为零　　　　　　　　　　　B. 一定获得最大利润

    C. 一定未获得最大利润　　　　　　　D. 无法确定是否获得最大利润

35. 下列有关厂商的利润、收益和成本的关系的描述正确的是（　　）。

    A. 收益多，成本高，则利润就大　　　B. 收益多，成本高，则利润就小

    C. 收益多，成本低，则利润就大　　　D. 收益多，成本低，则利润就小

36. 机会成本存在的根本原因是（　　）。

    A. 自私的消费者　　B. 贪婪　　　　　　C. 稀缺性　　　　　　D. 眼界狭窄的生产者

37. 长期成本曲线上的各点对应的是既定产量下的（　　）。

    A. 最低平均成本　　B. 最低边际成本　　C. 平均成本变动　　D. 最低总成本

38. 长期边际成本曲线呈 U 形的原因在于（　　）。

    A. 边际效用递减规律　　　　　　　　B. 边际收益递减

    C. 生产由规模经济向规模不经济变动　D. 生产的一般规律

39. 在完全竞争条件下，平均收益与边际收益的关系是（　　）。

    A. 大于　　　　　　B. 小于　　　　　　C. 等于　　　　　　D. 没有关系

40. 在完全竞争条件下，个别厂商的需求曲线是一条（　　）。

    A. 与横轴平行的线　　　　　　　　　B. 向右下方倾斜的曲线

    C. 向右上方倾斜的曲线　　　　　　　D. 与横轴垂直的线

41. 在完全竞争市场上，厂商短期均衡的条件是（　　）。

    A. $MR=SAC$　　　B. $MR=STC$　　　C. $MR=SMC$　　　D. $AR=MC$

42. 在完全竞争的情况下，需求曲线与平均成本曲线相切点是（　　）。

    A. 厂商在短期内要得到最大利润的充要条件

    B. 某行业的厂商数目不再变化的条件

    C. 厂商在长期内要得到最大利润的条件

    D. 厂商在长期内亏损最小的条件

43. 一个市场只有一个厂商，生产一种没有替代品的产品，这样的市场结构称为（　　）。

    A. 垄断竞争　　　　B. 完全竞争　　　　C. 寡头垄断　　　　D. 完全垄断

44. 垄断厂商面临的需求曲线是（　　）。

A. 向右下方倾斜的 B. 向右上方倾斜的　　C. 垂直的　　D. 水平的

45. 劳动供给决策的预算约束为（　　　）。

A. 效用约束　　　B. 时间约束　　　　C. 成本约束　　　D. 收入约束

46. 工资率上升的收入效应导致闲暇消费的（　　　），而其替代效应导致工作时间的（　　　）。

A. 减少，减少　　B. 减少，增加　　　C. 不变，减少　　D. 增加，减少

47. 工资率上升有收入效应和替代效应，如果工资率一直增长到使收入效应起主要作用，则劳动供给曲线（　　　）。

A. 向上倾斜　　　B. 垂直　　　　　　C. 向下倾斜　　　D. 向后弯曲

48. 下面哪一种情况有可能带来经济利润？（　　　）

A. 商品的供给水平很高　　　　　　　B. 商品的需求水平很低

C. 厂商有效地控制了商品的供给　　　D. 以上均对

49. 正常利润是（　　　）。

A. 经济利润的一部分　　　　　　　　B. 经济成本的一部分

C. 隐含成本的一部分　　　　　　　　D. B 和 C 都对

50. 设有甲、乙两类工人，甲类工人要求的工资率为 250 元/月，乙类工人要求的工资率为 200 元/月。某厂商为了实现最大利润，必须雇佣所有甲、乙两类的工人，并支付每个工人 250 元/月的工资。由此可知，甲、乙两类工人得到的月经济租金（　　　）。

A. 分别为 250 元、200 元　　　　　　B. 均为 250 元

C. 均为 50 元　　　　　　　　　　　　D. 分别为 50 元、0 元

51. 市场失灵是指（　　　）。

A. 在私人部门和公共部门之间资源配置不均

B. 不能产生任何有用成果的市场过程

C. 以市场为基础的对资源的低效率配置

D. 收入分配不平等

52. 被称为外部经济效果的市场失灵发生在（　　　）。

A. 当市场价格不能反映一项交易的所有成本和收益时

B. 当竞争建立在自身利益最大化的前提上时

C. 当厂商追求利润最大化目标时

D. 当市场不能完全出清时

53. 某一经济活动存在外部经济效果是指该活动的（　　　）。

A. 私人利益大于社会利益　　　　　　B. 私人成本大于社会成本

C. 私人利益小于社会利益　　　　　　D. 私人成本小于社会成本

54. 当人们无偿地享有了额外的收益时，称作（　　　）。

A. 公共产品　　　B. 外部不经济　　　C. 交易成本　　　D. 外部经济

55. 如果一个市场上，一种商品相对社会最优产量来说，处于供给不足状态，这说明存在（　　　）。

A. 外部经济效果　B. 信息不完全　　　C. 外部不经济效果 D. 逆向选择

56. 某一经济活动存在外部不经济是指该活动的（　　）。

A. 私人成本大于社会成本　　　　　　B. 私人成本小于社会成本

C. 私人利益大于社会利益　　　　　　D. 私人利益小于社会利益

57. 某人的吸烟行为属（　　）。

A. 生产的外部经济　　　　　　　　　B. 消费的外部经济

C. 生产的外部不经济　　　　　　　　D. 消费的外部不经济

58. 如果上游工厂污染了下游居民的饮水，按科斯定理，（　　），问题就可妥善解决。

A. 不管产权是否明确，只要交易成本为零

B. 只要产权明确，且交易成本为零

C. 只要产权明确，不管交易成本有多大

D. 不论产权是否明确，交易成本是否为零

59. 政府提供的物品（　　）公共物品。

A. 一定是　　　　B. 不都是　　　　C. 大部分是　　　　D. 少部分是

60. 市场不能提供纯粹的公共物品是因为（　　）。

A. 公共物品不具有排他性　　　　　　B. 公共物品不具有竞争性

C. 消费者都想"免费乘车"　　　　　　D. 以上 3 种情况都是

61. 一旦产权被分配后，市场将产生一个有社会效率的结果，这种观点称为（　　）。

A. 有效市场理论　　B. 看不见的手　　C. 科斯定理　　　　D. 逆向选择

62. 按照科斯定理，分配私人产权（　　）。

A. 意味着产权不能交易　　　　　　　B. 赋予的是责任而不是权利

C. 确保决策者考虑社会收益和成本　　D. 确保获得利润

63. 科斯定理的一个局限性是（　　）。

A. 当存在大量厂商时最有效　　　　　B. 假设存在很大的交易成本

C. 只有当普遍拥有产权时才成立　　　D. 当交易成本很高时不成立

64. 卖主比买主知道更多关于商品的信息，这种情况被称为（　　）。

A. 逆向选择　　　　B. 搭便车问题　　C. 自然选择　　　　D. 道德陷阱

65. 面对不对称信息，下列哪一项不能为消费者提供质量保证？（　　）

A. 品牌　　　　　　　　　　　　　　B. 低价格

C. 长期质量保证书　　　　　　　　　D. 气派的商品零售处

66. GDP 不反映以下哪一项交易（　　）。

A. 卖掉以前拥有的住房时，付给房地产经纪商 6%的佣金

B. 在游戏中赢得的 100 美元

C. 新建但未销售的住房

D. 向管道工维修管道支付的工资

67. 由于经济萧条而形成的失业属于（　　）。

A. 摩擦性失业　　　B. 结构性失业　　C. 周期性失业　　　D. 永久性失业

68. 某人由于彩电行业不景气而失去工作，这种失业属于（　　　）。

    A. 摩擦性失业　　　　B. 结构性失业　　　　C. 周期性失业　　　　D. 永久性失业

69. 某人由于刚刚进入劳动力队伍尚未找到工作，这是属于（　　　）。

    A. 摩擦性失业　　　　B. 结构性失业　　　　C. 周期性失业　　　　D. 永久性失业

70. 自然失业率（　　　）。

    A. 是经济处于潜在产出水平时的失业率　　　　B. 依赖于价格水平

    C. 恒为零　　　　D. 是没有摩擦性失业时的失业率

71. 某一经济在 5 年中，货币增长速度为 10%，而实际国民收入增长速度为 12%，货币流通速度不变，这 5 年期间价格水平（　　　）。

    A. 上升　　　　B. 下降　　　　C. 不变　　　　D. 上下波动

72. 需求拉动的通货膨胀（　　　）。

    A. 通常用于描述某种供给因素所引起的价格波动

    B. 通常用于描述某种总需求的增长所引起的价格波动

    C. 表示经济制度已调整过的预期通货膨胀率

    D. 以上都不是

73. 通货膨胀使债权人利益（　　　）。

    A. 提高　　　　B. 下降　　　　C. 不变　　　　D. 不确定

74. 通货膨胀使工资收入者利益（　　　）。

    A. 提高　　　　B. 下降　　　　C. 不变　　　　D. 不确定

75. 如果货币工资率每小时 12 元，实际国民生产总值折算数为 150，那么，实际工资率就是（　　　）。

    A. 每小时 18 元　　　　B. 每小时 12 元　　　　C. 每小时 8 元　　　　D. 每小时 6 元

76. 如果名义利率是 10%，通货膨胀率是 20%，则实际利率是（　　　）。

    A. 10%　　　　B. −10%　　　　C. 30%　　　　D. −30%

77. 关于经济周期的核心问题是（　　　）。

    A. 价格的波动　　　　B. 利率的波动

    C. 国民收入的波动　　　　D. 股票的波动

78. 经济波动周期的 4 个阶段依此为（　　　）。

    A. 繁荣　衰退　萧条　复苏　　　　B. 萧条　繁荣　衰退　复苏

    C. 衰退　繁荣　萧条　复苏　　　　D. 以上各项均对

79. 经济增长从谷底扩张到峰顶称为（　　　）。

    A. 繁荣　　　　B. 衰退　　　　C. 萧条　　　　D. 复苏

80. 中周期的每一个周期为（　　　）。

    A. 5～6 年　　　　B. 8～10 年　　　　C. 25 年左右　　　　D. 50 年左右

81. 经济增长的标志是（　　　）。

    A. 失业率的下降　　　　B. 先进技术的广泛运用

    C. 社会生产能力的不断提高　　　　D. 城市化速度加快

82. 经济增长的源泉为（　　　　）。

    A. 劳动与资本　　　B. 技术进步　　　　　C. A 与 B　　　　　D. 以上都不是

二、判断题

1. 如果社会不存在稀缺性，也就不会产生经济学。　　　　　　　　　　　　　（　　）

2. 只要有人类社会，就会存在稀缺性。　　　　　　　　　　　　　　　　　　（　　）

3. 资源的稀缺性决定了资源可以得到充分利用，不会出现资源浪费的现象。　　（　　）

4. 因为资源是稀缺的，所以产量是既然定的，永远无法增加。　　　　　　　　（　　）

5. 生产什么、怎样生产和为谁生产，这 3 个问题被称为资源利用问题。　　　　（　　）

6. 在不同的经济体制下，资源配置和利用问题的解决方法是不同的。　　　　　（　　）

7. 经济学根据其研究范畴示同，可分为微观经济学和宏观经济学。　　　　　　（　　）

8. 微观经济学要解决的问题是资源利用，宏观经济学要解决的问题是资源的配置。　（　　）

9. 微观经济学的中心理论是价格理论，宏观经济学的中心理论是国民收入决定理论。

                                                （　　）

10. 微观经济学的基本假设是市场失灵。　　　　　　　　　　　　　　　　　（　　）

11. 微观经济学和宏观经济学是相互补充的。　　　　　　　　　　　　　　　（　　）

12. 经济学按其研究方法的不同可以分为实证经济学和规范经济学。　　　　　（　　）

13. 1 年以内的时间是短期，1 年以上的时间可视为长期。　　　　　　　　　（　　）

14. 生产要素的边际技术替代率递减是规模报酬递减造成的。　　　　　　　　（　　）

15. 在任何一种产品的短期生产中，随着一种可变要素投入量的增加，边际产量最终必然会呈现递减的特征。　　　　　　　　　　　　　　　　　　　　　　　　　　　　　（　　）

16. 假定生产某种产品要用两种要素，如果这两种要素价格相等，则该生产者最好就是要用同等数量的这两种要素投入。　　　　　　　　　　　　　　　　　　　　　　　　（　　）

17. 只要边际产量减少，总产量一定也减少。　　　　　　　　　　　　　　　（　　）

18. 短期成本函数中的最低平均成本就是短期生产函数中的最高平均产量水平上的平均成本。

                                                （　　）

19. 一个厂商如果现在的产量水平处于这个产量水平的平均成本最低点上，而这时长期平均成本处于上升阶段，于是可以得出结论：这时短期边际成本大于短期平均成本。　　（　　）

20. 由于当短期和长期成本曲线相切时，短期和长期的边际成本相等，那么，长期边际成本曲线一定与短期边际成本曲线有相同的斜率。　　　　　　　　　　　　　　　　（　　）

21. 如果企业没有经济利润，就不应该生产。　　　　　　　　　　　　　　　（　　）

22. 在任何时候，只要商品价格高于平均变动成本，企业就应该生产。　　　　（　　）

23. 短期中的供给曲线就是整条 MC 线。　　　　　　　　　　　　　　　　　（　　）

24. 长期供应曲线是长期边际成本线的一部分，并且比短期供应曲线平坦。　　（　　）

25. 经济利润就是价格与平均变动成本之差。　　　　　　　　　　　　　　　（　　）

26. 生产要素的供给与产品的供给具有相同的特点。　　　　　　　　　　　　（　　）

27. 森林、矿藏、河流等自然资源不是生产要素。　　　　　　　　　　　　　（　　）

28. 若某商品是 A、B、C 三种要素的产物，在保持 A 和 B 不变的前提下，增加 1 单位 A 使产量增加了 2 个单位，那么这 2 单位产量是这 1 单位 A 生产出来的。　　　　（　　）

29. 厂商对生产要素的需求取决于生产要素的边际收益。　　　　　　　　　（　　）

30. 国民收入核算中最重要的是计算国民收入。　　　　　　　　　　　　　（　　）

31. 国内生产总值等于各种最终产品和中间产品的价值总值。　　　　　　　（　　）

32. 国内生产总值中的最终产品是指有形的物质产品。　　　　　　　　　　（　　）

33. 今年建成并出售的房屋的价值和去年建成而在今年出售的房屋的价值都应计入今年的国内生产总值。　　　　　　　　　　　　　　　　　　　　　　　　　　（　　）

34. 用作钢铁厂炼钢用的煤和居民烧火用的煤都应计入国内生产总值中。　　（　　）

35. 同样的服装，在生产中作为工作服就是中间产品，而在日常生活中就是最终产品。
　　　　　　　　　　　　　　　　　　　　　　　　　　　　　　　　　（　　）

36. 某人出售一幅古董油画所得到的收入，应该计入当年的国内生产总值。　（　　）

37. 如果农民种植的粮食用于自己消费，则这种粮食的价值就无法计入国内生产总值。
　　　　　　　　　　　　　　　　　　　　　　　　　　　　　　　　　（　　）

38. 居民购买房屋属于个人消费支出。　　　　　　　　　　　　　　　　　（　　）

39. 从理论上讲，按支出法、收入法和部门法所计算出的国内生产总值是一致的。（　　）

40. 如果一种物品的需求量大于其供给量，那么交易量将小于其需求量。　　（　　）

41. 个人收入等于消费和储蓄之和。　　　　　　　　　　　　　　　　　　（　　）

42. 商品价格的下降导致需求曲线的位置发生移动，使该商品的需求量上升。（　　）

43. 个人收入就是个人可支配收入。　　　　　　　　　　　　　　　　　　（　　）

44. 经济学杂志今年价格比去年上升 20%，销售量却比去年增加了 30%，这不符合需求定理。
　　　　　　　　　　　　　　　　　　　　　　　　　　　　　　　　　（　　）

45. 如果需求增加，那么需求量一定增加。　　　　　　　　　　　　　　　（　　）

46. 照相机与胶卷是互补品，如果照相机降价，胶卷的需求就会增加。　　　（　　）

47. 降低成本的技术进步将使供给曲线向右方移动。　　　　　　　　　　　（　　）

48. 消费者偏好的改变，引起需求在某条需求曲线上向上或向下移动。　　　（　　）

49. 需求的变动会引起均衡价格和交易量方向变动。　　　　　　　　　　　（　　）

50. 衡量一个国家经济中失业情况的最基本指标是失业率。　　　　　　　　（　　）

51. 充分就业与任何失业的存在都是矛盾的，因此，只要经济中有一个失业者存在，就不能说实现了充分就业。　　　　　　　　　　　　　　　　　　　　　　　（　　）

52. 在一个国家里，自然失业率是一个固定不变的数。　　　　　　　　　　（　　）

53. 只要存在失业工人，就不可能有工作空位。　　　　　　　　　　　　　（　　）

54. 周期性失业就是总需求不足所引起的失业。　　　　　　　　　　　　　（　　）

55. 根据奥肯定理，在经济中实现了充分就业后，失业率每增加 1%，则实际国民收入就会减少 2.5%。　　　　　　　　　　　　　　　　　　　　　　　　　　　　（　　）

56. 通货膨胀是指物价水平普遍而持续的上升。　　　　　　　　　　　　　（　　）

57. 无论是根据消费物价指数，还是根据批发物价指数、国民生产总值折算数，所计算出的通货膨胀都是完全一致的。 （   ）

58. 如果通货膨胀率相当稳定，而且人们可以完全预期，那么通货膨胀对经济的影响就很小。 （   ）

59. 没有预料到的通货膨胀有利于债务人，而不利于债权人。 （   ）

60. 衰退阶段的主要特征是消费者的购买下降，企业的利润下降。 （   ）

三、名词解释

1. 稀缺

2. 微观经济学

3. 宏观经济学

4. 完全竞争

5. 完全垄断

6. 价格歧视

7. 垄断竞争

8. 寡头垄断

9. 市场失灵

10. 外部经济

11. 外部不经济

12. 搭便车现象

13. 科斯定理

四、论述题

1. 在居民住宅占去了一个城镇的东部后，有几家厂商定位在西部。每家厂商生产相同的产品，并在生产中排放有害气体，对社区居民产生不利的影响。

（1）为什么存在厂商产生的外在性？

（2）你认为私下讨价能够解决这一外在性问题吗？

（3）社区可能会怎么样决定空气质量的有效水平？

2. 一个计算机编程人员游说反对对软件进行版权保护。他的论点是，每个人都应当从为个人计算机编写的创新程序中获益，与各种各样计算机程序的接触甚至会鼓舞年轻的编程人员编出更多的创新程序。考虑到由于他的建议而可能得到的边际社会收益，你同意该编程人员的主张吗？

3. 商品需求受哪些因素影响？这些因素对商品需求具有何种影响？

4. 商品供给受哪些因素影响？这些因素对商品供给具有何种影响？

5. 什么是供求规律？请举例说明。

6. 为什么完全竞争中的厂商不愿为产品做广告？

7. 浅谈供给侧改革的主要途径？

学习评价

1. 职业核心能力测评表

（在□中打√，A通过，B基本通过，C未通过）

职业核心能力	评估标准	自测结果		
自我学习	1. 能进行时间管理	□A	□B	□C
	2. 能选择适合自己的学习和工作方式	□A	□B	□C
	3. 能随时修订计划并进行意外处理	□A	□B	□C
	4. 能将已经学到的东西用于新的工作任务	□A	□B	□C
信息处理	1. 能根据不同需要去搜寻、获取并选择信息	□A	□B	□C
	2. 能筛选信息，并进行信息分类	□A	□B	□C
	3. 能使用多媒体等手段来展示信息	□A	□B	□C
数字应用	1. 能从不同信息源获取相关信息	□A	□B	□C
	2. 能依据所给的数据信息，作简单计算	□A	□B	□C
	3. 能用适当方法展示数据信息和计算结果	□A	□B	□C
与人交流	1. 能把握交流的主题、时机和方式	□A	□B	□C
	2. 能理解对方谈话的内容，准确表达自己的观点	□A	□B	□C
	3. 能获取信息并反馈信息	□A	□B	□C
与人合作	1. 能挖掘合作资源，明确自己在合作中能够起到的作用	□A	□B	□C
	2. 能同合作者进行有效沟通，理解个性差异及文化差异	□A	□B	□C
解决问题	1. 能说明何时出现问题并指出其主要特征	□A	□B	□C
	2. 能编出解决问题的计划并组织实施计划	□A	□B	□C
	3. 能对解决问题的方法适时做出总结和修改	□A	□B	□C
革新创新	1. 能发现事物的不足并提出新的需要	□A	□B	□C
	2. 能创新性地提出改进事物的意见和具体方法	□A	□B	□C
	3. 能从多种方案中选择最佳方案，在现有条件下实施	□A	□B	□C

学生签字：　　　　　　教师签字：　　　　　　　　20　年　月　日

2. 专业能力测评表

评价内容	权重	考核点	考核得分		
			小组评价	教师评价	综合得分
职业素养（20分）	10	供求理论在创业过程中的意义			
	10	探讨当前供给侧改革的具体措施			
案例分析（80分）	80	能利用相关经济理论分析当前宏观经济政策出台背景和利弊			

组长签字：　　　　　　教师签字：　　　　　　　　20　年　月　日

模块二
马克思主义政治经济学

职业能力目标及主要概念

1. 专业能力

掌握马克思主义政治经济学的基本理论知识和观点，把握商品经济规律，全面了解资本运行的特点和规律，深刻认识资本主义生产关系的实质，科学认识资本主义发展的历史进程。

2. 职业核心能力

运用所学习的马克思主义政治经济学基本原理和方法论对经济运行过程进行科学的经济分析，把握社会经济发展规律，提高驾驭社会主义市场经济的能力，解决实际问题。

3. 主要概念

马克思主义政治经济学、商品、货币、资本、价值规律、剩余价值、经济危机。

项目一 | 马克思主义政治经济学一般理论

【引例与分析】

传说有一位商人甲，带着两袋大蒜，骑着骆驼，一路跋涉到了遥远的阿拉伯。那里的人们从没有见过大蒜，更想不到世界上还有味道这么好的东西，因此，他们用当地最热情的方式款待了这位聪明的商人，临别赠与他两袋金子作为酬谢。

另有一位商人乙听说了这件事后，不禁为之动心，他想：大葱的味道不也很好吗？于是他带着两袋大葱来到了那个地方。那里的人们同样没有见过大葱，甚至觉得大葱的味道比大蒜的味道还要好！他们更加盛情地款待了商人，并且一致认为，用金子远不能表达他们对这位远道而来的客人的感激之情，经过再三商讨，他们决定赠与这位朋友两袋大蒜！

[问题]

1. 说说故事中蕴含的经济学中的原理。

2. 一个人拥有了金子，是不是就可以拥有想要的一切？

[分析]

1. 故事反映了商品经济社会的基本经济规律。商人甲的幸运在于得到了遥远的阿拉伯人的热情和阿拉伯人认为远超乎两袋大蒜价值的金子；商人乙得到阿拉伯人认为远超乎两袋金子价值的两袋大蒜，所以幽默，就因为它和价值规律是相悖的。大蒜的味道再"high"，两袋大蒜的价值也无法与两袋金子划等号。就如 2010 年中国流行的一句时髦用语"蒜你狠"，当时一些地方大蒜疯涨超过 100 倍，价格超过肉和鸡蛋，就是违背了价值规律。

2. 金子是商品经济社会里物质财富的代表。但拥有金子并非能拥有想要的一切。有的人拥有了财富，却失去了健康；有的人拥有了财富，却失去了亲情。世界上第一位亿万富翁洛克菲勒，为金钱而疯狂。他在 53 岁时，已经双肩下垂，步态踉跄了。他的皮肤失去了光泽，像一张皱巴巴的牛皮纸包在骨头上。他所吃的食物每周两块钱就可以解决。之后，他听从了医生的劝告，停止去想自己有多少钱，而开始思索这些钱怎样能换来幸福。他致力于慈善事业，成立了洛克菲勒基金会，致力于消灭世界各地的疾病、文盲及无知。他开始改变，并健康地活到 98 岁。

面对物质财富，许多人往往拿得起，却放不下。是心为物役还是造福人类，取决于一个人拥有的心态和金钱观。

一、社会经济的基本形态

社会经济形态是马克思把唯物辩证法运用于研究人类社会特别是用于研究社会经济过程而确立的重要概念，"是把经济的社会形态的发展理解为一种自然史的过程"（马克思恩格斯选集（第 2 卷）[M].北京：人民出版社，1995.101-102），其基本规定就是：社会经济形态是人类社会发展一定阶段上占统治地位的生产关系的总和。

社会经济形态是按照自然经济、商品经济、产品经济的顺序向前发展的。研究商品经济的一般规律，是研究资本主义商品经济和社会主义商品经济的基础和前提。迄今为止，人类经历的社会经济的基本形态有两种，即自然经济和商品经济。自然经济是与较低的社会生产力发展水平相适应的经济形态。商品经济是以社会化大生产为基础、以交换为目的的经济形态。

商品经济经历了简单商品经济和发达商品经济两个发展阶段。简单商品经济阶段交换范围小，以满足私人利益、满足自身使用价值的需要为目的；发达商品经济阶段建立在社会化大生产基础上，生产和交换的目的不仅是为了使用价值而主要是为了价值。发达商品经济阶段包括资本主义和社会主义制度下的商品经济。商品经济的发展是一个相当长的历史时期。

┃ 业务 2-1 ┃

人类社会发展至今的两种基本经济形态是（　　）。

A. 自然经济和商品经济　　　　　　　B. 商品经济和计划经济

C. 简单商品经济和发达商品经济　　　D. 资本主义市场经济和社会主义市场经济

答案：A

解析：商品经济侧重指的是一种经济形态，反映的是人们在生产和流通过程中所采取的一种产品交换方式，与它相对应的是自然经济；市场经济侧重指的是一种经济运行机制，是经济资源通过市场机制来配置的一种经济运行方式，与它相对应的是计划经济。

二、商品的二因素与劳动的二重性

马克思在《资本论》中，特别是在价值理论中所应用的方法是唯物辩证法。辩证地理解商品二因素和劳动二重性，是正确理解马克思劳动价值论和全部政治经济学的起点和枢纽。

1. 商品的二因素

商品是用来交换的劳动产品，包含使用价值和价值。使用价值和价值是商品的二因素。商品首先必须是劳动产品，是人类劳动的加工物。其次，作为商品的劳动产品，其生产目的是交换，而非满足生产者自身需要。在商品经济条件下，商品交换成为人们生存和发展所必需的经济行为。那么，商品之间交换的前提和基础是什么？由哪些因素决定?这就涉及商品的二重性——使用价值和交换价值，也涉及商品的二因素——使用价值和价值。

（1）使用价值。商品的使用价值是在人们使用和消费它的时候实现的。一个物品可以有用，而且是劳动产品，但也可能不是商品。因为作为商品，其使用价值必须对别人有用，即具有社会的使用价值。同样，也并非为别人而生产对他有用的物品。产品要成为商品，必须能通过交换满足他人需要。

（2）交换价值。斯密在《国富论》中提到任何劳动产品都有两重性：一重是"有用性"，能满足人的某种需要，即使用价值；二重是"交换性"，能够用来交换其他商品，这就是交换价值。

商品二重性中，使用价值是交换价值的前提和基础。商品在交换过程中，交换价值最初表现为一种使用价值同另一种使用价值的相交换的量的关系或比例。例如，一只羊交换 2 把斧子，2把斧子就是一只羊的交换价值。

两种使用价值不同的商品相交换，形成一定比例关系的依据是什么呢？资产阶级经济学家对此问题的解释主要形成了 2 种观点。

① 效用决定论，即认为决定商品交换价值的，是商品的使用价值。也就是说，商品的效用越多，商品交换的价值越大；商品效用越少，该商品交换的价值就越小。该理论尽管表面上看是注重了商品的使用价值，实质上是一种典型的"效用决定论"。事实上，某商品的效用是相对的，在不同对象、不同地区，甚至不同时间的表现是不同的。如果以所谓的"效用"来决定商品的交换价值，那就永远无法对某一商品进行定价，并完成其交换。马克思认为，商品使用价值体现的是商品间质的差别，而交换价值决定涉及量的比例问题。因此，效用或者说使用价值，只能是交换价值波动的影响因素，而非决定因素。

② "供求决定论"认为商品的交换价值是由市场的供求决定的。这种"供求决定论"试图表明：市场需要的或紧缺的即供不应求，商品的交换价值就高；市场供应充足的甚至积压的即供过于求，商品的交换价值就低。这实际上是一种一定时期内的表面现象，并非反映商品交换的实质。供求关系对一种商品来讲，可能会影响该商品的买卖情况。如果由"供求"来决定商品的交换价值，那就更无法解释商品在供求一致时的价值决定。

那么，商品交换价值究竟由什么来决定呢？马克思在《资本论》中做了探讨。从商品的定义出发，把商品的使用价值特质撇开，商品就只剩下一个属性，即劳动产品这一属性。但劳动产品是多样的，例如桌子、房屋和棉纱，是由不同的劳动形式完成的。如果继续把生产商品的各种劳动具体形式抽象掉，那么各种劳动产品都耗费了人类的劳动，都是无差别（即一般人类体力和智力的耗费）的人类劳动的凝结，这种无差别的人类劳动的耗费，就是商品的价值，这才是商品交换价值的决定依据。

（3）价值。价值就是凝结在商品中的一般的、无差别的人类劳动或抽象劳动。价值是商品的内在因素，是交换价值的基础和内容，而交换价值则是价值的表现形式。

价值体现商品的社会属性。使用价值体现商品的自然属性。使用价值是由具体劳动创造的，具有质的不可比较性。比如我们说面包是用来充饥的，衣服是用来遮羞御寒的。只有当劳动产品用来交换时，才会比较产品的价值量。交换的过程，体现了社会分工前提下，生产者相互协作劳动，共同生活的经济主题。所以，商品的价值体现的是商品生产者之间比较劳动，交换劳动的社会关系，是商品的社会属性。

（4）商品二因素之间的关系。商品二因素是使用价值和价值，两者是对立统一的。这种统一性主要表面在两者相互依赖，缺一不可。使用价值是价值的物质承担者，没有使用价值的东西就没有价值，价值寓于使用价值之中。使用价值与价值又是不同的，矛盾的。表现在。第一，使用价值是商品的自然属性，体现人与自然的关系，是不依赖于商品存在而存在的永恒的范畴；而价值是商品的社会属性，体现商品生产者之间的经济关系，是商品经济的范畴，因而是历史的范畴。第二，对同一商品的生产者或消费者来说，同一商品的使用价值和价值不可兼得。对于商品生产者来说，生产商品使用价值是为了获得价值，要想实现价值，就必须让渡使用价值。对于消费者来说，为了获得商品的使用价值，就必须支付等同于商品价值的货币。可见，商品的二因素不可能同时获得，只有通过交换，商品的使用价值和价值才能各自得到实现，两者的内在矛盾才能得到解决。

业务 2-2

商品是用来交换的劳动产品，具有二因素。商品的二因素是（　　　）。

A．价值和使用价值　　　　　　　　B．使用价值和交换价值

C．价值和交换价值　　　　　　　　D．生产价值和交换价值

答案：A

思考：商品价值的大小用什么来衡量？

2．劳动的二重性

劳动的二重性是指具体劳动和抽象劳动，商品二因素是由生产商品的劳动二重性决定的，具体劳动创造商品的使用价值，抽象劳动形成商品的价值。

（1）具体劳动。任何一种商品都是满足人们需要的一种特殊的使用价值。要生产某一种商品，人们就要进行一种特定种类的生产活动。例如，人们为了生产衣服，就需要进行剪裁、缝制这种特定种类的生产活动，这种裁缝或成衣工人所从事的特殊的生产活动是由它的目的、操作方式、对象、手段和结果所决定的。人们在制作衣服这种具体形式上进行的劳动就是具体劳动，它是生产出某种特殊的使用价值的有用劳动。

人们从事的具体劳动的多样性决定了商品使用价值的多样性，体现了社会分工的进步程度。

（2）抽象劳动。生产使用价值的各种具体劳动，是性质各不相同的劳动。如果把生产活动的

特定性质撇开，生产活动就只剩下一点：它是人类劳动力的耗费。比如：尽管缝和织是不同的生产活动，但二者都是人的脑、肌肉、神经、手等的生产耗费，从这个意义上说，二者都是人类一般劳动，即抽象劳动。作为价值所体现的，就是这种相同的、一般人类劳动的凝结。

（3）劳动二重性之间的关系。具体劳动和抽象劳动也是对立统一的关系。一方面，具体劳动和抽象劳动在时间上和空间上是统一的，是商品生产者在同一劳动过程中的两个方面；另一方面，具体劳动是从劳动的有用效果来看的劳动，它创造使用价值，所反映的是人与自然的关系，它是劳动的自然属性；而抽象劳动则是抽去了劳动有用性的相同的人类劳动，它创造的是价值，所反映的是商品生产者之间的社会关系，它是劳动的社会属性。

业务 2-3

马克思认为，商品的二因素是由生产商品的劳动二重性决定的。具体来说（　　）。

A．具体劳动创造商品的使用价值，抽象劳动形成商品的价值

B．简单劳动创造商品的使用价值，复杂劳动形成商品的价值

C．体力劳动创造商品的使用价值，脑力劳动形成商品的价值

D．个体劳动创造商品的使用价值，集体劳动形成商品的价值

答案： A

解析： 该题考查商品的基本属性，具体劳动创造出各种不同的使用价值；抽象劳动形成商品的价值，商品生产者互相交换商品，实质上是交换各自的劳动。一方面，由于他们各自进行的劳动各不相同，是具体劳动，创造不同的使用价值。为了满足各自的多种需要，他们必须进行交换。另一方面，他们的劳动又都是无差别的同质的人类劳动，即抽象劳动，它创造商品的价值，使他们的劳动及其产品能够在量上加以比较，在等量的基础上进行交换。因此，商品的二因素是由生产商品的劳动二重性决定的，故 A 观点正确。

三、商品的价值量与价值规律以及商品的价值与使用价值

商品的价值量是指商品价值的大小。它通常是指单位商品的价值量。商品价值是同质的、一般的人类劳动，因此是可以相互比较的。商品价值的大小如何确定呢？下面将阐述商品价值量的决定问题。

1．商品的价值量

（1）商品价值量的决定。商品的价值是凝结在商品中的无差别的人类劳动，因此商品价值量的大小是由生产商品耗费的劳动量的多少决定的，而衡量劳动量的天然尺度是劳动时间，所以，商品的价值量决定于生产这种商品所耗费的劳动时间。生产商品耗费的劳动时间越多，商品的价值量就越高。但是这样会带来两个问题。

第一，不同商品生产者由于技术水平、工具的先进程度、工人懒惰的程度等原因，生产同一种商品所用的劳动时间都会有所不同,（这里面每一个生产者各自生产一件同样的商品所使用的劳动时间，我们称为个别劳动时间），也就是个别劳动时间不同，那我们以谁的劳动时间为标准呢？

第二，是不是技术水平越差，人越懒惰，生产商品所花的时间越多，其价值量就越大呢？

很显然，由个别劳动时间决定商品的价值量，这在理论和实践上都是行不通的。商品的价值

量不能由个别劳动时间决定

① 社会必要劳动时间。商品的价值量不能由个别劳动时间决定，但是它又是由劳动时间决定的，这个劳动时间是指什么样的劳动时间呢？生活经验告诉我们，在市场上，同样的商品是按同样的价钱出售的。就是同样的商品价值量相同，就说明商品的价值量是由同一时间决定的，这个时间在我们经济常识里面叫社会必要劳动时间。商品的价值量是由社会必要劳动时间决定的。

社会必要劳动时间是指"在现有的社会正常生产条件下，在社会平均增多的劳动熟练程度和劳动强度下，制造某种使用价值所需要的劳动时间。"

现有的社会正常的生产条件，指的是当时在某个生产部门里，绝大多数的同类产品的生产条件。其中最主要的是使用什么样的生产工具。例如，在当今社会，同样织布，绝大多数生产部门用机器，但是有一些偏远地区，还有人用纺车，还有一些人率先使用电脑织布，那么这种"现有的社会正常的生产条件"就是指织布绝大部分采用机器的这种条件。另两种都不属于"现有的社会正常的生产条件"。

社会平均的劳动熟练程度和劳动强度。我们还以上例说明，在现有的社会正常的生产条件下（本例是指都采用机器织布），如果生产者甲每织一匹布需要 2 个小时，生产者乙每织一匹布需要 4 个小时，生产者丙每织一匹布需要 3 个小时，那么这个"社会平均的劳动熟练程度"应该接近 3 个小时，"平均的劳动强度"是指在同样时间内劳动的含量大小问题，这应该也取其平均数。

 业务2-4

生产一匹布的社会必要劳动时间是（　　）。

A．用纺车织一匹布需要 6 小时　B．用机器织一匹布需要 2 小时

C．用机器织一匹布需要 4 小时　D．用机器织一匹布需要 3 小时

E．用电脑织一匹布需要 0.5 小时

答案：D

解析：A 和 E 都不属于社会正常的生产条件。

② 商品价值的决定对商品生产者的意义。

思考　一种商品的社会必要劳动时间是不是统计部门一家一家统计出来的呢？

一种商品的社会必要劳动时间是商品在市场交换中自发形成的，不受人为的规定和干扰。而且这个社会必要劳动时间会随生产工具的革新，人们熟练程度的加深等因素不断发生变化。

业务2-5

1 个小瓷碗的价值量是 2 小时的社会必要劳动时间。1 匹布的社会必要劳动时间是 10 小时，织布快的个别劳动时间是 8 小时，织布慢的个别劳动时间是 12 小时，问：织布快和织布慢的生产者用一匹布交换小瓷碗，各能交换多少个小瓷碗？（　　）

A．织布快的交换得多，慢的交换得少

B．生产一匹布用 12 小时的，能交换 6 个小瓷碗

C．用 8 小时的能交换 4 个小瓷碗

D．他们都交换 5 个小瓷碗

答案：D

解析：因为商品的价值量是由生产商品的社会必要劳动时间决定的，所以无论快的、慢的，都是个别劳动时间，而个别劳动时间是不能决定商品的价值量的，所以，一匹布都必须以社会必要劳动时间 10 小时决定的价值量，去与小瓷碗 2 小时的价值量相比较、相交换。可见，无论快的、慢的，他们都换得 5 个小瓷碗。

上述事例说明：商品生产者的个别劳动时间低于社会必要劳动时间，在竞争中处于十分有利的地位；而商品生产者的个别劳动时间高于社会很必要劳动时间，在竞争中必将吃亏。

 思考　　既然商品的价值量是由社会必要劳动时间决定的，为什么商品生产者仍然比较关心自己的个别劳动时间？

当商品生产者的个别劳动时间低于社会必要劳动时间时，同样的时间里他就可以生产出更多的产品，而单位产品的价值是由社会必要劳动时间决定的，因此，他创造的价值总量增加，就可以获得更多的收入，在竞争中处于比较有利的地位。反之，他就会在竞争中处于不利的地位。因此，商品生产者为了增加自己的收入，使自己在激烈的竞争中能够处于有利的地位，就会想方设法降低自己的个别劳动时间。

（2）商品价值量的变化。商品的价值量由社会必要劳动时间决定，而社会必要劳动时间并不是固定不变的，它会随着劳动生产率的变化而变化。

① 劳动生产率。劳动生产率是指具体劳动的生产效率。社会劳动生产率是指某部门或整个行业的劳动效率。个别劳动生产率是指某一单位、企业或某一商品生产者的劳动效率。劳动生产率的表示方法：通常用单位时间内生产的产品数量，或用单位产品所耗费的劳动时间来表示。单位时间内所生产的产品数量：如 2 双皮鞋/小时、5 件衣服/小时；生产单位产品耗费的劳动时间：0.5 小时/双、0.2 小时/件。

② 影响劳动生产率的因素。劳动生产率的状况是由社会生产力的发展水平决定的。具体地说，决定劳动生产率高低的因素主要有：劳动者的素质和劳动平均熟练程度；科技水平及其在生产中的应用程度；生产过程的组织和管理；生产资料的规模和效能及自然条件等。

（3）商品价值量变化规律。一定时间内生产的商品使用价值量与社会劳动生产率成正比，而单位商品的价值量与社会劳动生产率成反比。这是因为社会劳动生产率降低，单位商品耗费的社会必要劳动时间增加，单位商品的价值量增多，商品的价值总量不变；反之，社会劳动生产率提高，单位商品耗费的社会必要劳动时间减少，单位商品的价值量下降，商品的价值总量不变。

生产某种商品所耗费的社会必要劳动时间越多，其价值量就越大，反之，则越小。社会必要劳动时间随社会劳动生产率的变化而变化，生产某种商品的社会劳动生产率越高，所耗费的社会必要劳动时间就越少，商品的价值量也就越小，反之，则越大。所以，商品的价值量和社会必要劳动时间成正比，与社会劳动生产率成反比。

社会劳动生产率无论如何变化，同一劳动在同一时间内所创造的价值总量是不变的。因为生产某种商品的社会劳动生产率越高，生产单位商品所耗费的社会必要劳动时间就越少，那么在单位时间内所生产的商品数量就越多，而单位商品的价值量则随着社会劳动生产率的提高而降低，二者的乘积即价值总量没有变化。

个别劳动生产率降低，单位商品耗费的个别劳动时间增加，社会必要劳动时间和单位商品的价值量不变，商品的价值总量减少；反之，个别劳动生产率提高，单位商品耗费的个别劳动时间减少，社会必要劳动时间和单位商品的价值量不变，商品的价值总量增加。由此可见：个别劳动生产率和个别劳动时间成反比，与商品价值总量成正比，与商品的价值量无关。这是商品生产者提高劳动生产率的根本原因。

商品的价值量和个别劳动时间、个别劳动生产率都无关，因为商品的价值量是由社会必要劳动时间决定的。

个别劳动生产率与同一时间创造的商品的价值总量成正比。因为个别劳动生产率提高，说明商品生产者在同一时间内创造的商品数量增加。由于社会必要劳动时间不变，单位商品价值量不变，故商品的价值总量增多。

 电视机、手机、电脑等工业产品的价格为何呈现持续下跌的趋势？

在现实经济生活中，除去供求等短期因素影响，有些商品价格呈现持续上涨趋势，而有些商品价格却呈现下跌趋势，其背后反映的正是商品价值量变化的规律。

个别企业的个别劳动生产率提高，则意味着可以获得超额利润。在竞争机制作用下，最终整个行业社会劳动生产率提高，商品单位价值降低，消费者受益。

 美国经济学家唐纳德·克雷斯有句名言："真正的问题不在于你比过去做得更好，而在于你比竞争者做得更好。"你如何理解这句话？

2．价值规律

价值规律是商品价值运动的基本规律，也是商品生产和商品交换的基本经济规律，在商品经济中必然存在并发生作用。

（1）价值规律内容与表现形式。

① 值规律基本内容。价值规律基本内容是：商品的价值量由生产商品的社会必要劳动时间决定，商品以价值为基础进行交换。价值规律表明社会必要劳动时间是决定商品价值量的根本尺度，这是客观规律，不以商品生产者的个人主观意志来决定；价值规律要求商品进行等价交换，即以价值量为基础进行交换。商品在交换过程中，价值表现为一定数量的货币，即表现为价格。

② 价值规律的表现形式。商品之间的等价交换，只是一种客观要求或必然趋势。在现实社会的交换过程中，由于供求关系的影响，商品的价值和价格往往不一致。如果商品供过于求，市场竞争就会在卖者之间进行，进而商品价格会下跌，甚至跌到商品价值以下；反之，如果商品供不应求，市场竞争就会在买者之间进行，进而商品价格会上涨，甚至上涨到商品价值之上。

商品价格围绕价值上下波动，并不是对于价值规律的否定，而是价值规律作用的表现形式。其原因是，第一，虽然价格时而高于价值，时而低于价值，但它总不会脱离价值太远。第二，从一个较长时间周期看，价格上涨部分和下跌部分是可以相互抵消的，商品的平均价格趋势仍然与价值一致。第三，价格的波动反过来也会影响供求，价格上涨，供给增加，需求减弱，供求趋向一致；价格下跌，需求增加，供给减弱，供求再次趋向一致。

（2）价值规律作用。

① 调节作用。价值规律的调节作用指的是价值规律能够自发地调节生产资料和劳动力在各个生产部门之间分配。调节作用是通过市场的价格机制和竞争机制来实现的，即价格围绕价值上下波动和市场竞争来实现的。

在商品经济中，经济决策是分散的，生产什么，生产多少，何时生产，这些问题都是由每个生产者自己决定。当某部门生产过剩，供过于求时，卖者为了出售自己已经生产的商品，就会相互竞争，竞相削价，导致该类商品价格会下跌，甚至跌到商品价值以下，生产者利润减少。相反，供不应求的部门商品价格上涨，甚至上涨到商品价值之上，生产者利润随之增加。在价格和利润变化的引导下，资金和劳动力会从产品供给过剩的部门转移到产品供不应求的部门，直到两个部门的产品供给和需求相等，价格与价值接近，利润水平趋向一致为止。价值规律就像一只看不见的手，调节着生产资料和劳动力在各个生产部门之间转移，使社会各生产部门保持大体协调的比例关系。

价值规律的调节作用是市场自发的，在一定程度上具有盲目性和滞后性，有时难免造成社会资源的浪费。因此，成熟的市场经济需要政府进行宏观调节，在充分发挥价值规律的同时，最大程度地避免其局限性。

② 刺激作用。价值规律的刺激作用是指价值规律能够刺激商品生产者改进生产技术，改善经营管理，提高劳动生产率，促进社会生产力的发展。这种刺激作用是通过价值规律中社会必要劳动时间决定商品价值量和市场竞争机制来实现的。

商品的价值是由生产商品的社会必要劳动时间决定的，商品交换是以生产商品的社会必要劳动时间决定的商品价值为基础进行的。在价值规律的作用下，商品生产者的个别劳动时间低于社会必要劳动时间，商品生产者就以获得超额收入，在以后扩大再生产和市场竞争中就处于优势地位。相反，商品生产者的个别劳动时间高于社会必要劳动时间，在生产经营中会发生亏损，最终在竞争中会被淘汰。因此，为了获得更多的利益，在商品竞争中站住脚，商品生产者都竞相改进技术、设备，改善经营管理，以提高个别劳动生产率。其结果，势必带来整个社会劳动生产率的提高、社会必要劳动时间的缩短，促进了生产的发展。

价值规律的刺激作用，一方面促进社会生产技术和社会生产力的提高，另一方面，不利于先进技术的扩散。为了保持竞争优势，生产者必然千方百计保守技术秘密。

③ 优胜劣汰作用。价值规律的优胜劣汰作用指的是会引起和促使商品生产者两极分化，这通过市场竞争来实现。价值规律的第三个作用是第二个作用发展的结果。根据价值规律的要求，商品是按照社会必要劳动时间所决定的价值量来交换的，因而刺激商品生产者改进生产技术，改善经营管理，提高劳动生产率。但是，商品生产者的生产条件和技术、经营管理水平是有差异的。生产条件好、技术水平高的生产者，生产商品的个别劳动时间低于社会必要劳动时间，因而获利较多，能够不断扩大生产，更新设备，进一步改善生产条件，在竞争中处于更加有利的地位，就会因优取胜。生产条件差，技术水平经营管理水平低的生产者，无力改善生产条件，处境更加不利，在竞争中就会遭到失败，以致被淘汰。

价值规律的优胜劣汰作用在促使生产者努力提高自身劳动生产率，推动整个社会生产力的同时，也不可避免的导致商品生产者的两极分化，进而导致垄断，造成社会的贫富差距，在一定程度上影响了社会的公平正义。

┫ 业务2-6 ┣

"中国青年五四奖章"获得者、联想集团总裁杨元庆在谈及联想计算机力挫国外群雄，占领国内计算机市场最大份额的成就时说，创新是一个企业的灵魂，危机感是企业发展的动力。这个事例说明（　　　）。

①价值规律的作用在一切社会领域内都是客观存在的

②价值规律刺激生产技术的改进和经营管理的改善

③价值规律的作用必然导致优胜劣汰

④由价值规律进行经济资源的分配具有盲目性

A．①②　　　　　B．②③　　　　　C．③④　　　　　D．①④

答案：B

解析：价值规律存在商品经济中并发生作用。价值规律的调节作用是市场自发的，在一定程度上具有盲目性和滞后性。故①、④说法不正确

项目二 | 货币的产生与职能

【引例与分析】

欧洲某国的通货膨胀——600万第纳尔一个巧克力棒

罗格尔·瑟罗撰写

在卢纳商店，一个巧克力棒值600万第纳尔。至少这是经理 Tihomir Nikolic 在看到夜晚他老板发来的传真之前的情况。

短短的一则通告指示："物价提高90%。"这家店在世界其他地方只能算一个小本经营店，要不是店里的电脑不能处理三位数变动，物价甚至应该上升100%。

到现在为止，这是 Nikolic 先生3天内第二次提高价格。他用拖把挡住门，防止讨价还价的顾客进来。电脑在标签纸上打印出新价格。经理和两个助手忙着把纸撕下来并粘到货架上。他们以前是把价格直接贴到物品上，但物品上贴了这么多标签，让人很难弄清哪个是新标价。

4个小时之后，拖把从门口拿走了。顾客进来，揉揉眼睛看着标签，数上面有多少个零。当电脑打印出另一种商品价格时，Nikolic 本人也看着，这是一台录像机。

他自言自语："是几十亿吗？"准确地说是 20 391 560 223 第纳尔。他指着自己的T恤衫，T恤衫上印着一个词"不可思议"，这是他曾经卖出的一种水果汁的牌子。他指出，这句话是对这个国家经济的绝妙写照。"这简直是疯狂"，他说。

除此之外你还能如何描述它呢？自从国际社会实行经济制裁以来，通货膨胀至少每天是10%。如果把这个数字换算成每年的比率则会有15个零——高到没有任何意义了。在这个国家，在凯悦酒店1美元换到1 000万第纳尔，而在地下社会控制的银行里要1 700万第纳尔换1美元。人民抱怨说，第纳尔和卫生纸一样不值钱。但至少在目前，卫生纸还很多。

据说隐蔽在一条道路后面公园中的政府印钞厂正在一天24小时印制第纳尔，以力图与加速的通货膨胀保持一致，反过来无止境地印第纳尔又加速了通货膨胀。相信只要发钱就能安抚反对者

的政府需要第纳尔来为关门的工厂和机关中不工作的工人发工资。它需要钱购买农民的农产品。它需要钱运进从石油到 Nikolic 店里的巧克力棒的每一种东西。

那些手指感觉到纸张质量有问题的外汇交易者坚持认为，政府印钞厂应该承包给私人印刷厂来满足需求。

"我们是专家，他们骗不了我们"，一位外汇交易者拿着 500 万张价值 8 亿第纳尔的钞票这样说。他信心十足地提到："这些钞票是刚印出来的。"他说，他从一家私人银行得到这些钞票，私人银行是从中央银行得到的，而中央银行得自于印钞厂——这是把黑市和财政部联系在一起的一条罪恶管道。"这是集体疯狂"，外汇交易者一边说，一边诡异地笑着。

[问题]

1. 本案中提到的第纳尔是什么？为什么当地人民抱怨说第纳尔和卫生纸一样不值钱？

2. 结合本案例，说说你对通货膨胀的理解。

[分析]

在一段给定的时间内，给定经济体中的物价水平普遍持续增长，从而造成货币购买力的持续下降。在凯恩斯主义经济学中，其产生原因为经济体中总供给与总需求的变化导致物价水平的移动。而在货币主义经济学中，其产生原因为：当市场上货币流通量增加，人民的货币所得增加，购买力上升，影响物之上涨，造成通货膨胀。该国遭受严厉的国际经济制裁，导致物价上涨，国家采取"大量发行货币"应对通胀，导致第纳尔贬值迅猛，物价飞涨。

一、货币的起源

货币的存在已有几千年的历史，现代经济生活中人们也离不开货币。人们对货币的存在早已习以为常。但货币到底是从哪里来的？它的本质如何？这些问题长期困扰着人们。对此，马克思曾引用当时英国议员格来斯顿的话说："受恋爱愚弄的人，甚至还没有因钻研货币本质而受愚弄的人多。"货币到底从何而来，似乎成了一个谜。但这又是一个非解开不可的谜，因为了解货币的起源是认识货币本质、职能与作用的起点。从某种意义上说，也是正确认识货币金融理论的起点。

马克思货币理论认为，货币是交换发展和与之伴随的价值形态发展的必然产物。从历史角度看，交换发展的过程可以浓缩为价值形态的演化过程。价值形式经历了"简单价值形式—扩大价值形式—一般价值形式—货币形式"的历史沿革。马克思货币理论通过价值形式的分析，指出货币是固定地充当一般等价物的商品，从而科学地阐明了货币的起源和本质。

价值是商品中一般人类劳动的凝结，是商品的社会属性，只有在商品交换中，价值才能表现出来，所以我们说，交换价值是价值的表现形式。在人类历史上，自从出现商品交换以来，商品的价值形式已经历了 4 个发展阶段，有 4 种不同的表现形式。

1．简单价值形式

简单价值形式、也称为个别的或偶然的价值形式，是指在交换过程中一种商品的价值偶然地表现在另一种商品上的价值形式。简单价值形式是商品价值的最初表现形式，是与早期人类社会直接物物交换相适应的。

简单价值形式可用如下的等式来表示:1 只羊=2 把斧子或 1 担谷=1 头牛。这是商品交换处于萌芽阶段的价值表现形式。原始社会后期，自给有余的产品不多，原始部落之间的这种商品交换，只是偶然现象。所以，一种商品的价值通过交换从另一种商品上表现出来，也只是偶然发生。1 把斧子只是偶然地成为 1 只羊的交换价值，1 头牛只是偶然地成为一担谷的交换价值。

简单价值形式中，等式两边商品所处地位和所起作用是完全不同的。等式左边的商品（如上述中的 1 只羊）处于相对价值形式，等式右边的商品（如上述中的 2 把斧子）则处于等价形式。相对价值形式是商品借助于别种商品（2 把斧子），使其价值得到相对表现。等价形式上的商品（2 把斧子）只是表现 1 只羊价值的材料，起到等价物的作用，因此处于"等价形式"的地位。

等价形式是指一种商品充当价值表现材料，能够与另一种商品直接交换的形式。处于等价形式上的商品称为等价物。等价物之所以表现价值，原因在于其自身也具有价值。但是，等价物的价值同样是看不见、摸不着的，所以等价物不能用自己的价值表现别种商品的价值，而只能用其使用价值来表现。

简单价值形式只是价值形式的一种胚胎形式，商品价值简单、偶然地表现在另一种商品的使用价值上，所以这种价值表现是不充分的。随着商品生产的发展和商品交换的扩大，简单价值形式自然过渡到了扩大价值形式。

2．扩大价值形式

总和的或扩大的价值形式。这种价值形式可用如下的等式来表示：1 只羊=2 把斧子，或=1 担谷，或=5 斤茶叶等。这一价值形式反映了生产力和社会分工有了发展的条件下日益扩大的商品交换关系。原始社会末期，在出现了第一次社会大分工以后，一种产品已经不再只是偶然地同另一种产品相交换，而是可以同多种产品相交换了。因此，商品的价值表现扩大了它的范围。1 只羊的价值，现在有了 2 把斧子、1 担谷、5 斤茶叶等一系列的交换价值，即一系列的价值形式。

 扩大价值形式下，众多商品之间直接物物交换有没有缺陷？

3．一般价值形式

为克服直接物物交换的困难，人们在交换过程中逐渐接受一种大家都认可的商品作为交换中介。这种商品一般具有普遍的用途，对于持有这种商品，人们不是基于其使用价值，而是基于其交换价值。这种特殊的商品就是一般等价物。所谓一般等价物，就是从商品中分离出来，充当商品交换媒介，能够与其他所有商品相交换。

一般等价物的出现，标志着扩大价值形式过渡到了一般价值形式。一般价值形式是所有商品的价值都统一表现在从商品世界中分离出来充当一般等价物的某一种商品上的价值形式。是商品生产和交换发展的必然结果，标志着商品交换的巨大发展。

2 把斧子、1 担谷、5 斤茶叶的价值都表现为 1 只羊。

在不同的时期和不同的地方，用作一般等价物的商品是不相同和不固定的。

 历史上哪些东西充当过一般等价物？说一说如何看待这些一般等价物的出现（好处与缺陷）？

 公元前 2000 年，南方海里的天然海贝（中国，日本，东印度群岛，美洲，非洲）；盐（埃塞俄比亚）；牛、羊等牲畜（古代欧洲的雅利安民族）；烟草，可可豆

（美洲）等都先后充当过一般等价物。再如：在我国商周时代曾以贝壳作为一般等价物，在隋唐时期还以布帛作为一般等价物；古希腊、罗马曾以牛作为一般等价物；太平洋上的雅普岛以大石头作为一般等价物；非洲用象牙等作为一般等价物。

 思考 历史上哪些东西充当过一般等价物？说一说如何看待这些一般等价物的出现（好处与缺陷）？

4. 货币形式

充当一般等价物的商品往往带有地域性和时间性。在各国历史上，羊、布、贝壳、兽皮、公牛等都曾充当过一般等价物。一般等价物的地域性和不稳定性限制了商品交换的发展。商品生产和商品交换的发展，必然要突破一般价值形式的这种局限性。在一个很长的历史过程中，随着商品数量的增加和商品交换的发展，金、银等贵金属由于具有不易变质、易于分割和熔合、体积小而价值大、便于携带等自然属性，逐渐成为稳定的一般等价物的角色。这时，一般价值形式最终过渡到了货币形式。货币形式是商品价值形式发展的完成形式。与一般价值形式相比，货币形式没有本质的区别，只是金银固定充当了一般等价物而已。这时的金银就成为货币。

货币的产生，使得商品世界分为了两极：一极是各种各样的商品；另一极是货币。这样，商品内在的使用价值和价值的矛盾，就外化为商品和货币的矛盾。只有商品和货币交换成功，商品内在的矛盾才得以解决。

二、货币的本质与职能

1. 货币的本质

货币就是从众多商品中分离出来，固定充当一般等价物的特殊商品。货币的本质就是一般等价物。虽然货币饥不可食，寒不可衣，但是正是因为它的本质是一般等价物，它能和其他一切商品相交换，所以才被人们追捧，才被视为财富的象征。拥有了它，就等于拥有了财富。所以它才有如此大的魔力。

 思考 请结合货币的本质列举现实生活中货币的各种作用。

2. 货币的职能

货币的本质是一般等价物。货币这一本质决定了从它从产生的那一天起就具有重要的功能。在现代经济生活中，货币履行的职能越来越多，扮演的角色也日益重要。马克思曾说，价值尺度和流通手段的统一就是货币。货币天生具有的两种基本职能：价值尺度和流通手段。随着商品经济的发展，货币先后履行贮藏手段、支付手段和世界货币 3 种衍生职能。

（1）价值尺度。价值尺度，即货币作为衡量和表现一切商品价值的尺度。价值尺度是货币的首要职能。

货币能充当价值尺度的原因在于货币本身也是商品，具有价值。劳动价值论认为，商品价值量的内在衡量尺度是抽象劳动的量。但由于抽象劳动难以测量，所以将货币作为衡量商品价值量的外在尺度，这个外在尺度即为价格。

价格就是通过货币来表现的商品价值。货币执行价值尺度的功能，是通过价格标准来实现的。为了用货币来衡量和比较各种商品的价值量，货币自身的量必须能够计量。为此，在技术上就需要规定一种固定的货币计量单位。这种包含一定贵金属重量的货币单位及其等分被称作价格标准。比如我国人民币的元、角、分等。要注意的是，价格标准仅是货币的计量单位，它并不能取代货币执行价值尺度的职能。

商品和货币的价值关系表现为：商品价格是商品价值和货币价值之比。因而其变动既取决于商品价值的变动，又取决于货币价值的变动，与商品价值成正比，与货币价值成反比。

货币执行价值尺度这个职能时，只需是想象或观念中的货币，不必是现实的货币。

（2）流通手段货币。充当商品交换媒介的职能是货币的流通手段职能。货币在执行这个职能时必须是现实的货币。也就是我们通常所说的一手交钱一手交货。以货币为媒介的商品交换，称为商品流通。

（3）贮藏手段。指货币退出流通，作为社会财富的一般代表而被贮藏起来。货币履行贮藏手段的职能是在商品经济逐渐发展后产生的，市场产品增多，商品交易频繁，使得人们能够安于贮藏手段。

 思考 人们为何要贮藏货币？

一是消费的需要，如家庭购房等大宗消费需要较长时间的货币积累；二是投资的需要，如企业扩大再生产需要一定期间的货币积累或寻找更好的投资机会；三是预防风险的需要，如疾病、养老等事项。

（4）支付手段。货币在以延期支付方式买卖商品或用来执行清偿债务及支付赋税、租金、工资时执行的职能。这一职能是以价值尺度和流通手段两个职能为前提的，并且需要现实的货币来履行。信用经济的发展促进了货币支付手段职能的履行。如今，信用交易规模和种类不断增加，货币履行支付职能的形式也越来越多，如信用卡消费、按揭贷款、融资租赁等。

货币履行支付手段职能能减少流通中所需的货币量，解除了商品交易中交易规模和生产规模的限制，方便了人们的交易行为，促进了商品经济的发展。政府财政利用支付手段，能够利用税收、财政支出等政府行为来调控经济。但支付手段的出现也进一步扩大了商品经济的内在矛盾。由于商品生产者相互赊账，产生了复杂的债务信用关系，一旦其中某个环节不能按时付款，就会导致整个信用链条断裂，甚至引发整个商业信用和银行信贷体系的崩溃。

（5）世界货币。指货币越出一国的界限，在全球市场上作为一般的流通手段、支付手段和社会财富的化身发挥作用。这实际上是货币职能在世界范围的延伸。

世界货币职能是随着国际贸易和投资活动的发展而发展起来的。作为世界货币，必须是足值的金和银等贵金属货币。

世界货币除了具有价值尺度的职能以外，还可以充当一般购买手段，一个国家直接以金、银向另一个国家购买商品，起到流通手段的作用。执行支付手段职能，用以平衡国际贸易的差额，如偿付国际债务等。还可作为社会财富的代表，可由一国转移到另一国，例如，支付战争赔款、输出货币资本或由于其他原因把金银转移到外国去。在当代，世界货币的主要职能是作为国际支付手段，用以平衡国际收支的差额。

业务 2-7

2012 年 2 月底，王老师采用银行按揭贷款的方式购买了价格为 55 万元的新房，首付现金 25 万元，在今后的 15 年里需要还清银行贷款 30 万元及利息 12 万元。其中，12 万元利息、55 万元房价、25 万元首付分别体现的货币职能是（　　）。

A．贮藏手段、世界货币、流通手段　　B．支付手段、价值尺度、流通手段

C．支付手段、世界货币、流通手段　　D．支付手段、流通手段、贮藏手段

答案： B

解析： 本题考查货币的职能。价值尺度职能关键词标价，售价等，起衡量作用。支付手段、流通手段是易混点，要区分清楚。流通手段又叫购买手段。一手交钱一手交货。而支付手段是在赊账买卖的过程中产生的，多用于支付地租、利息、税款、工资等。55 万元是标价，故为执行价值尺度职能。12 万元利息是执行支付手段职能。25 万元是首付的钱，故为执行流通手段职能。

---

1 500 年前后，在欧洲，货币已取代土地成为社会主要财富的标志，金币成为当时最主要的交换手段。哥伦布说过："黄金是一切商品中最宝贵的，黄金是财富，谁占有了黄金，谁就能获得他在世界上所需的一切"。

1. 请结合学过的内容，谈谈你对哥伦布这句话的认识。

分析提示：黄金是一般等价物，具有价值，它能和一切商品相交换，衡量其他一切商品的价值，它是财富的象征。

2. 在"商品—货币—商品"的流通过程中，"商品—货币"阶段的变化是"商品的惊险跳跃"。这个跳跃如果不成功，摔坏的不是商品，但一定是商品所有者。为什么说这个跳跃不成功，摔坏的不是商品，但一定是商品所有者？

分析提示：商品生产者生产商品的最终目的是购买自己需要的商品。而要达到这一目的，前提条件就是卖出自己的商品换得货币。如果商品生产者不能卖出自己的商品，就不能换得货币，就难以实现购买自己所需商品的目的。也就是说，如果"商品—货币"的跳跃不能顺利实现，"货币—商品"的跳跃就不能顺利完成，商品生产者的目的也就不能实现。这种情况下，着急的不是商品，而是商品的生产者（所有者）。

三、货币流通规律

1．货币流通规律

货币在执行流通手段及支付手段职能时，是需要一定数量现实货币的。流通中的货币需要量，并不是任意规定的，而是有规律的。货币流通规律就是一定时期内商品流通中所需货币量的规律。货币流通规律也叫货币需要量规律，它是指一定时期内一个国家的商品流通过程中客观需要的货币量的规律。货币流通规律的内容是：流通中需要的货币量，与待实现的商品价格总额成正比，与同一单位货币的平均流通速度成反比。用公式可以表示为：

一定时期流通中所需要的货币量=商品价格总额（进入流通的商品数量×商品价格水平）

/同一单位货币的流通次数

这里有关流通中的货币指金属货币，所以，它也被称为"金属货币流通规律"。在金属货币流通的情况下，由于金属货币具有贮藏手段的职能，能够自发地调节流通中的货币量：当市场价格上涨，且上涨到商品价格明显高于金属货币的价值，即价格高于价值时，部分贵金属货币就会退出流通领域进入贮藏，这时市场上商品相对于货币就会显得过多，商品价格自然下降；反之亦然。这样，在金属货币流通条件下，存在一个自发调节货币供应与需求的机制，使之同实际需要量相适应，因而不可能出现通货膨胀或通货紧缩。

2. 纸币流通规律

纸币又称流通券或钞票，是由国家发行并强制使用的货币符号，代替金属货币执行流通手段的职能。在现代社会中，纸币及其他信用货币（如支票、信用卡等）被广泛使用。

一定时期内商品流通中所需货币量与商品价格总额成正比，与同一单位货币的流通速度成反比，这是金属货币作为流通手段时的货币流通规律的内容。由于纸币是代替金属货币执行流通手段的职能，因而纸币的发行量应该取决于流通中金属货币的需求量，也就是说纸币的发行量要以流通中所需要的金属货币量为限，这就是纸币流通规律。

如果违背了这一规律，纸币的发行量超过商品流通中所需要的金属货币量，单位纸币所代表的价值量就会减少，纸币就会贬值，以纸币表示的商品价格就会上涨，就出现通货膨胀；相反，纸币的发行量不能满足流通中所需要的金属货币量，则会导致纸币升值、物价普遍下跌，从而出现通货紧缩。

在现代市场经济中，引起通货膨胀或通货紧缩还可以有其他多种因素（如成本、需求、产业和产品结构、体制等），但最基本的是货币供应量与货币需求量的对比关系。

项目三 剩余价值

【引例与分析】

1886年5月1日芝加哥城的工人大罢工

5月1日，国际劳动节，它是全世界工人阶级斗争的历史纪念，每个国家都很重视它，尤其是美国、加拿大、南非。事件起因是，1880年美国工人游行集会要求8小时工作制。1884年，联邦贸易组织通过了一项解决方案，以立法的形式规定从1886年5月1日开始执行每日8小时工作制。但此后，工人们仍然被强迫每天工作10小时，12小时，甚至14小时，这使得该项立法名存实亡，而各地的联邦首脑对此却表示出十分冷淡和不友好的态度。于是一场为争取8小时工作的罢工开始了。

1886年4月，25万工人参加了五一劳动节游行示威活动。此项活动由非政府国际工人联合会组织，活动的中心在芝加哥，商人和政府对这次活动越来越表现出的革命性感到恐惧，当地商界首脑要求增加警察和军队的数量。芝加哥商业俱乐部购买了2 000美元的枪支用于警戒对付这次罢工。5月1日这次游行活动得到了芝加哥纺织工人、制鞋工人、房屋装修工人的支持。5月3日，警察开始向罢工的人群开火，打死打伤4人，一些非政府人士号召第二天在haymarket广场集会抗议政府的暴力镇压。

这场集会的过程中没有发生什么事件，但在最后一位讲演者登上讲台时，天下起了雨，广场上只剩下几百人，180名警察进入广场疏散人群，这时一颗炸弹飞向警察中间，炸死1名警察，炸伤7名警察，警察立即向人群开火，打死1名打伤多名群众。

由于无法断定是谁扔的炸弹，这个事件成了攻击劳动节游行活动的把柄，警察查抄怀疑对象的家和办公室，有数百人在未经指控下被逮捕，尤其是那些此次活动的领导者被袭击。8 名芝加哥活动的积极倡导者被指控涉嫌广场炸弹事件和企图谋反，法庭在证据不足的情况下开庭审判，判决其中 4 人于 1887 年 11 月 11 日绞刑。（另一名自杀于狱中，其他 3 人直到 1893 年才被释放）。

这场斗争虽然遭到镇压，但其意义却十分深远。此后由于各国工人阶级的团结和不断斗争，终于赢得了 8 小时工作制和劳动节。1889 年 7 月第二国际宣布将每年的五月一日定为国际劳动节。这一决定立即得到世界各国工人的积极响应。1890 年 5 月 1 日，欧美各国的工人阶级率先走向街头，举行盛大的示威游行与集会，争取合法权益。从此，每逢这一天，世界各国的劳动人民都要集会、游行，以示庆祝。

[问题]

1. 说一说"五一国际劳动节"的来历，为什么这一天全世界各国劳动人民都要集会、游行？
2. 本案例说明资本家是怎样剥削工人的？

[分析]

在资本主义生产过程中，一方面，雇佣工人的具体劳动创造出新的使用价值，同时，将生产过程中消耗的生产资料的价值转移到新产品中去。另一方面，雇佣工人的抽象劳动又凝结在新产品上，形成新的价值。两者之和构成商品的价值。在生产过程中，生产资料转移的价值不会发生增殖。要实现价值增殖，只有把雇佣工人的劳动时间延长到使工人新创造的价值超过劳动力价值以上。这个超过部分，就是剩余价值。资本家延长工人劳动时间来无偿地为资本家生产剩余价值。剩余价值就是雇佣工人创造的、超过劳动力价值以上的、被资本家无偿占有的那部分价值，它直接体现着资本家对雇佣工人的剥削关系。剩余价值的来源是雇佣工人的剩余劳动。

一、货币转化为资本剩余价值的生产

资本就是能够带来剩余价值的价值。马克思曾评价道：资本主义在它形成的百年间所创造的社会财富超过了以往一切社会的总和。马克思在劳动价值的基础上，以资本为中心，分析货币转化为资本的前提条件和资本主义生产过程，阐明剩余价值理论、资本积累的一般规律，从而揭示资本主义生产的实质和生产关系的基本特征。

1．资本总公式及其矛盾

资本家要想进行生产活动，首先必须用有一定数量的货币来购买生产要素，因此资本最初总是表现为一定量的货币。但货币本身并不就是资本，作为资本的货币与作为普通交换中介的货币有着本质的区别。

商品流通公式是：商品—货币—商品（$W—G—W$），商品生产者首先是卖出自己的商品，取得货币，然后再以货币买进自己需要的商品。

资本的流通公式是货币—商品—货币（$G—W—G$），即资本家用货币购买商品再将商品出卖换回货币的过程。在这个过程中如果货币购买商品仅仅是为了获取等量的货币，而没有实现价值增值，这个运动是毫无意义的，资本家最初付出的货币和经过流通收回的货币是两个不同的量，资本流通的目的是为了获得更多的货币，真正现实的资本流通形式应该是 $G—W—G'$ 其中 $G'=G+\Delta G$，即原来预付的货币再加上一个增值额 ΔG。在这个公式中，前后两端的货币是不同的量，预付一定量的货币，经过一个流通过程，收回更多的货币。这个公式概括了产业资本、商业资本和借贷资本的运动，是资本运动的最一般的形式，集中反映了资本最本质的特征，因此称之为资本总公式。

按照商品经济的规律，在商品流通中，商品是按照它的价值进行等价交换的，在交换中价值只发生形式的变换，并不发生价值量的改变，不会出现价值增殖。举个例子来说作为资本家，先从 A 那里买商品，再把商品卖给 B，先买后卖。这对简单商品流通在次序上是颠倒了，但对 A 和 B 来说，不论是商品流通还是资本流通，都是以单纯的买者和卖者出现。同时，在这里，资本家也是以单纯的货币所有者和商品所有者相对立的。可见，买和卖单纯的次序颠倒，并没有越出商品流通领域，不能说明价值为什么增殖。但实际上在商品流通中商品的价值确实增殖了，这种商品的等价交换与价值发生增殖之间的矛盾，这就是资本总公式的矛盾。

解决资本总公式的矛盾，关键在于阐明价值是如何增殖的，也就是要说明货币是如何转化为资本的。剩余价值不能从流通中产生，但又离不开流通，这是实现价值增值的条件。首先，剩余价值不能从流通中产生。因为在商品流通中，如果是等价交换，则商品按价值进行等价交换，那么任何人从流通中得到的价值都会大于他投入的价值，就不会有剩余价值的产生。如果是不等价交换，通过贱买或贵卖，虽然可以使一方得到便宜，但是资本家不仅作为买者而且也会作为卖者出现在市场上，他作为买者得到的同时又会再作为卖者时失掉，反之亦然。即使有的资本家善于欺骗既贱买又贵卖，这也只能使个别人发财但是不能使整个资产阶级获得剩余价值。因为，贱买贵卖只是改变了价值在不同人之间的分配，而不会增加整个商品的价值总额。其次，剩余价值的产生又不能离开流通。如果货币所有者不把货币投入流通，把货币贮藏起来，也不会使货币发生增殖。因此资本家必须把货币投入到流通中去，在流通中购买到一种特殊商品，通过对这种特殊商品的使用，能够创造出剩余价值并凝结在新的商品中，然后再通过流通实现剩余价值。这种特殊的商品就是劳动力。所以劳动力成为商品是带来剩余价值，即货币转化为资本的前提和关键。

业务 2-8

货币转化为资本的前提是（　　）。

A．劳动者一无所有　B．劳动力成为商品　C．带来的剩余价值　D．劳动者有人身自由

答案： B

2．劳动力成为商品是货币转化为资本的前提

劳动力是指存在于人体内的脑力和体力的总和，即劳动能力。劳动力是生产不可缺少的要素，但劳动力成为圈内品却是一个历史的现象。

（1）劳动力成为商品的条件。劳动力成为商品必须具备以下两个条件。

① 劳动者必须有人身自由。劳动者作为劳动力的所有者可以自主决定是否出卖自己的劳动力。他必须有权支配自己的劳动力，才可能把它作为商品出卖。而且，劳动者出卖的只是劳动力的使用权而不是所有权。

② 劳动者丧失一切生产资料和生活资料。除了自己的劳动力以外，一无所有，只能靠出卖劳动力为生。

劳动力成为商品的这 2 个条件，是在封建社会后期发生的资本原始积累过程中逐渐形成的。其中剥夺农民的土地，迫使劳动者与生产资料相分离，是原始积累过程的基础，小商品生产者的

两极分化也是形成靠出卖自己劳动力为生的雇佣工人的一个来源。

实际上，资本原始积累是一个使用暴力剥夺劳动者、消灭以个人劳动为基础的私有制的过程，它是田园诗式的过程，"是用血和火的文字载入人类编年史的"（《马克思恩格斯全集》第23卷，第783页）。最典型的形式是英国的"圈地运动"。英国从14世纪起，随着毛纺织业的发展，地主就开始强行用篱笆、壕沟圈占农民的土地。英国资产阶级革命胜利后，政府颁布了一系列圈地法令，使这一暴行合法化，圈地运动长达300年之久，大约到1750年，英国的自耕农已被消灭，到18世纪末，农民公有地的最后痕迹也消灭了。被掠夺了土地的广大农民，不得不依靠出卖劳动力为生。

（2）劳动力商品的特殊性。劳动力是商品，它和其他商品一样具有使用价值和价值。

① 劳动力商品的价值决定具有特殊性。一般商品的价值是由生产该商品所耗费的社会必要劳动时间决定的。而生产和再生产劳动力的社会必要劳动时间很难直接衡量，必须进行转换。由于劳动力存在于活的人生中，所以劳动力的生产就是维持人体生存的生活过程，生产劳动力的社会必要劳动时间，就是生产和再生产那些维持劳动者生存所必需的生活资料的价值。它包括3部分：维持劳动者自身生存所必需的生活资料的价值，用以再生产其他的劳动力；劳动者繁衍后代所必需的生活资料的价值，用以延续劳动力的供给；劳动者必要的教育和培训练所支出的费用，用以培训适合资本主义再生产需要的劳动力。

② 动力商品的价值还有一个重要特点，就是它包含历史、道德及区域因素的影响。

③ 劳动力商品的最大特点在于它的使用价值。其使用价值就是劳动，一般商品在使用或消费时，使用价值会逐渐消失或转换物质形态，其价值也随着消失或转移到新的产品中去，但劳动力商品的使用价值不但可以创造出自身的价值，而且可以创造出比自身价值更大的价值，即剩余价值，也就是说劳动力商品的使用价值是劳动力价值和剩余价值的源泉。资本家之所以购买劳动力就是看中了它这种特殊的使用价值，正是对劳动力的购买和使用，带来了剩余价值，才使货币化成了资本。

业务 2-9

劳动力商品的最大特点是其使用价值的特殊性，而劳动力商品使用价值的特殊性在于（　　）。

A. 它是价值的物质承担者

B. 它是价值存在的前提

C. 体现人与物的关系

D. 它是价值的源泉，并且是大于其自身价值的价值的源泉

答案：D

业务 2-10

与其他商品相比，劳动力商品价值决定的一个重要特点是（　　）。

A. 由生产它所需要的社会必要劳动时间决定

B. 可以还原为劳动者维持自己及其家属生存所必需的生活资料的价值

C. 由劳动者的劳动能力决定

D. 劳动力价值的构成包含着历史的和道德的因素

答案：D

二、资本主义生产过程及特征

1. 资本主义生产过程的二重性

前面学习的马克思劳动二重性理论表明，劳动具备二重属性：一方面是具体劳动，形成商品的使用价值；另一方面是抽象劳动，形成商品的价值。劳动二重性理论是马克思首创的，并且是理解马克思主义政治经济学的枢纽。

在资本主义条件下，生产商品的劳动二重性表现为资本主义生产过程的二重性，即劳动过程和价值增殖过程的统一。一方面，资本主义生产与以往社会生产一样，都是一个生产使用价值的一般的劳动过程；另一方面，资本主义生产过程是价值增殖过程。雇佣工人在生产中不但要通过劳动创造价值，而且还要为资本家创造超过劳动力价值的剩余价值，价值增殖过程不过是延长了的价值形成过程，价值增殖过程是资本主义生产过程的本质，反映了资本家剥削雇佣工人的生产关系，劳动过程不过是实现价值增殖的手段。

在资本主义条件下，由于劳动者失去了生产资料，资本家占有生产资料，使资本主义劳动过程具有两个特征：第一，工人的劳动属于资本家，在资本家的监督下进行；第二，劳动产品归资本家所有。

2. 资本积累

（1）资本积累及其实质。资本家对剩余价值的追求是无止境的。资本家要想源源不断地获取剩余价值，必须连续不断地进行再生产。资本积累是剩余价值转化为资本，即剩余价值的资本化。资本家把剩余价值的一部分用于个人消费，另一部分转化为资本，用于购买扩大生产规模所需追加的生产资料和劳动力。因此，剩余价值是资本积累的源泉，资本积累则是资本主义扩大再生产的前提条件。资本家占有的剩余价值越多，资本积累的规模就越大；而资本积累的规模越大，资本家可以获得的剩余价值也就越多。资本积累的实质就在于通过剩余价值的资本化进而获得更多的剩余价值。

（2）资本有机构成。

① 资本有机构成。资本有机构成是一个考察资本结构的概念，即资本中不变资本与可变资本比例问题。

马克思把这种由资本技术构成决定并能反映技术构成变化的资本价值构成，叫做资本的有机构成，它的公式是 $C:V$。

为追求更多的剩余价值，资本家必然不断改进技术，提高个别劳动生产率，最终，社会劳动生产率的提高成为资本积累最有力的杠杆，并导致资本有机构成不断提高，这是资本积累的必然结果，也是资本主义发展的必然趋势。

② 资本积聚和资本集中。资本有机构成的提高，一般以个别资本的增大为前提，而个别资本的增大主要通个两种途径来实现，即资本积聚和资本集中。

资本积聚是指单个资本依靠剩余价值的资本化来增大自己的资本总额。资本积累是资本积聚的基础，资本积聚通过资本积累来实现。资本积聚是资本积累的结果，资本积累规模越大，资本积聚也就越快。

资本集中则是指把原来分散的众多中小资本合并成为少数大资本。它既可以采取大资本吞并中小资本的形式，也可以采取股份公司的形式，把众多中小资本合并成大资本。资本集中主要借助竞争和信用两大杠杆来实现。

（3）资本积累一般规律。在资本主义生产过程中，一方面是资产阶级财富与生产的不断积累，社会财富越来越集中到资本家手中；另一方面是无产阶级贫困的不断积累，无产阶级越来越贫困，这就是资本积累的一般规律。

三、不变资本和可变资本

从资本主义生产过程可以看出，资本家的生产需要不同形式的资本，厂房、机器设备、原料、燃料、辅助材料等。其实这些物质本身并不是资本，只有在一定的剥削关系下，即被资本家充当剥削工人的工具时，才成为资本。所以，资本不是物，而是一种生产关系，是被物的外壳掩盖下的资产阶级和无产阶级之间剥削和被剥削的关系。资本不是从来就有的，是社会发展到一定阶段才出现的，它是一个历史范畴。

资本在生产过程中以生产资料和劳动力两种基本的生产要素形式存在。马克思根据这两部分资本在剩余价值生产中所起的不同作用，把资本区分为不变资本和可变资本，并分别用 c 和 v 表示。

1．不变资本

不变资本是指资本家用于购买生产资料的那部分资本。

在剩余价值生产过程中，存在于生产资料形式上的资本，只变换它的物质存在形式，其价值只转移到新产品中去，不发生价值量的变化。

以生产资料形式存在的资本，即由厂房、机器设备、原材料等构成的那一部分资本，在生产过程中以不同方式参加产品的生产，消耗自己的使用价值，转移自己的价值。

（1）厂房、机器设备这类生产资料，可以使用多年，参加多次生产过程，每次生产过程只消耗和磨损一部分使用价值，并将它们的价值按其磨损的程度转移到新产品中去。

（2）而原料、燃料、辅助材料这类生产资料，则都是在一次生产过程中全部被消耗，其价值也是一次全部转移到新产品中去。

2．可变资本

可变资本是指资本家用于购买并转化为劳动力的资本。这部分资本以工资形式支付给工人，被工人在生产过程以外消费了，其价值是由工人再生过程中重新再创造出来。不仅如此，工人劳动创造的新价值除去补偿劳动力的价值外，还有剩余，即生产出剩余价值，发生了价值量的变化，故称之为可变资本。

3．资本区分的重要意义

马克思把资本区分为不变资本和可变资本，具有重要意义，是马克思的重大理论贡献。

（1）揭示了资本价值增殖的秘密和剩余价值产生的真正源泉，表明剩余价值不是由全部资本产生的，而是由可变资本产生的，雇佣工人的剩余劳动是剩余价值产生的源泉。马克思把资本区分为不变资本和可变资本，揭示了剩余劳动源于劳动这一事实，坚定了工人阶级斗争的决心。

（2）为确定资本家对工人的剥削程度提供了科学依据。通过剩余价值率资本家对工人的剥削程度。剩余价值率就是剩余价值与可变资本的比率，用 m' 来表示，也叫剥削率。其公式为：

$$剩余价值率=剩余价值/可变资本=剩余劳动时间/必要劳动时间\times100\%$$

业务 2-11

剩余价值率反映的是（　　）。

A．全部预付资本的增殖程度　　　B．资本家对雇佣工人的剥削程度

C．生产资本的增值程度　　　　　D．不变资本的增值程度

答案：B

四、剩余价值生产的基本方法

资本家作为资本的人格化身，总是希望获取尽可能多的剩余价值。从历史发展和技术进步的角度看，资本家提高对雇佣工人剥削程度的基本方法主要有两种：绝对剩余价值生产和相对剩余价值的生产。

1．绝对剩余价值的生产

绝对剩余价值的生产是指在生产技术水平和工人的必要劳动时间不变的条件下，由于工作日的绝对延长而使剩余劳动时间增加，来提高剩余价值的方法。通过这种方法获得的剩余价值就是绝对剩余价值。

个别企业通过提高雇佣工人劳动强度来生产剩余价值的方法，也属于绝对剩余价值生产。资本主义发展初期，资本家主要使用绝对剩余价值生产的方法。资本家之所以能够利用延长工作日来生产剩余价值，是因为工作日的长度在一定限度内可以伸缩。工作日的最低界限必须大于必要劳动时间，最高界限受生理界限和社会的道德界限制约。工作日长度的确定，最终取决于资产阶级和无产阶级之间的力量对比。

2．相对剩余价值的生产

相对剩余价值的生产是指在工作日长度不变的条件下，通过提高劳动生产率，缩短必要劳动时间，相对延长剩余劳动时间来提高剩余价值。通过这种方法获得的剩余价值叫做相对剩余价值。

随着资本主义的发展，相对剩余价值生产成为资本家剥削工人的主要方法。生产相对剩余价值，必须缩短必要劳动时间。要缩短必要劳动时间，就需要降低劳动力价值，而劳动力价值是由工人及其家庭所必需的生活资料价值所构成的，因而就需要降低这些生活资料的价值，也就是要提高生活资料生产部门的劳动生产率。

五、剩余价值的分配

在剩余价值生产的基础上，继续考察剩余价值如何转化成平均利润、商业利润、利息、地租等其他形式，如何在资本主义各资本家集团之间进行分配。

1．平均利润与生产价格

（1）剩余价值转化为利润。

① 资本主义企业生产的商品价值构成。我们知道商品价值由 3 部分构成，即生产中已消耗不变资本的价值（C）、可变资本的价值（V）和剩余价值（M）。用公式表示：

$$W=C+V+M$$

对全社会来说，$C+V+M$ 是商品生产中实际耗费的劳动量，即商品的生产费用。但对资本家来说，生产商品所耗费的仅仅是自己预付的资本，即支出不变资本和可变资本之和。也就是说，资本家在计算生产商品的耗费时，只计算他所耗费的资本量，支出不变资本和可变资本之和，这个耗费就是商品的成本价格。

② 成本价格。成本价格是指资本家生产商品所耗费的不变资本与可变资本之和，即 $C+V$。也叫资本家的生产费用，或叫生产成本。用 K 表示：$K=C+V$。

不变资本和可变资本转化为成本价格，掩盖了资本主义剥削关系。

随着不变资本和可变资本转化为成本，商品价值=成本价格+剩余价值。

$$W=C+V+M$$
$$K=C+V$$
$$W=K+M$$
$$M=W-K$$

这样，剩余价值表现为成本价格的一个附加额，剩余价值的真正来源被掩盖了。

③ 剩余价值转化为利润。由于生产中所消耗的资本（不变资本和可变资本）表现为生产成本，掩盖了不变资本和可变资本的区别，剩余价值也就表现为生产成本价格以上的一个增加额，即全部所耗费资本的增加额，而且还进一步地表现为全部所用资本的增加额。当剩余价值被看成是全部预付资本的产物时，剩余价值就取得了利润形态（利润用 P 表示）。

剩余价值和利润的关系为，第一，剩余价值是相对于可变资本而言，是预付可变资本的增加额，体现了资本家对工人的剥削，是人与人的关系；利润是相对于全部预付资本而言，是全部预付资本的增加额，体现投入资本的价值与增值部分的资本价值的关系，是物与物的关系。第二，剩余价值是利润的本质，利润是剩余价值的转化形式。

随着剩余价值转化为利润，商品价值转化为成本价格加上利润。用公式表示：

$$W=C+V+M$$
$$W=K+M$$
$$W=K+P$$

随着剩余价值转化为利润，进一步掩盖资本主义剥削关系。

④ 剩余价值率转化为利润率。随着剩余价值转化为利润，剩余价值率转化为利润率。利润率是剩余价值与预付总资本的比率，它表示资本家预付总资本的增殖程度。用公式表示：$p'=M/C$ 或 $=m/(c+v)$，其中 C 为全部预付资本。

剩余价值率与利润率的关系。剩余价值率是剩余价值与可变资本的比率（$m'=m/v$）；而利润率是剩余价值与预付资本的比率（$p'=m/(c+v)$）。二者的区别体现在，第一，反映不同的关系，剩余价值率反映剥削程度，利润率反映预付资本的增殖程度。第二，量的区别，利润率小于剩余价值率。

影响利润率的因素。由于利润率是资本增值程度的标志，在资本总量不变时，利润的大小就由利润率的高低决定。为了用最小资本去获取最大限度利润，资本家总是千方百计地去追求更高利润率。正如马克思引用当时英国评论家托·约·登宁的话："资本害怕没有利润或利润太少，就像自然界害怕真空一样，一旦有适当的利润，资本就胆大起来。如果有 10%的利润，它就保证到处被使用；有 20%的利润，它就活跃起来；有 50%的利润，它就铤而走险；为了 100%的利润它就敢践踏一切人间法律；有 300%的利润它就敢犯任何罪行，甚至冒绞首的危险。如果动乱和纷争能带来利润，它就会鼓励动乱和纷争。走私和贩卖奴隶就是证明"（卡尔·马克思，《资本论》（第一卷），人民出版社 2004 年第 2 版，第 829 页。）

在实际经济生活中，利润率是经常变动的。利润率的计算公式可变换为：

$$p'=m/(c+v)=(m/v)/(c/v+1)= m'/(c/v+1)$$

上述公式显示，影响利润率的因素有 2 个：剩余价值率和资本有机构成。

剩余价值率。在预付资本一定且资本有机构成不变的情况下，利润率高低取决于剩余价值量，而剩余价值量多少又取决于剩余价值率。所以，剩余价值率越高，利润率相应的就越高。

资本有机构成。在其他条件不变的情况下，资本有机构成越低，预付资本中不变资本比重越小，可变资本比重越大，创造的剩余价值量越多，从而利润率就越高。所以，资本有机构成低与利润率高呈反方向变化。但这是就不同部门而言的。如果是同一部门内不同企业相比，资本有机构成越高，说明技术水平越进步，利润率就越高；反之，资本有机构成越低，说明技术水平越低，利润率就越低。这时资本有机构成低与利润率高呈正方向变化。

除了从上述公式中推导出的两个影响因素以外，影响利润率的还包括以下几个因素。

资本周转速度。在其他条件不变的情况下，加快资本周转速度，可以提高利润率。因为资本周转速度越快，说明资本使用效率越高，可变资本使用效率也越高，创造的剩余价值就越多，利润率就越高。反之，利润率则越低。资本的利润率与资本周转速度成同方向变化。

不变资本的节约。不变资本本来不能生产剩余价值，只是创造剩余价值的一个条件。但是，在剩余价值率、剩余价值量一定的情况下，节省不变资本（如减少固定资产有形磨损、提高流动资本利用率）可以减少预付总资本额，降低成本价格，从而提高利润率。

（2）利润转化为平均利润。

通过以上分析可以看到，资本有机构成不同，资本周转速度不同的部门，利润率也就不同，即投入等量资本到不同部门，最终获得的利润率可能并不相同。但在现实经济生活中，不论资本投入哪个部门，等量资本差不多总能获得等量利润。劳动价值理论与利润平均化似乎在表面上是存在矛盾的。解决这个矛盾的核心，在于对平均利润形成过程的分析。

① 企业之间的竞争有两类:同一生产部门内部的竞争和不同的生产部门之间的竞争的两种形式。其结果是完全不同的。

部门内部的竞争形成商品的市场价值。部门内部的竞争，是指生产同种商品的资本主义企业，为了争夺有利的生产和销售条件，争取超额剩余价值而进行的竞争。竞争结果是形成商品的社会价值（一种商品只有一个统一的市场价值）。

部门之间的竞争，是不同生产部门的资本家为了争夺有利的投资场所而进行的竞争。竞争结果形成了平均利润率。

② 部门之间的竞争和平均利润率的形成（原因及结果）。

在剩余价值率一定的情况下，同量资本由于不同部门的资本有机构成（资本周转速度）不同，利润率高低也不同。资本家为了追求高额利润，就会出现资本的转移，也就是资本家必然把资本从利润低的部门转向利润高的部门，即从资本有机构成高的部门转向资本有机构成低的部门。这既包括原有的资本在各个部门之间的流出或流进，也包括新资本向利润率较高的部门和行业的投资。由于受价值规律的作用，当高利润部门的资本供给过剩，产品供给超过需求，导致价格下挫，利润减少，利润率降低。相反原来利润低的部门，由于资本供给减少，产品供不应求，价格上扬，利润增加，利润率提高，资本又开始回流，经过这样的循环往复之后，部门间的超额利润呈现出减少甚至消失的趋势，利润最终趋近于平衡。各部门大体上获得相等或相当的利润，这时利润率就转化为平均利润率了。资本转移的结果形成平均利润和平均利润率，这时，同量资本可以获得同量利润。

平均利润率，是社会剩余价值总量与社会预付总资本的比率。用公式表示：

$$平均利润率=社会剩余价值总量/社会预付总资本$$

平均利润，是指各预付资本根据平均利润率获得的利润。用公式表示：

$$平均利润=预付资本×平均利润率$$

③ 平均利润率的形成过程的实质就是全社会剩余价值在各部门的资本家之间重新分配的过程。重新分配将使超额利润消失，市场价格不断下跌，利润率不断下降，最后各部门利润基本趋近于平均化。

从不同部门看，由于平均利润率的形成，各部门资本家所得到的剩余价值就不一定与本部门工人所创造的剩余价值相等。

从整个社会总体看，利润总量与剩余价值总量是完全相等的。理论上我们看到等量资本获得等量利润。利润率的平均化是一种发展趋势，不是简单绝对的平均。

利润转化为平均利润进一步掩盖了利润和剩余价值的真正来源。因为利润与剩余价值在量上也不同了，同量资本生产剩余价值量大的部门同生产价值量小的部门却取得了同样的利润量。利润无论是从性质还是从数量看，都是预付资本的产物，是资本家付出成本的产物，而不是工人创造为资本家无偿占有的部分。利润的真正来源被彻底地遮蔽了起来。

（3）价值转化为生产价格。在平均利润形成以前，商品按照价值出卖。随着利润转化为平均利润，商品的价值就转化为生产价格，即商品不再是按照成本价格加剩余价值的价值出售，而是按照成本价格加平均利润的价格出售了。这种由商品的成本价格和平均利润构成的价格就是生产价格，用公式可以表示为生产价格=$K+P$。生产价格是价值的转化形式。可见，价值转化为生产价格，是以利润转化为平均利润为条件的。平均利润形成过程也就是生产价格形成过程。

价值转化为生产价格后，价值规律作用形式也相应发生了变化。商品市场价格不再是围绕商品价值上下波动，而是开始围绕生产价格上下波动。生产价格成了市场价格波动的中心。从表面看，似乎是违背了价值规律，但其实绝对不是对价值规律的违背，生产价格只是价值的转化形式。原因有以下几点。

① 生产价格是以价值为基础形成的。成本价格是商品价值的一部分，平均利润是剩余价值在各个部门的重新分配形成的。从各个部门来看，不同部门获得的平均利润总额高于或低于本部门

工人创造的剩余价值，但从全社会来看，整个社会的平均利润总额与工人阶级所创造的剩余价值总额还是相等的。

② 由于全社会平均利润总额等于剩余价值总额，商品的价值总额也必然和生产价格总额相等。因此，从个别部门来看，商品的生产价格同价值不一致，但从全社会来看，商品的生产价格总额也必然和价值总额相等。

③ 生产价格的变动归根到底取决于价值的变动，即生产商品社会必要劳动时间的变动。生产商品的社会必要劳动时间减少了，生产价格就会降低；反之，生产价格就会提高。因此，价值任何一部分发生变动都会相应的引起生产价格变动。

与商品价值有个别价值和社会价值的区别一样，商品生产价格也有个别生产价格和社会生产价格之分。社会生产价格是指部门内由社会平均生产条件决定的生产价格，等于社会成本价格加平均利润；个别生产价格等于个别成本价格加平均利润。商品市场价格取决于社会生产价格。所以，个别生产价格低于社会生产价格的差额形成超额利润。平均利润形成后，各部门中少数先进企业由于其个别生产价格低于社会生产价格，仍然可以得到超额利润。

马克思关于平均利润和生产价格理论具有十分重要的意义。

① 平均利润和生产价格理论丰富和发展了劳动价值论，解决了政治经济学理论上的一个重大问题，即价值规律和等量资本获得等量利润在形式上的矛盾，劳动价值论和剩余价值理论得到进一步论证。

② 它阐明了各部门资本家共同瓜分工人阶级创造的剩余价值的关系，揭示出资本家和无产阶级之间根本对立的经济根源。表明工人阶级不仅受本企业、本部门资本家的剥削，而且受整个资产阶级的剥削。

③ 它说明资本家之间尽管在争夺利润中存在着这样那样的矛盾，但在剥削无产阶级这个根本问题上，他们的利益却是完全一致的。因此，无产阶级要改变自己地位，不能只限于少数人反对个别企业的资本家，而是必须团结起来，形成无产阶级整个阶级力量，推翻整个资产阶级统治，消灭资本主义制度。

2. 商业资本和商业利润

（1）商业资本。商业资本也叫商人资本，是指从产业资本中分离出来的专门从事商品买卖，以获取商业利润为目的的资本。

在资本主义社会，随着生产的发展和市场的扩大，产业资本家所经营的销售活动越来越多，流通过程中所占的资本数量也越来越大。这样，产业资本家从事商品的销售业务时，需要相对地，甚至是绝对地减少生产资本的数量，从而造成产业资本的利润率降低。所以，产业资本家为了减少用于流通过程中的资本，增加生产资本的数量，就要求由专门从事商品业务的商业资本家为其推销商品。这就是商品资本的职能独立化为商业资本的必要性。

商品资本的职能转化为商业资本的职能必须具备一定的条件：一是，在资本家中间进行分工，有一部分人是专门经营商品买卖的商业资本家，不再由产业资本家兼任或由他的雇员、代理人来推销商品。二是，商人必须有自己的资本独立经营，自负盈亏。商业资本有自己独立的运动形式，即：$G-W-G'$。

（2）商业利润。商业利润，就是商业资本在商品流通领域（商品买卖）所获得的利润。

① 商业利润的来源。商业资本是在流通领域中发挥作用的资本，一是在流通领域中，从事商品的包装、保管和运输等的劳动，属于生产性劳动，它同产业资本中的雇佣劳动一样，能够创造价值和剩余价值。二是从事纯粹的商品买卖活动，这样纯粹性商品买卖活动只是价值形式的变化，它是不创造价值和剩余价值的。那么，对商业资本家从事纯粹性的商品流通，其商业利润是从哪里来？

商业利润的真正来源，是产业工人在生产过程中所创造的剩余价值的一部分，是产业资本家让渡给商业资本家的，是商业资本家参与利润平均化的结果。

 为什么产业资本家要把一部分利润让渡给商业资本家？

② 商业资本参与利润的平均化过程。商业资本家从产业资本家那里得到的剩余价值，是通过商品的购买价和售卖价之间的差价来获得的，即商业资本家按照低于生产价格的购买价买入商品，然后按生产价格售卖给消费者。这个价差多少，即商业利润多少，不是由谁的意志决定的，而是受平均利润率规律制约的。因为，商业资本在流通过程独立发挥资本的职能，成为社会再生产过程必不可少的阶段，因此商业资本必然要求与产业资本一样，获取平均利润。如果商业资本所得利润高于或低于产业资本，必然引起商业资本和产业资本间的竞争，正是通过商业资本和产业资本间的竞争，资本在商业部门和产业部门之间的自由转移，促使产业利润和商业利润趋于平均化，于是形成工商资本统一的平均利润率。

③ 商业流通费用及其补偿。商业流通费用就是商品在流通过程中所耗费的各种费用。商业流通费用分为生产性流通费用和纯粹流通费用两大类。生产性流通费用是由于商品的使用价值的流通引起有关的费用。包括包装费、保管费和运输费等；纯粹流通费用，是同商品价值形式变化引起相关的费用，包括店员工资、簿记费等，属于非生产性费用。

流通费用的补偿分为生产性流通费用的补偿和纯粹流通费用的补偿两种。

生产性流通费用的补偿（通过参与利润平均化过程来实现）：凡是从事商品的分类、保管、运输和包装等的劳动，都是生产过程在流通过程的延续，属于生产性劳动。这部分资本的支出能增加商品价值，其不变资本转移价值，可变资本增殖价值，并在商品销售之后，通过商品价值的实现，既收回了这部分流通费用，同时还能为商业资本家带来相应的利润。

纯粹流通费用的补偿：单纯性商品买卖活动，如广告、洽谈、店员工资、簿记费等资本支出，不会创造价值和剩余价值。商业资本家垫付的纯粹流通费用，不仅要从商品价格中得到补偿，而且要取得相应的平均利润。

3. 借贷资本和借贷利息

（1）借贷资本

借贷资本，是为了获取利息而暂时贷给职能资本家使用的货币资本。借贷资本是从职能资本运动中游离出来的特殊资本形式。

① 借贷资本的形成。借贷资本的形成和资本主义再生产过程有着密切的联系。它的主要来源是在产业资本和商业资本循环和周转过程中暂时闲置的货币资本，包括：固定资本的折旧费、暂时闲置的流动资本及逐渐提取的积累基金。同时，在资本循环和周转中又出现了货币资本短缺的

情况，如有些资本家要进行固定资本更新、购买设备和原材料、扩大再生产、支付工人工资等急需货币资本。这样闲置的货币资本就被它的所有者暂时贷给急需货币的资本家去使用，形成了借贷资本。可见，借贷资本既不是职能资本，也不是产业资本中货币资本职能的独立化，而是从产业资本和商业资本的周转中暂时游离出来的闲置货币资本的转化形式。

② 借贷资本的本质。借贷资本的本质在于既体现着资本家和雇佣工人之间的和平关系，也体现着借贷资本家和职能资本家共同分割剩余价值的关系。

（2）利息和企业利润

① 借贷利息的本质和来源。利息是职能资本家使用借贷资本而向借贷资本家支付一定数量货币作为使用这笔货币资本的报酬。

利息的来源。利息归根到底来源于产业工人所创造的一部分剩余价值，是剩余价值的特殊转化形式，体现着借贷资本家和职能资本家共同剥削工人的关系，也体现着借贷资本家和职能资本家之间瓜分剩余价值的关系。因为职能资本家使用借入的货币资本从事生产经营活动，并取得平均利润。由于资本所有权和使用权的分离，平均利润要分割成两部分，一部分是借贷资本家因让出资本使用权而应得到的利息，另一部分是职能资本家应得到的企业利润。

② 企业利润。由于利息形成后，平均利润分为两个部分：一是利息（借贷资本家）；一是企业利润（职能资本家）。这种分割是由于资本所有权与使用权分离所引起的。

平均利润分割为利息和企业利润，进一步掩盖了资本主义剥削关系。因为利息表现为资本的自身产物，企业利润表现为资本家"监督劳动"的报酬，似乎两者的来源都与雇佣劳动无关。

③ 利息率。利息率是一定时期内的利息量与借贷资本量之间的比率。

④ 其公式为：

$$利息率 = 利息/借贷资本$$

$$利息 = 借贷资本额 \times 利息率$$

例如：10 000 的借贷资本，每年带来 900 元的利息，则年利息率=900/10 000=9%，习惯上称年利息率9厘，如果是月息9厘，即每个月的利息率为9%。年利息率就是10.8%。

利息率的界限

利息是平均利润的一部分，因而利息率要低于平均利润率。只是在个别的特殊情况下，利息率才会超过平均利润率。平均利润率就是利息率的最高界限，一般情况下，利息率要低于平均利润率。利息率的最低界限是不能等于零。因此，利息率总是在平均利润率和零之间浮动。

影响利息率高低的因素

一是平均利润率的高低。二是借贷资本的供求情况。三是各国对利率的调控。此外，各国、各地区的习惯和法律，以及物价变动等，也会影响利息率的变化。

4. 银行资本和银行利润

（1）银行。在资本主义制度下，货币资本的借贷主要是通过银行办理的。银行是专门经营货币资本的企业。它通过吸收存款的方式，把社会上闲置的货币吸收起来，然后贷出去，是贷款人和借款人的中介。现代商业银行的主要业务包括3个方面：存款业务、贷款业务及转账结算业务。

（2）银行资本构成。经营银行的资本来源主要有2个：一是银行股东的自有资本；二是从社会上吸收进来的存款，即借入资本。或者就银行资产负债表来说，它的借贷资本总额（即总资产）

等于银行存款（负债）加自有资本（所有者权益）之和，即：

$$借贷资本=存款+自有资本$$

其中，银行存款主要来源有 3 个：一是职能资本家暂时闲置的货币资本，现实中表现为企业存款；二是货币资本家即食利者的存款；三是社会各阶层的居民储蓄。

除吸收大量存款外，经营银行还必须垫支自有资本。垫支自有资本除了用于借贷资本、支付银行相关营业费用外，最重要的用途就是防范信贷经营风险。

（3）银行利润。经营银行的资本家，其垫付的银行资本也要求获得与其业务风险相适应的社会平均利润率。

银行利润是银行资本家经营银行业务所获得的纯收入。表面上是来自银行贷款的利息收入和存款的利息付出之间的差额，但是存贷款的利息差并不构成银行的全部利润，还要减去经营银行业务，加上中间业务收入，扣除银行各种业务费用之后，才是银行利润。银行利润的源泉仍然是产业工人生产的剩余价值。银行贷款给工商业资本家，工商业资本家将本部门工人创造的一部分剩余价值，作为利息支付给银行。

5．资本主义地租

（1）资本主义土地所有制与地租本质。资本主义地租与资本主义土地所有制有着密切关系。资本主义土地所有制是从封建土地所有制演变而来的，是资本主义生产方式在农业中发展的结果。列宁把资本主义土地所有制的形成过程归结为两条道路：一条是改良的道路或普鲁士式道路，另一条是革命的道路或美国式的道路。

资本主义土地所有制的特点。第一，土地所有权和经营权完全分离，占有大量土地而又不从事经营的土地所有者，他们往往把土地租给农业资本家去经营，向农业资本家收取地租。第二，土地所有权和劳动者之间人身依附关系相分离。但广大农民失去了土地，成为一无所有、自由雇佣的劳动者。

（2）资本主义地租。地租是土地所有者凭借对土地的占有权而获得的剥削收入，是土地所有权在经济上的实现。不同的土地所有制下具有不同性质的地租。

资本主义地租的本质是农业资本家租种土地使用者的土地，而缴纳给土地所有者的超额利润。它是农业工人创造的超过平均利润的那部分剩余价值，即农业中的超额利润。这反映了土地所有者和农业资本家共同剥削农业雇佣工人的经济关系。

业务 2-12

资本主义地租是由农业中的（　　　）。

A．平均利润转化而来　　　　　　B．超额利润转化而来

C．垄断利润转化而来　　　　　　D．企业利润转化而来

答案：B

---

① 级差地租。级差地租是指经营较优土地必须交纳的、数量有等级差别的地租。这种地租因与土地等级相联系，因此被称为级差地租，也就是土地所有者占有的超额利润。

构成级差地租的超额利润来自于农产品社会生产价格与个别生产价格的差额。

级差地租形成的条件是土地的优劣（地理位置好坏和肥沃程度的不同）。由于土地自然条件不

同，同量资本投入生产不同而面积相同的土地，劳动生产率和产量收益也就不同。投资于条件较好的土地，由于劳动生产率高，产量多，农产品个别生产价格就低；而投资于条件较差的土地，由于劳动生产率低，产量少，农产品的个别生产价格就高。租种优等土地的农业资本家可以获得超额利润，这个超额利润转化为级差地租。投资于条件较好的优等和中等土地的农业资本家，其农产品的个别生产价格虽然低于社会生产价格，但仍按照社会生产价格出售，就可以获得超额利润。这个超额利润要由农业资本家作为级差地租交给地土地所有者。

级差地租形成的原因是对土地的资本主义经营权的垄断。资本主义土地经营权的垄断，使得经营优等土地的资本家能够获得稳定的超额利润。在农业中土地的数量是有限的，中等土地和优等土地就更有限，资本家一旦租种优等土地，优等土地的使用权被资本家独占，也就取得了经营垄断权，排除了他人利用这种好的生产条件的可能性。这种情况在一定程度上阻碍了农业内部的竞争，经营优等土地的资本家有较高的劳动生产率，能够长期稳定地取得超额利润。

资本主义土地经营权的垄断，使得凡是耕种劣等地以上的资本家都能够获得超额利润。农产品的社会价格由劣等土地的生产条件所决定。因为，如果农产品的社会生产价格也和工业品一样由社会平均的生产条件来决定，经营劣等土地的农业资本家就得不到平均利润，就会退出农业经营。这样势必造成农产品数量减少，供不应求，从而引起农产品价格上涨，一直涨到经营劣等土地也能获得平均利润，农产品供求平衡为止。由于农产品的社会生产价格由劣等土地决定，不仅优等土地，而且中等土地生产条件好于劣等土地，产量较多，收益高，产品的个别生产价格不同程度地低于社会生产价格，也可以获得超额利润，形成级差地租。

级差地租的源泉。级差地租来自农业工人所创造的剩余价值。

级差地租由于生产的具体条件不同而有 2 种形态：级差地租第一形态和级差地租第二形态。

级差地租第一形态是不同地块因土地肥沃程度的不同和地理位置的不同等条件而形成的级差地租。它是投入不同地块的等量资本具有不同劳动生产率的结果。第一，由于不同地块的土地肥沃程度不同，其劳动生产率高低就不同，各地块的产量和个别生产价格就不同。农产品的社会生产价格由劣等土地的个别生产价格决定，从而优等土地和中等土地农产品个别生产价格低于社会生产价格而产生了超额利润，便形成了级差地租第一形态。第二，由于不同地块的地理位置不同，距离市场有远近之别，而农产品的社会生产价格由其位置距离最远、运费最高的土地农产品的个别生产价格来决定，从而使得距离市场较近的土地上的农产品个别生产价格低于社会生产价格，形成超额利润。这个超额利润也转化为级差地租。

级差地租第二形态是对同一地块上连续追加投资而劳动生产率不同所产生的超额利润转化为的地租。在同一块土地上连续追加投资，实行集约经营，所获得的农产品的产量只要高于劣等土地的产量，这时追加投资所生产的农产品就可以获得超额利润，这部分超额剩余价值就会形成级差地租第二形态。

级差地租第二形态在土地租约到期以前，被农业资本家所占有。一旦租约到期，重新订立租约时，土地所有者就会把追加投资所得的超额利润计算在内，提高地租的数量。由于这种利益上的矛盾，农业资本家在租约有效期内，采取尽可能的掠夺土地肥力的方法进行经营。在农业资本家和土地所有者之间，经常围绕土地租期长短和地租的多少展开斗争，反映了两个剥削阶级集团在瓜分剩余价值上的矛盾。

② 绝对地租。由于土地私有权的存在，租种任何土地都必须缴纳的地租，叫绝对地租，它是由农产品的社会价格低于价值所形成的。

绝对地租形成的条件。绝对地租形成的条件是农业资本的有机构成与社会平均资本的有机构成。这样，农产品的价值便高于社会生产价格，农产品实际上按照其价值出售，价值高于社会生产价格之间的差额所产生的超额利润，便形成绝对地租。

绝对地租产生的原因在于土地私有权的垄断。原因如下。第一，土地私有权的垄断，使得农产品价值高于社会生产价格的超额利润，有可能留在农业部门形成绝对地租。因为，土地私有权的垄断阻碍着其他资本自由进入农业，因而农业中的剩余价值不参与利润的平均化过程，农产品能够不按照社会生产价格而按照其价值出售，于是，农产品价值高于社会生产价格的余额所形成的超额利润就可能留在农业部门，并形成绝对地租。第二，土地私有权的垄断，使得农产品价值高于社会生产价格的超额利润，必须留在农业部门形成绝对地租。因为，由于土地私有权的垄断存在，农业资本家要耕种土地，就必须缴纳地租，否则，农业资本家就不能够租用土地所有者的土地从事农业生产经营。

地租的源泉是农业工人所创造的剩余价值的一部分。绝对地租体现着农业资本家和大土地所有者共同剥削农业工人的关系。

（3）土地价格。土地本身不是劳动产品，没有价值，但是，拥有土地的人可以凭借土地的所有权取得地租，因而土地也有价格。土地价格不是土地价值的货币表现，而是资本化的地租，即土地价格相当于能够取得这笔地租收入的货币资本。用公式表示：

$$土地价格＝地租/利息率$$

土地价格由两个因素决定：一是地租数量的高低；二是银行存款利息率的高低。

随着资本主义的发展，土地价格呈现上升趋势。一是因为地租有上升趋势。二是随着资本有机构成的提高，平均利润率有下降的趋势，从而使得利息率也有下降的趋势，导致土地价格提高。地租和地价的上涨，一方面表明土地所有者对劳动人民的剥削日益加深，另一方面也表明土地所有者和资本家存在着经济利益上的对立。

想一想 土地所有者都能获得级差地租吗？为什么？

资本主义地租两种类型因其产生的原因、形成条件等不同而有不同的表现形式，但其来源则是相同的，都来自农业工人所创造的剩余价值。如下表所示。

资本主义地租种类	分类	产生原因	形成条件	来源
级差地租	级差地租第一形态	土地经营权的垄断	不同地块因土地肥沃程度的不同和地理位置等条件的不同	农业工人所创造的剩余价值的一部分
	级差地租第二形态		在同一块土地上连续追加投资	农业工人所创造的剩余价值的一部分
绝对地租		土地私有权的垄断		农业工人所创造的剩余价值的一部分

项目四 资本运动过程资本及其循环和周转

【引例与分析】

通用汽车公司（GM）成立于 1908 年 9 月 16 日，自从威廉·杜兰特创建了美国通用汽车公司以来，先后联合或兼并了别克、凯迪拉克、雪佛兰、奥兹莫比尔、庞帝亚克、克尔维特等公司，拥有铃木（Suzuki）、五十铃（Isuzu）和斯巴鲁（Subaru）的股份。使原来的小公司成为它的分部。从 1927 年一直是全世界最大的汽车公司。公司下属的分部达二十多个，拥有员工 266 000 名。截至 2007 年，在财富全球 500 公司营业额排名中，通用汽车排第五。通用汽车公司是美国最早实行股份制和专家集团管理的特大型企业之一。通用汽车公司生产的汽车，是美国汽车豪华、宽大、内部舒适、速度快、功率大等特点的经典代表。而且通用汽车公司尤其重视质量及新技术的采用。因而通用汽车公司的产品始终在用户心中享有盛誉。在 2008 年以前，通用连续 77 年蝉联全球汽车销量之首。2008 年金融危机之后，通用迫于近年连续亏损，市场需求萎缩、债务负担沉重等多方压力，于 2009 年 6 月 1 日，按照《美国破产法》第 11 章的有关规定向美国曼哈顿破产法院正式递交破产保护申请。这是美国历史上第四大破产案，也是美国制造业最大的破产案。

[问题]通用汽车作为一个享誉世界的国际知名企业因何而破产？

[分析]通用汽车的破产是多种因素综合作用的结果，其中金融危机来袭、企业运营成本较高和消费者购车支出下降，是通用汽车出现困局的重要原因。

外因。金融危机对通用是个"致命伤"。金融危机本身造成美国汽车市场消费需求减少。销量下滑带来收入下跌、现金流减少。在金融危机中，通用汽车最近十年来一直倚仗颇深的通用汽车金融公司（GMAC），让其尝足了苦头。这种依赖"信用"的汽车消费贷款模式，名义上好像通用汽车在北美市场卖掉了好几百万辆车，但由于其采用分期付款，卖出的车事实上并不能一次性收回购车款。这样，金融危机来临之即，当那些贷款者，不再"讲信用"的时候，不仅让 GMAC 产生了大量呆账、坏账，也使得通用汽车的营业收入锐减。

内因。一是冒进的全球扩张战略，有规模却不经济。通用汽车依靠资本纽带发展、但未充分消化收购的资产。例如，2000 年花费 24 亿美元收购菲亚特股份，除了在双方合作项目上的数十亿美元投入未产生什么结果之外，通用最终还不得不为与菲亚特的"离婚"而付出近 20 亿美元的"分手费"。而在耗资数十亿元收购萨博和投入新车研发之后，萨博自 2000 年以来仅有一年产生盈利。由此可见，通用汽车虽然名为通用，但旗下资产根本不通用。

二是忽略了对汽车消费趋势和消费者需求的研究，从而在与日系车的竞争中败下阵来。通用汽车对市场需求判断不准，侧重于大型车、SUV 产品。忽视小型车发展，轻视燃油经济性。在这个油价高企、环保意识兴起的时代，通用汽车过度追求大马力，未充分考虑市场需要。随着全球油价不断上涨，通用汽车相继在欧洲、美国本土失去优势竞争地位，市场占有率不断下降。此外，通用汽车的研发成本过于高昂，以销售"任何价格、任何用途"的汽车为目标，不断扩大其品牌规模，而没有充分考虑单个品牌的销售规模。因此最终难以抗衡品牌少而单车销量大的丰田、本田。

一、资本循环

资本是在运动过程中实现价值增殖的。而能够带来剩余价值的只有产业资本。所以，考查个别资本运动要以产业资本为对象。所谓产业资本是指投放在工业、农业、采掘业和建筑业等物质生产部门的资本。

1. 产业资本循环 3 个阶段

产业资本循环第一个阶段是购买阶段，即资本家用货币在市场上购买生产资料和劳动力的阶段。如果用 G 代表货币，用 W 代表商品，P_m 代表生产资料，A 代表劳动力，则第一阶段可用公式表示为：

$$G \rightarrow W \begin{cases} P_m \\ A \end{cases}$$

从形式上看，这个公式只表示一般的商品流通，是用货币购买商品。但实质上这是资本运动的特定阶段，因为这里的货币不是一般货币，而是资本的预付形式，是货币资本。它执行着为生产剩余价值做准备的职能。

产业资本循环第二个阶段是生产阶段，即资本家将购买的生产资料和劳动力进行结合，生产出剩余价值的阶段。如果用 P 表示生产过程，用 W' 表示包含剩余价值的产品，虚线代表流通过程的中断和生产过程的进行，则第二阶段可用公式表示：

$$W \begin{cases} P_m \\ \quad \cdots P \cdots W' \\ A \end{cases}$$

生产阶段从表面上看，只是一般的生产过程，但实际上它是资本循环的核心阶段，具有决定性意义。因为生产阶段是生产出剩余价值的阶段。在这个阶段，资本以生产资料和劳动力的形式存在，合称为生产资本。经过生产阶段，资本不仅在形态上发生了变化，由生产资本转化为商品资本，而且资本形式由生产要素形式转化为商品形式。资本在数量上也发生了变化，因为生产出来的新商品凝结着工人创造的剩余价值，发生了增殖。所以，生产资本执行着为资本家生产剩余价值的职能。当生产资本转化为商品资本后，资本循环进入了第三个阶段。

产业资本循环第 3 个阶段是销售阶段，即资本家将工人生产出来的、包含剩余价值的商品在市场上销售出去。如果用 G' 代表增大了的货币，则第三阶段可用公式表示为：

$$W' - G'$$

销售过程从形式上来看，只是一般的商品出售过程，但实际上这个阶段是企业资本循环的关键阶段，对资本家实现剩余价值具有非常重要的意义。资本家出售的不是一般商品，而是包含着剩余价值的商品，是商品资本。商品资本就是以商品形式存在的资本。商品资本的职能是通过商品销售实现包含在商品中的价值和剩余价值。这个阶段是资本循环中最困难的一个阶段，用马克思的话来说是"一个惊险的跳跃"。如果商品不能全部售卖掉，预付资本不能如期收回，再生产过程就会中断或者减小规模，进而影响下一个循环的正常进行。

通过以上分析可以看到，资本循环，实际上就是产业资本在生产过程和流通过程中依次经过购买阶段、生产阶段和销售阶段，相应采取货币资本、生产资本和商品资本 3 种职能形式，使价值得到增值，最后又回到原来出发点的全部运动。资本循环的运动过程可用公式表示为：

$$G \rightarrow W \begin{cases} P_m \\ \quad \cdots P \cdots W' - G' \\ A \end{cases}$$

资本循环过程表明，货币资本、生产资本和商品资本是产业资本循环过程中采取的 3 种职能形式，而不是 3 个独立的资本形态。同时，产业资本循环过程是流通过程和生产过程的统一。

2. 产业资本循环的三种形式

产业资本的现实运动是连续不断的循环，因而同时存在着货币资本的循环、生产资本的循环和商品资本的循环等 3 种形式的循环。如图 2-1 所示。

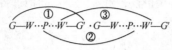

图 2-1　货币资本、生产资本、商品资本循环

可见，产业资本现实循环是 3 种循环形式的统一。这 3 种循环形式有一个共同点，其目的和动机是价值增殖。它们又各有特点，从一个侧面表现了资本运动的某些特征。它们又各有片面性，歪曲和掩盖了资本运动的本质。

货币资本循环的特点是：循环的起点和终点都是货币资本，终点已发生了价值增殖。因此，它鲜明地揭示了资本主义的生产目的是产业资本循环的一般形式。货币资本循环的片面性是生产阶段容易被忽视的，仿佛剩余价值是在流通中产生的。

生产资本循环的特点是：它的起点和终点都是生产过程。这表明资本主义生产是连续再生产过程。生产资本循环的片面性在于资本主义生产的目的被掩盖了。

商品资本循环的特点是：它的起点和终点都是包含剩余价值的商品资本。它反映了资本主义生产是不断的再生产进程，也反映商品出售是再生产的前提。它的片面性掩盖了资本主义的生产目的，仿佛生产只是为了满足人们的需要。

因此，必须把这 3 种循环形式统一起来，才能全面反映产业资本运动的特点。其实，上述 3 种循环形式的区别，只是单纯形式上或单纯主观上的区别，实际上，不仅每一种循环形式都把其他循环形式作为前提，而且一种循环形式的循环反复已经包含着其他循环形式。总过程实际上是 3 个循环的统一，这 3 个循环是过程的连续性借以表现的不同形式。

3. 产业资本连续循环的条件

产业资本循环的关键是资本运动的正常性与连续性。要使资本正常地、连续地循环下去必须具备以下两个条件。

（1）资本的 3 种职能形式必须在空间上并存。全部资本必须按一定的比例分成货币资本、生产资本和商品资本 3 部分，同时并存于资本循环的 3 个阶段，在生产经营过程中既有用于购买生产资料和预付劳动报酬的货币资本，又有用于制造商品的生产资本和销售商品的商品资本。这 3 个部分各占多大比例，取决于企业生产的性质、技术水平和购销状况。

（2）资本的 3 种职能形式必须在时间上继起。分别处在每种职能形式上的资本，都必须相继转化，依次从一个阶段进入下一个阶段，从一种职能形式转化为下一种职能形式，经过循环回到它原来的出发点，连续不断地运动。

资本的 3 种职能形式在空间上的并存性和时间上的继起性是互为前提，互为条件的。没有并存性就不可能有继起性，并存性是继起性的前提；没有继起性，也就不能保持并存性，并存性是继起性的结果。总之，产业资本 3 种职能形式的并列存在和相继运行，是产业资本保证连续循环运动的必要条件。但是，在资本主义制度下，由于资本主义各种矛盾和经济危机的周期性爆发，使资本循环的必要条件经常遭到破坏，因而产业资本循环经常不能顺利地进行。

二、资本的周转

资本家要想连续不断地获取剩余价值，资本就要不断地进行循环运动。周而复始、不断重复的资本循环，叫做资本周转。

1．资本周转速度

资本周转速度是指资本在一定时间（一般是一年）内周转的次数。可以从资本周转时间和资本周转次数两个方面来考察。

（1）资本周转时间。资本周转时间是指资本从其出发点开始，经过一次循环再回到出发点所经历的时间，也就是资本通过购买阶段、生产阶段和销售阶段所需要的时间。具体说来，资本周转时间是由生产时间和流通时间构成的。

① 生产时间。生产时间是指资本停留在生产领域的时间，即从生产资料和劳动力进入生产过程开始到生产出产品为止所需全部时间，包括劳动时间和非劳动时间。

劳动时间，即劳动者与劳动资料相结合对劳动对象进行加工的时间。劳动时间在生产时间中起着重要作用，因为只有在劳动时间内才能创造出剩余价值。决定劳动时间长短的因素，首先是产品性质，其次是生产技术水平和管理水平的高低，这主要取决于企业的不同状况。但总体来说，随着科技水平的不断提高及现代管理理论在企业中的普遍应用，劳动时间呈现出不断缩短的趋势。

非劳动时间是指生产资料虽进入生产领域但没有与劳动力结合的时间。包括：第一，自然力对劳动对象独立发生作用的时间，即某些产品在生产过程中需要发生物理、化学或生理变化的时间；第二，生产资料储备时间，即已经进入生产领域，但还没有开始生产过程的原材料和辅助材料的储备时间；第三，正常停工时间，即生产领域内机器设备维修或者工人的休息时间。

为减少资本周转时间，资本家总是力图减少非劳动时间。主要途径有：一是科学管理原材料库存，尽量减少不必要的生产性库存；二是采用新科技、新工艺，尽可能地缩短劳动对象受自然力作用的时间；三是尽力减少停工时间，可实行一个工作日两班制和三班制，提高劳动资料的使用效率。

② 流通时间是指资本停留在流通领域内的时间，包括购买生产资料和雇佣劳动力所耗费的时间和销售商品所耗费的时间，即货币资本转化为生产资本的时间和商品资本转化为货币资本的时间。

影响流通时间的主要因素包括：商品的市场需求状况，生产企业距离市场远近、运输状况以及企业采取的销售策略等。缩短资本流通时间有许多办法，其中目前较为普遍采用的是改变销售策略和发展现代物流业。

（2）资本周转次数。资本周转次数是指全部预付资本价值在一定时间内周转的次数。"一定时间"习惯上通常用"一年"来表示。如果用 U 表示资本周转时间的计量单位"年"（或 12 个月），

u 表示资本周转一次所需要的时间，n 表示一年中资本周转的次数，则资本周转次数的公式为：

$$n=U/u$$

可见，资本周转速度与资本周转次数成正比。

2．资本周转速度的影响因素

影响资本周转速度的因素有两个：资本周转时间和生产资本构成。资本周转时间与资本周转速度成反比。这里主要分析生产资本构成对资本周转速度的影响。

生产资本按其价值周转方式的不同，可分为固定资本和流动资本。

固定资本是指以厂房、机器设备、其他工具等形式存在的那部分生产资本。固定资本周转方式的特点是：从实物形态上来看，它是一次性全部投入生产过程，并在多次生产过程中发挥作用；从价值形态上来看，它的价值不是一次性全部转移到新产品中去，而是按照在每次生产过程中的磨损程度逐步分次转移到新的产品中去，并随着产品销售陆续收回。固定资本的磨损分为有形磨损和无形磨损。有形磨损也叫物质磨损，是固定资本再生产过程中的使用和自然力作用等造成的损耗。无形磨损也叫精神磨损，是指由于技术进步所造成的固定资本损失。一种情况是因为劳动生产率提高，生产同样机器设备的社会必要劳动时间减少，从而使原有机器设备的价值降低；另一种情况是因为技术进步，出现了更先进和效率更高的机器设备导致原有机器设备提前报废或价值降低造成损失。

固定资本的磨损必须要得到补偿，但只有有形磨损的价值能够通过提取折旧费的方式进行补偿。所谓折旧费就是根据固定资本的磨损程度从销售商品所换回的货币中相应提取出来的那部分资本。折旧费与固定资本的原始比率是折旧率。固定资本无形磨损，无法通过提取折旧费的方式进行补偿（依据新会计准则可以通过提取固定资产减值准备来进行补偿）。因此，只有提高固定资本的利用率，尽快收回固定资本的价值，才能减少固定资本无形磨损带来的损失。

流动资本是指以原料、燃料、辅助材料等形式存在的那部分生产资本。流动资本周转方式的特点是：从实物形态上来看，只在一次生产过程中发挥作用，其实物形态在生产过程中全部被消费掉；从价值形态上来看，它的价值经过一次生产过程全部转移到新商品中去，并随着商品销售一次全部收回。购买劳动力的那部分资本，其价值也是经过一次生产过程，并随着商品销售一次全部收回。因此，这部分资本也属于流动资本。需要说明的是，劳动力价值并没有转移到新商品中去，而是在生产过程中由雇佣工人新创造的价值来补偿。

固定资本和流动资本从两个方面影响着资本周转速度：一是固定资本和流动资本在预付总资本中所占的比重，流动资本占的比重越大，预付总资本的周转速度就越快；固定资本周转速度比流动资本周转速度慢，固定资本所占的比重越大，预付总资本的周转速度就越慢；二是固定资本和流动资本自身周转速度，在预付总资本构成比例一定的前提下，固定资本和流动资本各自周转速度越快，预付总资本的周转速度就越快；反之，则越慢。

想一想

不变资本与可变资本，固定资本与流动资本是如何区别的？

不变资本与可变资本，固定资本与流动资本的区别如下表所示。

	区分依据	资本种类	实物形式	符号表示
生产资本	在剩余价值生产中的作用不同	不变资本	以生产资料形式	C
		可变资本	劳动力的形式	V
	按照价值转移和周转方式的不同	固定资本	厂房、机器设备、其他工具等	
		流动资本	原料、燃料、辅助材料等；劳动力形式	

3．预付资本总周转

预付资本由固定资本和流动资本构成，而固定资本和流动资本因为价值周转不同，其周转速度也不相同，即使是固定资本本身的各个组成部分，如厂房、机器设备、其他工具等，其周转速度也是各不相同的。因此，预付资本的总周转速度只能通过资本各部分的平均周转速度来确定。马克思指出，预付资本的总周转是它的各个组成部分的平均周转。用公式表示为：

$$预付资本总周转次数 = \frac{流动资本年周转价值总额 + 固定资本年周转价值总额}{预付资本}$$

▌业务2-13▐

某企业的固定资本为 400 万元，其中厂房为 120 万元，平均使用 30 年；机器设备为 200 万元，平均使用 10 年；工具为 80 万元，平均使用 5 年；另外投入流动资本 200 万元，平均年周转 7 次。问该企业预付总资本总周转速度是多少？

答案： 预付资本总周转次数=2.4（次）

4．资本周转速度对剩余价值生产的影响

马克思的资本循环和资本周转理论的核心问题就是资本周转速度的问题。资本周转速度的快慢直接关系到产业资本所能带来的剩余价值量的多少。因此投资者总是力求加速资本周转速度。

（1）加快资本周转速度可以节约预付资本，尤其节约预付流动资本。资本周转速度加快，一方面可以减少或避免固定资本的无形磨损，提高固定资本利用率。如加快固定资本折旧速度，预付的资本就可以更快地回收，用来进行固定资本更新，购置效率更高的机器设备，从而减少或避免固定资本无形磨损。另一方面，加速资本周转速度，还可以使维持同样生产规模所需的流动资本减少，从而节省预付流动资本或用同样数量的流动资本满足更大生产规模的需要，从而提高资本增值能力。

（2）加快资本周转速度可以增加年剩余价值量、提高年剩余价值率。预付资本中，只有可变资本才是剩余价值的源泉。一般来说，加快资本周转速度，可变资本的周转速度也随之加快，这意味着实际发挥作用的可变资本增加了，创造出更多的剩余价值，增加了年剩余价值量。所谓年剩余价值量就是指一年内生产的年剩余价值总量，用 M 来表示；年剩余价值率是指一年内生产的年剩余价值总量与预付可变资本的比率，用 M' 来表示，n 代表资本周转速度，则：

$$M = m \times n$$

$$M' = m' \times n$$

因此，加快资本周转速度，不仅可以增加年剩余价值量，还可以提高年剩余价值率。

（3）加快资本周转速度还有利于剩余价值的流通。资本周转速度加快了，企业就可以在保持

年剩余价值水平不变的情况下，降低资本周转的利润水平，从而降低了商品售价，实现了"薄利多销"，有利于商品销售并实现剩余价值。

三、社会总资本的再生产

1. 社会总资本及其运动

资本在资本主义社会里，存在于许多企业之中，每一个企业都拥有自己的资本，各自独立地通过自身的循环和周转，实现价值增殖。这种独立地进行循环和周转的资本，就是个别资本。资本主义经济是以社会分工、社会化大生产为基础的市场经济，企业之间互为市场，互相提供需求与供给，形成相互联系，相互依存的紧密关系，任何一个单位都不可能孤立地进行生产经营活动。这种相互联系、相互交错的单个资本的总和，就构成社会总资本，也叫社会资本。相互联系、相互交错的单个资本的运动总和，就形成社会总资本的运动。

从数量上看，社会总资本无非是所有单个资本量的总和。但是，从运动的角度看，社会总资本的运动比单个资本运动具有更为复杂的关系。与单个资本运动相比，社会总资本运动研究的对象和范围不同。

（1）社会总资本的运动不仅包含预付资本的运动，而且包含剩余价值的运动。社会总资本的再生产和运动所包含的，除了预付资本价值的实现过程以外，不仅有剩余价值由商品形态到货币形态的转化，而且有剩余价值由货币形态向实物形态的再转化。这是因为全部剩余价值在货币形式上的支出，即购买商品，是社会总产品实现和社会总资本得以继续进行再生产运动的一个必要条件。

（2）社会总资本的运动不仅包含生产消费，而且包含个人消费。在考察单个资本运动时，我们只考察了物质资料生产过程中生产资料与劳动力的消费即生产消费。生产消费的结果是生产出物质产品。而对人们的个人生活需要的消费并未考察。作为社会总资本的运动，既包含生产消费，又包含个人消费。因为工人用工资、资本家用剩余价值购买消费品，同样是社会总产品实现和社会总资本得以继续运动的一个必要条件。没有个人消费，一部分社会总产品就不能卖掉；没有劳动力的再生产，整个社会生产也就无法继续进行下去。

（3）社会总资本的运动不仅包含资本流通，而且包含一般商品流通。社会资本运动的总过程，既包含预付资本价值的实现过程，又包含全部剩余价值的实现过程；既包含生产消费，又包含个人消费；既包含所有单个资本的流通，又包含一般的简单商品流通。

2. 社会资本运动核心问题

社会资本运动核心问题是社会年总产品的实现问题。社会总产品就是指一国在一定时期内（通常指一年）所生产出来的全部物质资料的总和。社会总产品既是生产过程的结果，又是再生产过程的条件，是整个社会存在和发展的基础。它的物质形态表现为生产资料和消费资料，生产资料用来满足生产消费，而消费资料用来满足资本家和工人的个人生活消费。在价值形态上，则表现为不变资本（C），可变资本（V）及剩余价值（M）3大价值构成部分，称为社会总产值。

社会年总产品的实现问题是指社会总产品的价值补偿和实物补偿。社会资本再生产过程所需要的生产资料，以及工人和资本家所需要的消费资料，都只能在社会总产品中购买。社会总资本再生产的问题就在于社会总产品能否通过市场交换（买卖）全部实现价值补偿和实物补偿，满足社会总资本再生产和资本家及工人的生活消费需要。也就是说，社会总资本再生产运动的核心问题不在生产领域，而在流通领域，在于社会总产品的市场交换能否顺利实现。可见，社会总资本再生产的核心问题，是社会总产品的实现问题。

3．社会总资本再生产理论所依据的两大理论前提

第一个理论前提——社会生产划分为两大部类。

马克思指出："社会的总产品，从而社会的总生产，分成两大部类：（1）生产资料：具有必须进入或至少能够进入生产消费形式的商品。（2）消费资料：具有进入资本家阶级和工人阶级的个人消费形式的商品。这两个部类中，每一部类拥有的所有不同生产部门，总合起来都形成一个单一的大的生产部门：一个是生产资料的生产部门，另一个是消费资料的生产部门。两个生产部门各自使用的全部资本，都形成社会资本的一个特殊的大部类。"

必须强调指出的是，社会总产品划分为两大部类，归根到底是由于社会再生产过程中包含着两种不同性质的消费，即生产消费和个人消费。前者只能用生产资料来满足，后者则只能用消费资料来满足。正是马克思第一次科学地区分了生产消费和个人消费，才使社会生产划分为两大部类。

第二个理论前提——每个部类的产品价值都划分为3个部分：不变资本 c、可变资本 v、剩余价值 m。

马克思在分析了社会总产品的实物形态后，紧接着又分析了它的价值形态。

把社会生产划分为两大部类和把社会总产品的价值划分为3个部分，这种划分显然是与马克思的劳动二重性学说和剩余价值论直接相联系的。这两个理论前提是马克思社会总资本再生产理论分析方法的精华所在，是科学揭示社会总资本再生产运行规律的必要条件。

4．社会总资本简单再生产及其实现条件

资本主义再生产按其规模可分为简单再生产和扩大再生产。社会总资本的简单再生产就是生产规模不变的社会总资本再生产。其特点是全部剩余价值都用于资本家的个人消费，不进行资本积累。

资本主义再生产的特征并不是简单再生产，而是扩大再生产。但是，考察社会总资本再生产问题，应当从分析简单再生产开始。这是因为，①简单再生产是扩大再生产的基础，是它的重要组成部分和一个现实的因素。扩大再生产只有在原有的生产规模能够保持的基础上才能进行，而简单再生产所生产的剩余价值，为扩大再生产所需要的资本积累提供了前提条件。②考察社会总资本再生产的实现问题，在理论分析上的主要困难是简单再生产的实现条件。这个困难解决了，再分析扩大再生产的实现问题也就容易了。

社会总资本的简单再生产的实现条件为：

$$I（v+m）= II c$$
$$I（c+v+m）= I c + II c$$
$$II（c+v+m）= I（v+m）+ II（v+m）$$

$I（v+m）= II c$，是社会资本简单再生产顺利进行的基本条件，是社会总资本简单再生产实现的基本条件。这一实现条件着重说明，在简单再生产的条件下，第 II 部类消费资料的生产（供给）同两大部类工人和资本家对消费资料消费（需求）之间的关系。第 II 部类生产的全部产品价值，应该等于两大部类的可变资本和剩余价值的总和；第 II 部类生产的全部消费资料必须和两大部类的工人和资本家对个人消费品的需要相等。

在简单再生产条件下，两大部类之间的比例关系与每个部类内部各生产部门之间的比例关系

是互为条件，密切联系的，共同构成社会总产品得以实现的条件。两大部类各自都包括若干生产部门，两大部类之间的关系，实际上就是两大部类所属的各个生产部门的关系。只有两大部类之间、每个部类内部各生产部门之间都保持一定的比例关系，社会再生产才能正常进行。任何一个部类的某些生产部门生产的过多或过少，都不仅会影响到本部类内部其他生产部门的生产，而且还会影响到整个社会的生产。

5．社会总资本的扩大再生产

社会生产的逐年扩大一般取决于两个因素：一是投入生产要素的增长，二是生产要素质量的提高。马克思从决定扩大再生产的因素来考察，把扩大再生产划分为外延的扩大再生产和内含的扩大再生产，并在不同场合阐述了扩大再生产的外延形式和内涵形式。如果生产技术不进步，单纯依靠增加生产资料和劳动力的数量而实现扩大再生产，叫做外延扩大再生产；而以技术进步为基础，依靠提高生产资料和活劳动的使用效率而实现的扩大再生产，叫做内涵扩大再生产。

外延扩大再生产与内含扩大再生产之间的关系，具体表现为：外延扩大再生产是内含扩大再生产的出发点；内含扩大再生产是外延扩大再生产的进一步发展和提高；外延扩大再生产与内含扩大再生产相互渗透，互相包含。从一定意义上说，内涵扩大再生产也是外延扩大再生产，因为内含扩大再生产总是以一定规模的生产为基础。同样，外延扩大再生产也是内含扩大再生产，因为外延扩大再生产总是以提高一定生产效率为前提。

就个别企业来说，纯粹的外延扩大再生产和纯粹的内涵扩大再生产是可能存在的。但是，从社会再生产来看，这种状态是不可能长期存在的。社会扩大再生产一般都是外延扩大再生产和内含扩大再生产有机地结合在一起。当然，是以外延扩大再生产为主，还是以内涵扩大再生产为主，不同国家或者同一国家的不同时期是各不相同的。一般说来，一个国家在工业化的初期，扩大再生产的外延性比较明显，其主要特征是：大规模建设新工厂，大量投资。

假设资本有机构成不变并以资本积累为前提。必须满足两个前提条件：

（1）社会资本扩大再生产的前提条件有两个。

第一，要进行扩大再生产，必须有可供追加的生产资料。用公式表示：

$$I(c+v+m) > Ic+IIc$$

简化后为：

$$I(v+m) > IIc$$

第一部类的可变资本价值与剩余价值之和，必须大于第二部类的不变资本价值，为扩大再生产提供可追加的生产资料。

第二，要进行扩大再生产，必须有可供追加的消费资料。用公式表示：

$$II(c+v+m) > I(v+m/x) + II(v+m/x)$$
$$II(c+m-m/x) > I(v+m/x)。$$

其中，m/x 代表资本家个人消费的剩余价值，$m-m/x$ 是用于积累的剩余价值。

第二部类的不变资本与用于积累的剩余价值之和，必须大于第一部类的可变资本与资本家用于个人消费的剩余价值之和，为扩大再生产提供可追加的消费资料。

（2）社会资本扩大再生产的实现条件有3个。

第一，第一部类原有可变资本的价值、追加的可变资本价值与本部类资本家用于个人消费的剩余价值3者之和，必须等于第二部类原有的不变资本价值与追加的不变资本价值之和。用公式表示为：

$$Ⅰ(v+\Delta v+m/x)=Ⅱ(c+\Delta c)$$

第二，第一部类全部产品的价值必须等于两大部类原有不变资本价值和追加的不变资本价值之和。用公式表示为：

$$Ⅰ(c+v+m)=Ⅰ(c+\Delta c)+Ⅱ(c+\Delta c)$$

第三，第二部类全部产品的价值必须等于两大部类原有的可变资本价值、追加的可变资本价值，以及资本家用于个人消费的剩余价值之和。用公式表示为：

$$Ⅱ(c+v+m)=Ⅰ(v+\Delta v+m/x)+Ⅱ(v+\Delta v+m/x)$$

在这 3 个实现条件中，第一个条件是基本条件，第二条件和第三个条件则是由第一个条件派生而来的。社会资本扩大再生产的 3 个实现条件共同表明了保持两大部类适当比例关系的重要性。

四、资本主义的经济危机

对资本主义再生产过程的分析表明，在资本主义生产过程中，各个部门协调发展，但是由于资本主义基本矛盾即社会化大生产和资本主义私人占有之间的矛盾存在，常常使社会再生产遭到破坏，从而引发经济危机。

1．资本主义经济危机的实质与根源

（1）资本主义经济危机的实质。资本主义经济危机，实质是生产相对过剩。经济危机爆发时，大量商品滞销，物价下跌；企业利润减少，亏损增大，股市下跌，生产规模急剧下降，大批工厂倒闭、破产，失业人数迅速增加，企业资金周转不灵，银根紧缺，利率上升，信用制度受到严重破坏，银行纷纷宣布破产。经济危机使社会生产力遭到极大破坏，人民生活水平受到严重影响。

所谓生产相对过剩，并不是绝对过剩，即不是资本主义生产的社会财富超过了社会的实际需要，而是相对过剩，即相对于劳动人民有支付能力的需求来说，生产的商品过剩了。在危机期间，一方面是大量商品堆积卖不出去，甚至人为地加以销毁；另一方面却是千百万劳动人民连最基本的生活资料都得不到满足，处于困苦的境地。可见，所谓生产过剩只是相对过剩。

（2）资本主义经济危机根源。马克思主义经济危机理论指出，资本主义经济危机爆发的根本原因是资本主义的基本矛盾。在资本主义经济运行中，资本主义的基本矛盾具体表现为以下两个方面。

第一，个别企业内部生产的有组织性和整个社会生产的无政府状态之间的矛盾。在资本主义经济运行中，个别企业内部的生产具有严密的组织性和纪律性。资本家为了在激烈的竞争中取胜，尽力改进生产技术和完善劳动组织及经营管理。但是，由于生产资料被资本家私人占有，个别企业生产什么，生产多少，完全由个别资本家自己决定，整个社会生产处于无政府状态之中。这一矛盾发展到一定程度，就会导致社会再生产比例关系的破坏。当这种比例失调发展到十分严重的程度，引起大量商品过剩时，就会引致经济危机的爆发。

第二，资本主义生产无限扩大的趋势同劳动人民有支付能力的需求相对缩小之间的矛盾。受剩余价值绝对规律和资本主义竞争规律的支配，资本主义生产具有无限扩大的趋势，因而要求市场也相应扩大。与社会生产扩大的趋势相比，劳动人民有支付能力的需求相对萎缩。资本积累的增长和资本有机构成的提高造成了相对过剩人口的形成，使广大劳动者陷入失业和半失业的贫困状态中。从而导致资本主义生产和消费之间的严重对立。当市场上的大量商品找不到销路时，就会出现生产的相对过剩，从而引致经济危机的爆发。

业务 2-14

资本主义经济危机产生的根源是（　　）。

A. 资本主义生产方式的基本矛盾　　　　B. 社会两大部类的比例失调

C. 商品供给和需求的矛盾　　　　　　　D. 国家宏观调控的缺失

答案：A

解析：资本主义经济危机产生的根源是资本主义生产方式的基本矛盾；社会两大部类的比例失调，商品供给和需求的矛盾都是资本主义经济危机实质的表现。

2. 资本主义再生产的周期性

资本主义经济危机的周期性爆发，使资本主义再生产具有周期性。从一次危机开始到下一次危机爆发，就是一个再生产周期。典型的资本主义再生产周期，一般要经过危机、萧条、复苏和高涨 4 个阶段。其中危机是资本主义再生产周期的决定性阶段。它是上一个生产周期的结束，又是下一个生产周期的开始。在萧条阶段，生产处于停滞状态，同时为复苏阶段做准备。在复苏阶段，生产和消费的矛盾进一步缓和，社会生产逐渐恢复，并进一步发展，使经济出现繁荣景象，形成高涨。高涨又使资本主义经济各种矛盾加以积累，达到一定程度，又爆发新一轮经济危机。资本主义再生产周期性的物质基础是固定资本更新。大规模的固定资本更新，会扩张生产能力，引起生产高涨，为下一次生产过剩危机奠定物质基础。

第二次世界大战以后，资本主义经济危机又产生了若干新的现象和特点，危机的周期和程度有了很大变化，社会经济生活中出现了一些"繁荣"的迹象。主要资本主义国家经济危机发生的次数多少不等，参差不齐，形成了同期性危机和非同期性危机交错发生的局面。经济周期有缩短趋势，就形态上而言，危机的冲击力减弱，危机的深度和广度也大为减轻。以至于一部分西方研究者将经济危机改称为经济周期。非同期性经济危机比战前较为频繁，而从整个资本主义世界来看，世界性经济危机的周期则有所延长。

 职业道德与素质

【案例背景】一名中国留学生在德国一家餐馆打工，老板要求洗盆子时要刷 6 遍。一开始他还能按照要求去做，刷着刷着，发现少刷一遍也挺干净，于是说只刷 5 遍；后来，发现再少刷一遍还是挺干净，于是说又减少了一遍，只刷 4 遍并暗中留意另一个打工的德国人，他发现德国人还是老老实实地刷 6 遍，速度自然要比自己慢许多，于是出于"好心"，他悄悄地告诉那个德国人说，可以少刷一遍，看不出来的。谁知那个德国人一听，竟惊讶地说："规定要刷 6 遍，怎么能少刷一遍呢？"

【问题】如果你是老板，你希望用哪种心态的员工？

【分析】国外一家调查显示：学历资格已不是公司招聘首先考虑的条件，大多数雇主认为，正确的工作态度是公司在雇用员工时最优先考虑的，其次才是职业技能，接着是工作经验。毫无疑问，工作态度已被视为组织遴选人才时的重要标准。

小结

项目	学习目标	重难点
马克思政治经济学一般理论	了解马克思政治经济学的一般特征，掌握商品的二因素和劳动的二重性	商品的二因素和劳动的二重性、价值规律
货币的产生与职能	了解货币的产生，掌握货币的职能	货币的职能、货币规律
剩余价值	了解剩余价值的产生源泉，掌握剩余价值的分配	剩余价值产生源泉与分配
资本运动过程资本及其循环和周转	了解资本运动的过程，掌握简单再生产和扩大再生产实践	扩大再生产、经济危机

附：马克思主义政治经济学原理逻辑图解

社会经济形态与经济运行的一般原理

- 社会经济的2种基本形态
  - 自然经济与商品经济
  - 商品经济发展的两个阶段
- 商品经济的基本原理
  - 商品
    - 质：价值 ——抽象劳动
    - 使用价值——具体劳动
    - 量：价值量的确定、劳动生产率
  - 货币
    - 起源：价值形式的发展和货币的起源
    - 货币本质与职能
    - 形式：纸币和信用货币
    - 货币需要量的确定：货币流通规律、通胀与通缩
  - 价值规律
    - 价值规律表现形式：价格围绕价值波动
    - 作用机制：市场机制作用
    - 地位：商品经济的基本规律

资本主义生产关系的实质

- 资本
  - 资本流通形式与商品流通形式的区别
  - 资本形成的前提：劳动力成为商品
    - 条件
    - 特征
  - 资本类型：不变资本与可变资本
  - 资本的技术构成、价值构成、有机构成
  - 单个资本增大
    - 资本集中：兼并与联合
    - 资本积聚——资本积累
- 剩余价值
  - 本质及生产过程
  - 生产方法：绝对X、相对X
  - 剩余价值率
  - 超额剩余价值
- 资本和剩余价值的转化形式
  - 利润、平均利润、生产价格
  - 商业资本和商业利润
  - 借贷资本和利息
  - 银行资本和银行利润
  - 地租和地价
  - 股份资本和股息

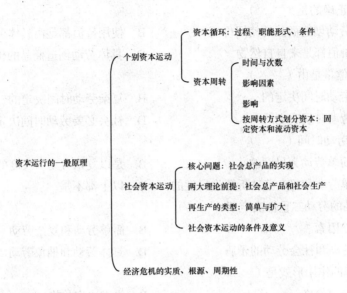

 职业能力训练

一、单项选择题

1. 商品的二因素是（　　）。
   A. 使用价值与交换价值
   B. 使用价值与价值
   C. 价值与交换价值
   D. 商品交换与商品生产

2. 两种不同使用价值可以按一定比例相互交换，是因为（　　）。
   A. 两种商品有不同的使用价值
   B. 两种商品的用途各异
   C. 两种商品各为对方需要
   D. 两种商品都有价值

3. 关于价值，正确的说法是（　　）。
   A. 质上有差别，量上无差别
   B. 质上无差别，量上有差别
   C. 质和量上都有差别
   D. 质和量上都无差别

4. 价值的本质是（　　）。
   A. 商品生产者之间相互交换劳动
   B. 商品生产者之间相互交换劳动产品
   C. 两种物品相互交换的关系
   D. 凝结在商品中的人类劳动

5. 下列说法正确的是（　　）。
   A. 没有使用价值的东西，不可能具有价值
   B. 有使用价值的东西就一定有价值
   C. 没有使用价值的东西也可能有价值
   D. 有价值的东西不一定有使用价值

6. 商品二因素决定于（　　）。
   A. 商品的内在属性
   B. 具体劳动
   C. 抽象劳动
   D. 生产商品的劳动二重性

7. 下列说法正确的是（　　）。

    A. 具体劳动创造商品的使用价值　　　　　B. 使用价值都是由具体劳动创造的

    C. 使用价值都是来自自然物　　　　　　　D. 具体劳动创造商品的价值

8. 商品的价值量是由（　　）。

    A. 简单劳动时间决定的　　　　　　　　　B. 复杂劳动时间决定的

    C. 个别劳动时间决定的　　　　　　　　　D. 社会必要劳动时间决定的

9. 社会必要劳动时间（　　）。

    A. 是以简单劳动为尺度的　　　　　　　　B. 是以复杂劳动为尺度的

    C. 是简单劳动和复杂劳动折算为尺度的　　D. 以上都不是

10. 生产商品的劳动二重性决定于（　　）。

    A. 商品二因素　　　　　　　　　　　　　B. 简单劳动和复杂劳动

    C. 私人劳动和社会劳动的矛盾　　　　　　D. 具体劳动和抽象劳动

11. 价值规律的作用形式是（　　）。

    A. 价值决定价格　　　　　　　　　　　　B. 供求决定价格

    C. 竞争决定价格　　　　　　　　　　　　D. 商品的市场价格围绕价值上下波动

12. 货币的本质是（　　）。

    A. 媒介商品交换　　　　　　　　　　　　B. 是资本的最初表现

    C. 固定的起一般等价物作用　　　　　　　D. 价值形式发展的必然

13. 作为流通手段的货币必须是（　　）。

    A. 想象的货币　　　　　　　　　　　　　B. 实实在在的货币

    C. 观念上的货币　　　　　　　　　　　　D. 纸币

14. 商品经济的基本矛盾是（　　）。

    A. 使用价值与价值的矛盾　　　　　　　　B. 具体劳动与抽象劳动的矛盾

    C. 私人劳动与社会劳动的矛盾　　　　　　D. 交换价值与价值的矛盾

15. 商品的价值量与劳动生产率成（　　）。

    A. 反比　　　　　　　　　　　　　　　　B. 正比

    C. 没关系　　　　　　　　　　　　　　　D. 在一定条件下按相同方向变化

16. 商品生产者要在竞争中取得有利地位，必须使自己生产商品所耗费的个别劳动时间（　　）。

    A. 大于社会必要劳动时间　　　　　　　　B. 小于社会必要劳动时间

    C. 等于社会必要劳动时间　　　　　　　　D. 小于最高的个别劳动时

17. 在下列经济行为中，属于货币执行流通手段职能的是（　　）。

    A. 顾客用 10 元可购买 5 斤苹果

    B. 顾客购买 5 斤苹果，一周后付款 10 元

    C. 顾客用 10 元购买了 5 斤苹果

    D. 顾客向水果店以每斤 2 元的价格预定 5 斤苹果

18. 马克思区分不变资本和可变资本的依据是（　　）。

    A. 它们的不同形态

B. 它们在剩余价值生产中所起不同的作用

C. 不变资本是客观要素，可变资本是主观要素

D. 以上均不对

19. 资本家支付给工人的工资是（　　　）。

A. 劳动的价格

B. 劳动力的价值或价格的转化形式

C. 劳动的报酬

D. 工人根据自己提供的劳动量参与分配的形式

20. 个别资本家追逐的超额剩余价值是通过（　　　）。

A. 延长工作日实现的
B. 提高本部门的劳动生产率实现的

C. 提高本企业的劳动生产率实现的
D. 全社会劳动生产率普遍提高的结果

21. 资本的本质是（　　　）。

A. 购买生产资料的货币

B. 购买劳动力的货币

C. 购买商品的货币

D. 带来剩余价值的价值、体现了资本主义生产关系

22. 劳动力商品的使用价值的特殊性在于（　　　）。

A. 能够使自身价值发生转移
B. 是价值和剩余价值的源泉

C. 能够转移生产资料的价值
D. 能保存资本的价值

23. 资本主义生产过程是（　　　）。

A. 价值和使用价值形成过程的统一
B. 劳动过程和价值增值过程的统一

C. 劳动过程和价值形成过程的统一
D. 以上均不对

24. 货币转化为资本的决定性条件是（　　　）。

A. 货币是一般等价物
B. 生产资料自由买卖

C. 劳动力成为商品
D. 资本主义市场的扩大

25. 劳动力商品的价值是（　　　）。

A. 由资本家付给工人工资的多少决定的

B. 由维持和延续劳动力所必需的生活资料的价值决定的

C. 由劳动者所创造的价值决定的

D. 由劳动力的市场供求状况所决定的

26. 资本总公式是（　　　）。

A. $G-W-G$　　　B. $G-W-G'$　　　C. $W-G-W$　　　D. $W-G-W'$

27. 在资本主义生产过程中，所消耗生产资料的价值是（　　　）。

A. 借助于具体劳动创造出来的
B. 借助于抽象劳动创造出来的

C. 借助于具体劳动转移到新产品中去的
D. 借助于抽象劳动转移到新产品中去的

28. 绝对剩余价值生产和相对剩余价值生产（　　　）。

A. 都是依靠延长工作日获得的

B. 都是依靠提高劳动生产率获得的

C. 都是依靠减少工人的必要劳动时间获得的

D. 都是依靠增加工人的剩余劳动时间获得的

29. 资本主义工资的本质是（　　）。

　　A. 工人劳动的报酬　　　　　　　　　　B. 工人劳动的价值或价格

　　C. 工人劳动创造的价值　　　　　　　　D. 工人劳动力的价值或价格

30. 个别资本家提高劳动生产率的直接目的是（　　）。

　　A. 获取绝对剩余价值　　　　　　　　　B. 获取相对剩余价值

　　C. 获取劳动力价值　　　　　　　　　　D. 获取超额剩余价值

31. 剩余价值的产生是（　　）。

　　A. 在生产领域，与流通领域无关　　　　B. 在流通领域，但不能离开生产领域

　　C. 在生产领域，但不能离开流通领域　　D. 既在生产领域，又在流通领域

32. 剩余价值的源泉是工人的（　　）。

　　A. 必要劳动　　　　B. 剩余劳动　　　　C. 具体劳动　　　　D. 物化劳动

33. 资本家剥削工人的秘密是（　　）。

　　A. 采用先进技术　　　　　　　　　　　B. 贱买贵卖

　　C. 无偿占有工人创造的全部价值　　　　D. 无偿占有工人创造的剩余价值

34. 通过对资本主义简单再生产的分析可以看出，资本家的全部资本（　　）。

　　A. 是由工人创造的　　　　　　　　　　B. 是由资本家创造的

　　C. 并不仅仅是由工人创造的　　　　　　D. 是由资本家和工人共同创造的

35. 由于出现新技术和新发明引起原有固定资本价值的贬值被称为（　　）。

　　A. 有形损耗　　　　B. 实物补偿　　　　C. 精神损耗　　　　D. 价值补偿

36. 产业资本划分为货币资本、生产资本和商品资本的依据是（　　）。

　　A. 在价值增殖中的作用不同　　　　　　B. 价值周转方式的不同

　　C. 存在的物质形态不同　　　　　　　　D. 在循环中的职能不同

37. （　　）是资本积累的唯一源泉。

　　A. 资本　　　　　　B. 剩余劳动　　　　C. 货币　　　　　　D. 剩余价值

38. 资本积累就是（　　）。

　　A. 资本的原始积累

　　B. 把剩余价值转化为资本

　　C. 社会财富的积累和无产阶级贫困化的积累

　　D. 资本的积聚和集中

39. 资本有机构成是指（　　）。

　　A. 生产资料和劳动力的比例

　　B. 可变资本和不变资本的比例

　　C. 由技术构成决定而又反映技术构成变化的资本价值构成

　　D. 由价值构成决定而又反映价值构成变化的资本技术构成

40. 不变资本和可变资本之比是（　　）。
    A. 资本的技术构成
    B. 资本的价值构成
    C. 资本的技术构成和资本的价值构成
    D. 资本的有机构成

41. 在产业资本循环中实现剩余价值的阶段是（　　）。
    A. 购买阶段
    B. 销售阶段
    C. 萧条阶段
    D. 生产阶段

42. 产业资本循环顺次采取的三种职能形式是（　　）。
    A. 货币资本、生产资本、商品资本
    B. 货币资本、商品资本、生产资本
    C. 生产资本、货币资本、商品资本
    D. 商品资本、生产资本、货币资本

43. 固定资本和流动资本是对（　　）的构成的划分。
    A. 货币资本
    B. 商品资本
    C. 产业资本
    D. 生产资本

44. 商品资本的职能本质上是（　　）。
    A. 完成"惊险的跳跃"，把商品卖出去
    B. 进行物质补偿
    C. 收回商品中包含的价值
    D. 实现剩余价值

45. 资本循环的决定性阶段是（　　）。
    A. 购买阶段
    B. 生产阶段
    C. 售卖阶段
    D. 生产阶段和售卖阶段

46. 能带来剩余价值的资本运动是指（　　）的运动。
    A. 商业资本
    B. 产业资本
    C. 借贷资本
    D. 固定资本

47. 货币资本循环形式产生的假象是（　　）。
    A. 资本主义生产是为了生产而生产
    B. 剩余价值是在流通中产生
    C. 生产是为了剩余价值
    D. 生产是为了满足社会需要

48. 商品资本循环从"W′"作为起点和终点而不以"W"作为起点和终点，是因为（　　）。
    A. "W′"中的使用价值是新创造的
    B. "W′"包含了剩余价值，体现了资本对劳动的剥削关系
    C. 商品资本循环是服务于剩余价值生产的一种形态
    D. 商品资本循环是资本循环的一种形态

49. 产业资本是指（　　）。
    A. 商业部门的资本
    B. 一切生产物质资料部门的货币
    C. 银行部门的资本
    D. 按资本主义生产方式经营的一切生产部门的资本

50. 在考察资本的价值周转方式中，火力发电厂里的煤炭是（　　）。
    A. 固定资本
    B. 流动资本
    C. 不变资本
    D. 可变资本

51. 资本生产的各个部分，按它们的价值周转方式划分为（　　）。
    A. 不变资本和可变资本
    B. 固定资本和流动资本
    C. 职能资本和生息资本
    D. 产业资本和商业资本

52. 当预付总资本量一定时，预付资本总周转速度的快慢取决于（　　）。

  A. 固定资本和流动资本的比例以及各自的周转速度

  B. 固定资本和流动资本平均周转速度

  C. 固定资本的周转速度

  D. 流动资本的周转速度

53. 资本循环是指（　　）。

  A. 资本依次经过 3 个阶段，变换 3 种职能状态，使价值增殖，最后又回到原来的运动

  B. 资本不间断的运动

  C. 从货币资本出发，经过生产资本、商品资本，又回到货币资本

  D. 资本作为周期性的运动过程

54. 利润率是（　　）。

  A. 剩余价值同所费资本的比例　　　　B. 剩余价值同预付资本的比例

  C. 剩余价值同可变资本的比例　　　　D. 剩余价值同固定资本的比例

55. 生产价格的变动归根到底是由（　　）。

  A. 商品供求关系的变动引起的　　　　B. 平均利润的变动引起的

  C. 资本有机构成的变动引起的　　　　D. 商品价值的变动引起的

56. 平均利润的形成是（　　）。

  A. 部门内部竞争的结果　　　　　　　B. 部门之间竞争的结果

  C. 资本家同工人之间竞争的结果　　　D. 国内外竞争的结果

57. 超额利润是（　　）。

  A. 商品的个别价值高于社会价值的差额

  B. 商品的个别生产价格低于社会生产价格的差额

  C. 商品的个别生产价格高于社会生产价格的差额

  D. 商品价值与生产成本的差额

58. 生产价格形成的前提条件是（　　）。

  A. 商品价值的形成　　　　　　　　　B. 剩余价值转化为利润

  C. 利润转化为平均利润　　　　　　　D. 不变资本和可变资本转化为成本价格

59. 银行利润相当于平均利润是按照（　　）。

  A. 全部资本计算　　B. 借入资本计算　　C. 自有资本计算　　D. 外来资本计算

60. 级差地租形成的原因是（　　）。

  A. 土地的自然条件差别　　　　　　　B. 土地经营权的资本主义垄断

  C. 农产品个别生产价格低于社会生产价格　D. 农产品个别生产价格高于社会生产价格

61. 农产品的社会生产价格取决于（　　）。

  A. 优等地的生产条件　　　　　　　　B. 中等地的生产条件

  C. 劣等地的生产条件　　　　　　　　D. 平均的生产条件

62. 平均利润率形成后，价值规律发生作用的形式是市场价格围绕着（　　）。

  A. 价值上下波动　　　　　　　　　　B. 生产价格上下波动

C. 垄断价格上下波动　　　　　　　D. 成本价格上下波动

63. 资本主义生产成本是（　　　）。

A. 生产单位商品所耗费的可变资本

B. 生产单位商品所耗费的不变资本

C. 生产单位商品所耗费的不变资本和可变资本

D. 生产单位商品所耗费的全部劳动

64. 银行利润（　　　）。

A. 相当于平均利润　B. 低于平均利润　　C. 高于平均利润　　D. 高于商业利润

二、判断题

1. "商品是天生的平等派"，相同的商品只能卖相同的价钱。　　　　　　　　　（　　）

2. 价格是价值的表现形式，有价格必有价值。　　　　　　　　　　　　　　　（　　）

3. 商品的使用价值有两个源泉，即自然物质和人的劳动，因此，商品的价值也有两个源泉，即生产资料和劳动者创造价值。　　　　　　　　　　　　　　　　　　　　　　　（　　）

4. 金银天然不是货币，但货币天然是金银。　　　　　　　　　　　　　　　　（　　）

5. 尽管劳动生产率与单位商品的价值量成反比，但是，无论劳动生产率发生怎样的变化，同一社会必要劳动时间内创造的价值总量是不变的。　　　　　　　　　　　　　　　（　　）

6. 价格围绕价值波动是对价值规律的否定。　　　　　　　　　　　　　　　　（　　）

7. 提高劳动生产率可以增加单位时间内生产的商品数量和价值量。　　　　　　（　　）

8. 我们在现实生活中购买商品时往往可以进行"讨价还价"。"讨价还价"表明了买卖双方的竞争。　　　　　　　　　　　　　　　　　　　　　　　　　　　　　　　　　　　（　　）

9. 价值规律在商品经济中能自发地调节生产资料和劳动力在社会各个部门之间的分配，促进商品生产者改进生产技术提高劳动生产率，促进小商品生产者向两极分化。　　　　　（　　）

10. 劳动生产率降低，同一劳动时间生产的使用价值量减少，但单个商品的价值量提高。　　　　　　　　　　　　　　　　　　　　　　　　　　　　　　　　　　　　　　（　　）

11. 流通中的货币需要量取决于政府的货币政策。　　　　　　　　　　　　　　（　　）

12. 资本是以商品、货币等形式存在的，所以，一切商品、货币都是资本。　　　（　　）

13. 剩余价值是由资本家的全部资本创造出来的。　　　　　　　　　　　　　　（　　）

14. 如果雇佣工人的人数和劳动日长度不变，资本家就不可能获得更多的剩余价值。（　　）

15. 剩余价值必须既在流通中又不在流通中产生。　　　　　　　　　　　　　　（　　）

16. 工资是劳动的价格。　　　　　　　　　　　　　　　　　　　　　　　　　（　　）

17. 个别资本家只要提高企业的劳动生产率，便可以获得相对剩余价值。　　　　（　　）

18. 超额剩余价值本质上也是相对剩余价值。　　　　　　　　　　　　　　　　（　　）

19. 资本积累必然带来资本有机构成的不断提高。　　　　　　　　　　　　　　（　　）

20. 企业兼并实现了资本的积聚，增大了社会资本总额。　　　　　　　　　　　（　　）

21. 资本积聚就是资本集中。　　　　　　　　　　　　　　　　　　　　　　　（　　）

22. 资本积聚就是资本积累。　　　　　　　　　　　　　　　　　　　　　　　（　　）

23. 如果没有生产资料形式存在的不变资本，雇佣工人就不可能生产出剩余价值，所以剩余

价值是由资本家的全部资本生产出来的。 （　　　）

24. 工人用工资购买生活资料进行个人消费与资本主义生产过程无关。 （　　　）

25. 资本积累是资本家节俭的结果。 （　　　）

26. 流动资本就是处在流通领域中的资本。 （　　　）

27. 生产时间就是雇佣工人进行生产劳动制造产品的时间。 （　　　）

28. 固定资本就是不变资本，流动资本就是可变资本。 （　　　）

29. 资本周期越快，表明资本家预付的可变资本越多，因此获得的年剩余价值量越多，年剩余价值率就越高。 （　　　）

30. 加快资本周转可以带来更多的剩余价值，但这并不表明流通过程可以产生剩余价值。 （　　　）

31. 把资本划分为不变资本和可变资本与划分为固定资本和流动资本的目的是完全一样的。 （　　　）

32. 固定资本的损耗就是有形损耗。 （　　　）

33. 社会资本运动与个别运动的特点是一样的。 （　　　）

34. 资本主义简单再生产的基本实现条件是 I（$v+m$）>IIc。 （　　　）

35. 社会总资本扩大再生产的实现条件是 I（$v+\Delta v+m/x$）>II（$c+\Delta c$）。 （　　　）

36. 生产资料生产优先增长是技术进步条件下扩大再生产的规律。因此，生产资料增长速度越快，社会生产就越能发展。 （　　　）

37. 资本主义经济危机就是生产的商品绝对地超过了人们的物质生活需要。 （　　　）

38. 固定资本更新是经济危机周期性的物质基础。 （　　　）

39. 资本主义基本矛盾总是随着生产社会化程度的提高和资本主义制度向广度和深度发展而不断扩大和加深。 （　　　）

40. 利润率就是剩余价值率。 （　　　）

41. 级差地租产生的原因是土地肥沃程度不同。 （　　　）

42. 因为利润和剩余价值在量上相等，所以剩余价值率同利润率相等。 （　　　）

43. 商业资本不参与利润率的平均化。 （　　　）

44. 形成绝对地租的原因是土地经营权的垄断。 （　　　）

45. 商品的价格总是围绕价值上下波动。 （　　　）

46. 部门之间竞争会导致不同生产部门的利润率趋于平均化。 （　　　）

47. 利润转化为平均利润的过程，同时也是资本在不同部门之间发生转移的过程。 （　　　）

48. 利息是借贷资本家凭借资本所有权而获得的一种收入。 （　　　）

49. 资本主义级差地租形成的条件是土地的资本主义经营垄断。 （　　　）

50. 生产成本是生产过程中耗费的不变资本和可变资本之和。 （　　　）

51. 固定资本更新是经济危机产生的根源。 （　　　）

52. 资本主义经济危机是生产绝对过剩的危机。 （　　　）

53. 资本主义再生产周期中起决定性作用的阶段是高涨阶段。 （　　　）

54. 资本主义经济危机的实质是生产绝对过剩。 （　　　）

三、名词解释

1. 商品经济

2. 商品

3. 使用价值

4. 价值

5. 具体劳动

6. 抽象劳动

7. 社会必要劳动时间

8. 货币

9. 价值规律

10. 剩余价值

11. 超额剩余价值

12. 相对剩余价值

13. 绝对剩余价值

14. 资本

15. 利润

16. 超额利润

17. 商业利润

18. 资本周转

19. 资本积累

20. 资本有机构成

21. 简单再生产

22. 扩大再生产

23. 外延式扩大再生产

24. 内涵式扩大再生产

25. 经济危机

四、论述题

1. 货币转化为资本的流通形式，是和前面阐明的所有关于商品、价值、货币和流通本身的性质的规律相矛盾的。无论怎样颠来倒去，结果都是一样的。如果是等价交换，不产生剩余价值；如果是非等价物交换，也不产生剩余价值，流通或商品交换不创造价值。

根据材料回答马克思说的资本流通形式的矛盾指什么？为什么？

2. 美联储自 1999 年 6 月到 2000 年 5 月连续 6 次提高利率，以放慢经济增长速度和抑制通货膨胀，美联储 20 日发表的一份经济调查报告说，与春末和夏初时相比，大部分地区消费开始持平或略高，另外，大部分地区住宅建筑活动进一步放慢，销售量与去年同期相比持平或下降。分析家们认为，这表明美联储紧缩银根的刺激正在发挥作用。

请回答：（1）什么是利率？影响利率高低的因素有哪些？（2）利率的高低对经济发展有什么

影响？资本主义是怎样通过调节利率来调节经济运行的？

3. 信用卡作为电子货币的主要形式，于 20 世纪初起源于美国。1985 年，中国银行珠江分行发行了第一张"中行卡"，开创了中国信用卡发行的先河。商家实际上收到的钱并不是从信用卡里收到的，而是从银行收到的。这就告诉我们，你使用信用卡消费，在没有最后结算之前，你其实没有真正地花钱，但却真正地享受了商品。你完全可以享受而最后不付钱。那么，银行为什么会发卡给你呢？这就是你的信用了。在现代经济社会中，银行尤其是大银行的信誉通常是很高的。它所发行的信用卡是商家们所放心来"刷"的，因为银行不会赖账。这样，你持有那种信誉很好的大银行发行的信用卡，就可以走遍天下。

请回答：在信用卡出现以后，货币的形式发生了很大变化。你认为在未来的电子时代纸币会消失吗？

4. 试论剩余价值的产生。

5. 加速资本循环与周转对企业的发展有什么意义？

学习评价

1. 职业核心能力测评表

（在□中打√，A 通过，B 基本通过，C 未通过）

职业核心能力	评估标准	自测结果
自我学习	1. 能进行时间管理	□A □B □C
	2. 能选择适合自己的学习和工作方式	□A □B □C
	3. 能随时修订计划并进行意外处理	□A □B □C
	4. 能将已经学到的东西用于新的工作任务	□A □B □C
信息处理	1. 能根据不同需要去搜寻、获取并选择信息	□A □B □C
	2. 能筛选信息，并进行信息分类	□A □B □C
	3. 能使用多媒体等手段来展示信息	□A □B □C
数字应用	1. 能从不同信息源获取相关信息	□A □B □C
	2. 能依据所给的数据信息，作简单计算	□A □B □C
	3. 能用适当方法展示数据信息和计算结果	□A □B □C
与人交流	1. 能把握交流的主题、时机和方式	□A □B □C
	2. 能理解对方谈话的内容，准确表达自己的观点	□A □B □C
	3. 能获取信息并反馈信息	□A □B □C
与人合作	1. 能挖掘合作资源，明确自己在合作中能够起到的作用	□A □B □C
	2. 能同合作者进行有效沟通，理解个性差异及文化差异	□A □B □C
解决问题	1. 能说明何时出现问题并指出其主要特征	□A □B □C
	2. 能作出解决问题的计划并组织实施计划	□A □B □C
	3. 能对解决问题的方法适时作出总结和修改	□A □B □C
革新创新	1. 能发现事物的不足并提出新的需要	□A □B □C
	2. 能创新性地提出改进事物的意见和具体方法	□A □B □C
	3. 能从多种方案中选择最佳方案，在现有条件下实施	□A □B □C

学生签字： 教师签字： 20 年 月 日

2．专业能力测评表

评价内容	权重	考核点	考核得分		
			小组评价	教师评价	综合得分
职业素养（20分）	10	谈谈你对"顾客就是上帝"这一观点的理解			
	10	资本循环和周转理论在企业发展中的意义			
案例分析（80分）	80	利用马克思主义经济学原理理论分析社会生活中的经济现象			

组长签字：　　　　　　教师签字：　　　　　　　　　20　　年　　月　　日

模块三
财政金融基础知识

职业能力目标及主要概念

1. 专业能力

（1）理解社会主义市场经济条件下财政的职能；

（2）认知财政收入的主要来源和财政支出的主要用途；

（3）理解金融的基本概念，货币流通的基本内容，信用形式，金融市场。

2. 职业核心能力

（1）能运用财政的基本理论初步分析财政政策、方针、法规的变化对微观经济的影响；

（2）能运用金融的基本理论初步分析货币政策、金融法规的变化对微观经济的影响；

（3）具有实事求是的学风和创新意识、创新精神。

3. 主要概念

财政收入、财政支出、财政政策、货币、货币政策、信用、利率、外汇、外汇市场。

项目一 | 财政收入与财政支出

【引例与分析】长江三峡水电站，计划工程期为 17 年，总投资额以 1993 年价格计算为 999.9 亿元，主要是国家投资。我国十五期间的重点工程——西气东输，于 2002 年 7 月正式开工，投资约 14 000 亿元。

[问题]谈谈你身边还有哪些财政现象？

[分析]我国当前的经济生活中，从居民生活的衣食住行，到国家的政治活动和经济建设，时时处处都存在财政现象和财政问题。例如：农民减负，企业减税，道路、桥梁、水利设施建设，教育、医疗、国防开支问题等，都是重要的财政问题。

一、财政的一般概念

1．财政一词的来历

从人类社会发展历史来考察，财政是一个古老的经济范畴。我国古代有"国用""出入""国计""邦计""理财""度支""计政"等在不同程度上表达了财政的思想。

我国政府文献中最初启用"财政"一词是在 1898 年。

2．财政的一般概念

财政是以国家（或政府）为主体的经济（或分配）活动。是国家或政府为了实现其职能，凭借政治权力和财产权力，参与一部分社会产品和国民收入的分配活动。在当今的市场经济体制下，财政分配主要包括财政收入、财政支出、国家信用等内容。财政是一个历史范畴，是社会经济的重要组成部分。

财政的一般特征可以从以下方面分析。

（1）财政分配的主体是国家或政府。政府是财政分配的主体，说明财政分配的目的、分配的方向、分配的范围、分配的结构、分配的规模、分配的时间等，都是由政府决定的。

（2）财政分配的对象是部分社会产品与服务。财政属于分配范畴，为了保证社会生产的正常进行，它所分配的对象只能是一部分社会产品，至于比例的多少，主要取决于社会经济发展水平、收入分配政策和政府需要等多种因素。

（3）财政分配的目的是满足社会公共需要。社会公共需要是指社会治安、国家安全、公民基本权利和经济发展的社会条件等方面全体社会成员的共同需要。例如，教育、卫生保健、社会福利以及公路、铁路、航空等基础设施建设。

3．财政职能

财政职能是指财政作为一个经济范畴所固有的功能，就是政府的经济职能。财政的本质决定它是不以人的意志为转移而客观存在的，重点是克服市场失灵。财政职能包括资源配置职能、收入分配职能和经济稳定与发展职能。

（1）资源配置职能。资源配置职能是指通过财政收支活动以及相应的财政政策、税收政策的制定、调整和实施，可以实现对社会现有人力、物力、财力等社会资源结构与流向进行调整与选择。

资源配置是经济学的核心问题，主要是资源的使用效率问题，有两个方面：一是资源的充分利用；二是被充分利用的资源是否真正被用得恰到好处，即是否达到最优配置。财政资源配置职能的作用是通过财政收支活动引导资源的流向，弥补市场的资源配置失效，最终实现全社会资源配置的最优效率状态。

（2）收入分配职能。收入分配职能是指财政的经济职能中对参与收入分配的各主体利益关系的调节，达到收入公平合理分配目标。收入分配的目标是实现公平分配。而对公平的理解包括经济公平和社会公平。经济公平强调的是要素投入和要素收入相对称。社会公平是指将收入差距维持在现阶段社会各阶层居民所能接受的合理范围内。财政关注的主要是社会公平。

（3）经济稳定与发展职能。经济稳定与发展职能是指通过财政政策的制定实施与调整，使整个社会保持较高的就业率，实现物价稳定、国际收支平衡以及经济持续增长等政策目标，包括：充分就业、物价稳定、国际收支平衡、保持经济持续增长等方面。

 我国社会主义财政与经济的关系。

┤ 业务 3-1 ├

财政分配的对象主要是（　　）。

A. 剩余产品　　B. 商品价值　　C. 国民生产总值　　D. 社会总产值

答案：A

┤ 业务 3-2 ├

财政分配的目的是（　　）。

A. 增加就业　　B. 调节社会收入　　C. 满足经济发展需要　　D. 满足社会公共需要

答案：D

二、财政收入

财政收入是财政分配过程中的一个阶段，它是指政府为履行其职能，保证财政支出的需要，依据一定的权力原则，通过一定形式和渠道筹措的所有货币资金的总和，即是以货币形式表现的社会总产品的一部分。财政收入在一定程度上反映了国家的财力规模。财政收入有狭义和广义之分，广义的财政收入是指为了满足公共需要，由政府部门所掌握和使用的资金，目前包括预算收入、预算外收入、非预算政府资金（各级地方政府和各级政府机构的自筹资金）3 个部分。狭义的财政收入仅指预算收入。

 现实生活中有哪些属于财政收入？

1. 财政收入的分类

财政收入的分类方法很多，亚当·斯密将财政收入分为国家资源收入和税收收入两类。我国从不同时期的实际国情出发，财政收入的分类经历了不同的变革。

（1）按财政收入形式分类。国际上通常按政府取得财政收入的形式，将财政收入分为税收收入、国有资产收益、国债收入、收费收入和其他收入。

① 税收收入。税收是政府为实现其职能的需要，凭借政治权力，并按照特定的标准，强制、无偿地取得财政收入的一种特定分配形式，它是征收面最广，最稳定可靠的财政收入形式。税收是现代国家财政收入中最重要的收入形式和最主要的收入来源。

② 国有资产收益。国有资产收益是国家凭借国有资产所有权获得的利润、租金、股息、红利、资金使用费等收入。国有资产收益不具有强制性和固定性的特征。

③ 国债收入。国债收入是指国家通过信用形式取得的有偿性收入。包括国家在国内发行的国

库券、经济建设债券，在国外发行的债券以及向外国政府和国际组织的借款。国债收入具有自愿性、有偿性、安全性和灵活性的特点。

④ 收费收入。收费收入是指国家政府机关或事业单位在提供公共服务，实施行政管理或提供特定设施的使用时，向受益人收取一定费用的收入形式。收费收入具体可分为使用费和规费。使用费是政府对公共设施的使用者按一定标准收取费用，如对政府建设的高速公路、桥梁、隧道的车辆收取使用费。规费是政府对公民个人提供特定服务或特定行政管理所收取的费用，包括行政费用（护照费、商品检测费）和司法规费（民事诉讼费、证件登记费）。收费收入具有有偿性、不确定性的特点，不宜作为财政收入的主要形式。

⑤ 其他收入。包括基本建设贷款归还收入、基本建设收入以及捐赠收入等。

（2）按收入的性质分类。

① 无偿收入。主要包括国家凭借政治权力征收的税收收入，这占整个财政收入相当大的份额。无偿取得的收入主要用以满足国家行政管理、国防、社会科学文教卫生等消费性的经费支出。

② 有偿收入。主要是指债务收入，主要用于国家的经济建设支出和弥补财政赤字。

（3）按收入层次分类。

① 中央财政收入。是指按照财政预算法律和财政管理体制规定由中央政府集中和支配使用的财政资金。

② 地方财政收入。是指按照财政预算法或地方财政法规规定划归地方政府集中筹集和支配使用的财政资金。

2．财政收入的规模分析

（1）衡量财政收入规模的指标。财政收入规模是一定时期（通常为一年）财政收入来源的总量。财政收入规模的大小可以采用绝对量和相对量两类指标来反映。

衡量财政收入规模的绝对量指标是财政总收入。如2015年我国财政收入总额为15.22万亿元人民币，相对上一年度增长7.3%，主要包括中央和地方财政总收入、中央本级财政收入和地方本级财政收入、中央对地方税收返还收入、地方上解中央收入、税收收入等。财政收入的绝对量指标反映了财政收入的数量、构成、形式和来源，适用于财政收入计划指标的确定、完成情况考核以及财政收入规模变化的纵向比较。

衡量财政收入规模的相对指标反映政府对一定时期内新创造的社会产品价值总量（即国民收入GDP）的集中程度，又称为财政集中率。它可以根据反映对象和分析目的不同，运用不同的指标口径，如中央财政收入、各级地方财政总收入等。同样的，国民收入也可运用不同的指标口径，如国内生产总值、国民生产总值等，衡量财政收入水平、分析财政收入的动态变化以及对财政收入规模进行纵向和横向比较分析。例如，我国财政收入总额1950年为65.19亿元，2015年为15.22万亿元，不考虑物价因素，65年增长了2 000多倍，说明了我国财政收入规模呈现出随着社会经济的发展而不断增长的良好趋势。

（2）制约财政收入规模的因素。

① 经济和生产技术的发展水平。经济发展水平和技术进步是决定财政收入规模的基础。两者之间是"源"和"流"的关系。源远则流长。一国的经济发展水平主要表现在人均占有GDP上，

它表明一国生产技术水平的高低和经济实力的强弱，反映一国社会产品丰裕程度及其经济效益的高低，是形成财政收入的物质基础。一般来说，随着经济发展水平的不断提高，国民收入不断增长，该国的财政收入规模也会不断扩大。如英、法、美等西方发达国家，19 世纪末财政收入占国内生产总值的比重一般为 10%左右，到 20 世纪末，上升到 30%～50%。经济发展水平较高的发达国家财政收入水平一般高于经济发展水平较低的发展中国家。

② 收入分配政策和制度因素。在经济发展水平和技术进步既定的条件下，一国的财政收入规模还取决于收入分配政策和其他制度因素。一般来说，实行计划经济体制的国家，政府在资源配置和收入分配上起主导作用，会采取相应的收入分配政策使政府在一定的国民收入中掌握和支配较大份额。从而有较大的财政收入规模。而实行市场经济体制的国家，政府活动定位于满足社会公共需要，市场机制在资源配置及收入分配中发挥基础性作用。收入分配政策的选择和实施以弥补市场缺陷为主，财政收入的规模就相对较小。

此外，在国家基本制度制约下的产权制度、企业制度以及劳动工资制度等都会对财政收入分配政策产生影响，从而引起财政收入规模的变动。

③ 价格因素。由于财政收入是在一定价格体系下形成的货币收入，价格水平及比价关系的变化必然会影响财政收入规模。在其他因素不变的条件下，价格水平的上涨会使以货币形式表现的财政收入增加，价格下降则使财政收入减少，这实际上是价格水平的上涨或下跌引起的财政收入的虚增或虚减。

④ 政治及社会因素。一个国家的政局是否稳定，对财政收入规模的影响是相当大的。当一国政权更替或发生内乱、外部冲突时，财政支出规模必然会超常规化，引起相应的财政收入规模变化。此外，人口状况、文化背景等社会因素，在一定程度上也影响着财政收入的规模。

> ‖ 业务 3-3 ‖
> 在财政收入形式中，占比重最大的收入是（   ）。
> A．税收   B．公债   C．规费   D．国有资产收益
> 答案：A

三、财政支出

1．财政支出的含义

财政支出又称预算支出，是财政分配的第二阶段，是指政府为履行其职能，对通过财政收入而筹集起来的财政资金，有计划地进行分配的过程。以满足社会公共需要和社会再生产的资金需要，促进经济发展。它反映了国家的政策，规定了政府活动的范围和方向，鲜明地表现出不同社会形态下政府财政的特殊性质。

财政支出的内容应包括以下几方面。

（1）提供公共秩序产品，包括行政司法和国防外交等。行政司法维护国内政治秩序，国防外交维护对外关系稳定。这一支出内容体现的是政府传统的政治职能。

（2）提供公共基础设施，主要包括交通、能源、水利、环保等内容。这一支出内容体现的是政府的经济职能。

（3）提供社会公共服务，主要包括教育、医疗、文化、气象等社会事业。这一支出内容体现的是政府的社会公共服务职能。

（4）提供社会保障，主要包括社会保险、社会救济、优抚等内容。这一支出内容体现的是政府的社会保障职能。

2．财政支出的分类

（1）按支出用途分类。按支出用途分类是最基本的分类方法，主要有基本建设支出、企业挖潜改造资金、简易建筑费、地质勘探费、科技 3 项费用、流动资金、支援农业生产支出、农业综合开发支出、农林水利气象等部门事业费、工业交通等部门事业费、流通部门事业费、文体广播事业费、教育事业费、科学事业费、卫生事业费、税务统计财政审计等部门事业费、抚恤和社会福利救济费、行政事业单位离退休经费、社会保障补助支出、国防支出、行政管理费、外交外事支出、武装警察部队支出、公检法支出、城市维护费、政策性补贴支出、对外援助支出、支援不发达地区支出、土地和海洋开发支出、专项支出、债务支出、其他支出等。

（2）按政府职能分类。按照国家职能的不同，可以将财政支出区分为经济建设支出、社会文教支出、国防支出、行政管理支出、社会保障支出和其他支出 6 大类。

① 经济建设支出主要包括基本建设投资、企业挖潜改造资金、地质勘探费、科技 3 项费用（即新产品试制费、中间实验费和重要科学研究补助费）、简易建筑费、支援农业支出、城市维护费、物资储备支出等。

② 社会文教支出包括政府用于文化、教育、科学、卫生、出版、通信、广播、文物、体育、地震、海洋、计划生育等公共事业部门的支出。

③ 国防支出包括各种武器和军事设备支出、军事人员给养支出、有关军事的科研支出、对外军事援助支出、民兵建设事业费支出等。

④ 行政管理支出包括用于立法、司法、行政、外交及党派等方面的支出。

⑤ 社会保障支出包括政府用于社会保险、抚恤和社会福利救济等方面的支出。

⑥ 其他支出包括债务支出和财政补贴等。

（3）按经济性质分类。财政支出的经济性质，是就支出有无等值的补偿而言的。根据这一标准，财政支出分为购买性支出和转移性支出。

① 购买性支出（也称消耗性支出），是政府直接消耗一部分经济资源的支出，它表现为政府部门及其所属单位按照等价交换的原则，对商品和劳务进行购买的行为。

购买性支出包括两个部分：一是购买政府部门及其所属单位日常业务活动所需商品与劳务的支出；二是购买政府部门及其所属单位投资活动所需商品与劳务的支出。

② 转移性支出，是政府把一部分财政收入转移给居民、企业、地区和其他受益人所形成的财政支出。主要有社会保障支出、各种财政补贴、捐赠支出和债务利息支出等。

3．财政支出规模分析

财政支出规模是指政府在一定时期安排的财政支出的数量。通常表现为财政支出的总量。衡量财政支出活动的规模，通常可以使用两个指标：财政收入占 GDP 的比重和财政支出占 GDP 的比重。大多数国家的财政年度中，财政收入的量与财政支出的量是不相等的，通常是后者大于前者。

影响财政支出规模的因素是多方面的，归纳起来有以下几个方面。

（1）经济因素。主要是指一国的经济发展水平和相应的经济体制和政府的经济干预政策等。经济规模决定财政支出规模，经济发展、生产力水平提高，财政支出规模也相应增大；同时，一国的经济体制对财政支出规模也有很大影响，一般来说，实行高度集中的经济管理体制，其财政规模会较大。我国在实行计划经济体制时，财政支出规模相对较大，在改革开放初期，随着放权让利政策的实施，其相对规模不断减少，在我国建立市场经济体制后，我国政府比较注重提高财政支出的规模，近几年财政支出的相对规模有所增加。

（2）政治因素。政治因素对财政支出规模的影响主要体现在 3 个方面：一是政局是否稳定；二是政体结构的行政效率；三是机构设置是否科学。

（3）社会因素。人口状态、文化背景等社会性因素在一定程度上也影响到财政规模。一国的人口基数大、人口增长快，相应地在城市基础设施、教育、医疗保健以及社会救济等方面的支出就要增大。对于一些出现人口老龄化问题的国家，公众要求改善生活质量，提高社会福利，从而财政支出增大。一国居民的文化背景也会影响财政支出规模。

业务 3-4

政府的投资性支出应主要用于（　　　　）。

A．国防费　　　　B．基础设施　　　　C．基础工业　　　　D．农业

答案：B、C、D

四、国家预算与预算管理体制

1．国家预算

国家预算是国家财政的收支计划，是以收支一览表形式表现的、具有法律地位的文件，是国家财政实现计划管理的工具，国家预算反映了政府的活动范围、方向和政策，也体现了国家权力机构和全体公民对政府活动的制约和监督。我国国家预算由中央预算和地方预算组成。

（1）国家预算的原则。国家预算作为独立的财政范畴，经历了一个不断完善和充实的发展过程，也形成了不同国家编制国家预算所共有的指导思想和基本原则。

① 公开性，即全部财政收支必须经过立法机关审查批准，而且要采取一定形式向社会公布。政府预算的编制及其执行情况必须采取一定的形式公诸于众，让公民了解财政收支情况，并置于民众的监督之下。

② 完整性，指政府预算应该包括全部财政收支，反映政府的全部财政活动，不允许有预算之外的财政收支，也不允许有政府预算规定范围以外的财政活动。

③ 统一性，指各级政府编制一个统一的预算，其中所包含的预算收入和支出都要按统一方法和口径加以计算和全额编列。

④ 可靠性，指预算收支的每一个项目的数字指标，都必须运用科学方法，依据充分确实的资料，进行正确的计算与填列，不得假定、估算或编造。

⑤ 年度性，任何国家政府预算的编制与执行，都要有时间上的界限，即表现为一定的期间。一般都将一年作为基本单位，即预算年度（也称财政年度），是预算收支起止的有限期限。所谓的年度性原则是指政府必须按照法定的预算年度编制预算，同时不允许将不属于本年度的收支列入本年度的政府预算中。目前，世界各国采用的预算年度包括历年制和跨年制两种。历年制预算年度是指从每年 1 月 1 日起至同年 12 月 31 日止。目前采用历年制的国家最多。跨年制是指人为地确定一个预算年度的起止日期，这样一个预算年度就跨越两个年度，跨年制包括：4 月制、7 月制和 10 月制。

（2）政府预算的分类。从政府级次看，政府预算分为中央预算和地方预算。从编制形式看，政府预算分为单式预算和复式预算。从计划指标的确定方法上看，政府预算分为增量预算和零基预算。从是否具有法律效力的角度看，政府预算分为正式预算和临时预算。从预算内容的分合看，政府预算分为总预算和分预算 。

（3）国家预算与决算的编制。

① 国家预算的编制与执行。国家预算编制是整个预算工作程序的开始。国务院应及时下达关于编制下年度预算草案的指示，具体事项由财政部门布署。各地方政府应按国务院规定的时间，将本级总预算草案报国务院审核汇总。各级政府财政部门应在每年本级人民代表大会会议举行的一个月前，将本级预算草案的主要内容提交本级人民代表大会的专门委员会进行初审，在人民代表大会举行会议时做关于预算草案的报告。预算草案经人民代表大会审查和批准。中央预算由全国人民代表大会批准，地方各级政府预算由本级人民代表大会审查和批准。

预算执行是整个预算工作程序的重要环节。收入入库、支付拨付以及预算调整都必须按照法律和有关规定的程序进行。

② 国家决算的编制。国家决算是整个预算工作程序的总结和终结。国家决算的编制程序分为准备、编制和审批 3 个步骤。决算草案由各级政府、各部门、各单位，在每一预算年度终了后按国务院规定的时间编制，具体事项由国务院财政部门部署。决算草案的审批和预算草案的审批程序相同，各级政府决算批准后，财政部门要向本级各部门批复决算，地方各级政府还应将经人民代表大会批准的决算，报上一级政府备案。

2．国家预算管理体制

（1）国家预算管理体制的概念。预算管理体制是处理中央和地方各级政府之间财政关系的根本制度。它是财政管理体制的核心部分。其实质是要解决中央政府和地方政府之间如何划分预算资金的支配权和管理权的问题。

在我国，国家的各项职能是由各级政府共同完成的，各级政府都分别承担了一定的政治经济任务。因此，中央和各级政府之间需要明确划分各自的预算收入和支出范围，即财力的划分，并确定各自的财政资金支配权和财政管理权限，即财权的确定。科学的预算管理体制正确处理财力和财权问题，可以充分调动各级国家预算管理的积极性，促进国民经济和社会的和谐发展。

（2）国家预算管理体制的内容。国家预算管理体制主要由预算管理级次的确定、国家预算收支的划分、预算管理权限的划分和政府间转移支付制度等内容组成。

（3）我国现行的预算管理体制。新中国成立以来，根据不同的历史时期政治经济发展状况，我国预算管理体制也经历了多种形式的变化：国民经济恢复时期实行的是高度集中的统收统支体制；1953～1978 年实行"统一领导，分级管理"体制；1980～1994 年则采用财政包干的预算管理体制。为了更好地发挥国家财政的职能，增强中央宏观调控能力，促进国民经济持续、快速、健康发展，从 1994 年 1 月 1 日起我国实行分税制预算管理体制。

① 分税制的含义及优点。分税制是在划分中央与地方政府事权的基础上，按税种划分各级政府财政收入的一种预算管理体制，包括分税、分权、分征、分管等内容。

② 分税制的主要内容：一是根据中央与地方的事权划分支出；二是根据税种划分中央与地方收入；三是中央财政对地方税收返还数额的确定。

 我国分税制财政体制中存在的主要问题及其进一步完善的主要思路。

五、财政政策

1．财政政策的含义

财政政策是国家在参与社会产品分配过程中，利用一系列财政手段对社会经济活动和经济利益进行宏观调节和控制的政策措施，财政政策是政府目标、政策手段、政策效应三位一体的有机整体。财政政策的主体是国家财政机构，其调控机制主要是通过资金的无偿转移来实现对宏观经济的调控，是经济手段、法律手段和行政手段的统一。其调控对象主要是国民收入中的增量。通过财政政策手段可以实现对社会总供求、产业结构、收入分配和国际收支等方面的宏观调控。

2．财政政策目标

（1）经济增长。经济增长是指一国的商品和劳务产出的增长以及相应供给能力的增长，一般采用 GDP 或者人均 GDP 扣除价格变动因素后的年增长率来测定。经济增长的源泉在于劳动供给增长率、资本存量增长率，以及这些要素的生产率；在当代，经济增长更多地依赖技术进步和创新速度。

经济增长是发展一切事业的根本，只有经济增长才有国富民强。各国政府都把经济增长作为财政政策的重要目标。我国是实行社会主义市场经济的发展中大国，经济增长是实现其他一切目标的基础，因此，这一目标应作为我国财政政策的首要目标。

（2）充分就业。充分就业一般指一切要素都有机会以自己愿意接受的报酬参加生产的状态。在充分就业的情况下，生产总量达到最大化。西方经济学家通常以劳动力的失业率作为衡量充分就业与否的标准。较低的失业率就意味着充分就业。例如美国规定 5% 的失业率为充分就业率。

（3）物价稳定。物价稳定一般是指商品和劳务价格总体水平的相对稳定。所谓价格总体水平的相对稳定，不是指冻结物价，而是把物价总体水平的波动约束在经济稳定发展可容纳的空间内，避免和抑制恶性通货膨胀。价格总体水平是用物价指数来衡量的，包括消费物价指数（Consumer Price Index，CPI）、批发物价指数（Producer Price Index，PPI）和国民生产总值平减指数（GNP Deflator）。

（4）国际收支平衡。国际收支是指一国与世界其他各国之间在一定时期（通常是一年）内全部经济往来的系统记录。从现实经济来看，一国的国际收支绝对相等是不存在的，通常不是逆差就是顺差，所以少量的顺差或逆差都视为国际收支平衡。

从经济影响来看，各国政府更关心国际收支赤字（逆差），因为长期的赤字会导致本国国际储备减少，动摇本币地位，国家被迫对外举债，从而导致本国资源大量流出，削弱本国经济地位。因此，财政政策要把国际收支平衡作为一个战略性目标，通过运用税收、国债、补贴等手段实现本国国际收支平衡。

（5）收入的合理分配。收入合理分配是市场经济条件下实现经济稳定与发展的关键因素，市场经济奉行的是按要素贡献大小进行分配的原则，它虽然能调动劳动积极性，但是难以兼顾公平与效率，会带来收入分配的悬殊差别，扩大贫富差距，加剧社会矛盾。因此，政府应在按要素分配的基础上实行再调节，通过税收和转移支付等手段实现收入分配均等化发展目标。

3．财政政策工具

财政政策工具是为财政政策目标服务的，没有财政政策工具，财政政策目标就无从实现。

（1）国家预算是财政政策的主要手段。其调控作用主要表现在两个方面。第一，通过预算收支规模的变动及收支对比关系的不同状态，可以有效地调节社会总供求平衡。一般来说，当总需求大于总供给时，可以通过紧缩预算进行调节；相反则扩张预算规模，从而实现总供求基本平衡。第二，通过预算支出结构的调整，达到调节国民经济中各种比例关系，形成合理的经济结构。

（2）税收。税收的调控作用表现在3个方面。第一，调节社会总供给与总需求的平衡关系。流转税与所得税是我国税收的主体税种，二者具有不同的征税效应，从而对总供给与总需求产生不同的调节作用。第二，通过税率调整、税收减免或加征等措施调整产业结构，优化资源配置。第三，调节收入分配，通过征收多种所得税使收入分配相对公平合理。

（3）国债。国债是指财政政策工具中具有有偿特征的一种手段，具有财政调节与金融调节的双重特征和功能。国债的调节作用主要表现在以下3个方面。第一，调节国民收入的使用结构。第二，调整产业结构。国家将以国债形式筹集的资金投入到那些微观效益较低，但社会效益和宏观经济效益较高的项目上（如农业和"瓶颈"产业、基础工业等）。第三，在金融市场健全的条件下，通过增加或减少国债的发行量，调高或调低国债利率，可以有效调节资金供求和货币流通，进而影响社会总供给与总需求。

（4）财政补贴。财政补贴是配合价格政策和工资政策发挥宏观调控作用的重要政策工具。其调节作用主要表现在：通过减少补贴或增加税收抑制社会总需求；或者通过增加生产领域的补贴、减税，从而刺激生产、促进供给增加。

（5）财政投资。财政投资是指国家预算安排的生产建设性支出，是国家重点建设和大中型项目建设的主要资金来源。财政投资建设的项目，都是关系国家经济全局的重点建设项目，这些项目直接关系到我国经济的持续、稳定、协调发展。因而，财政投资是调整和改善国民经济结构的有力手段。

╡业务 3-5╞

下面属于财政政策工具的有（　　　）。

A．国家预算　　　　　B．利率　　　　　C．税收　　　　　D．公开市场业务

答案：A、B、C

项目二 | 信用与利息

【引例与分析】甲公司销售一批货物给乙公司，由于乙公司短期资金周转困难，双方约定不以现金方式交易，甲公司签发一张期限 2 个月的商业汇票给乙公司，请问甲公司和乙公司的交易行为属于什么信用形式？通常商业汇票有哪些票据行为？

[分析]甲公司和乙公司的交易行为属于典型的商业信用形式。商业汇票是商业信用最常用的信用工具，票据行为主要有出票、背书、承兑、保证、付款和追索权。

一、信用与金融工具

在商品货币经济条件下，货币从商品中分离出来以后，充当价值尺度和流通手段的职能，当货币被人们用来偿还债务时，又发挥了支付手段的职能。通过使用货币建立起来的债权债务关系是当代信用经济的一大基本特征，也是信用存在的基础。

1．信用及其特征

信用是一种商品货币经济条件下的借贷行为，是以偿还为条件的价值暂时让渡。是一种价值运动的特殊形式。在实际生活中，人们往往把"债务"与"信用"混为一谈，但二者在理论上是有区别的。严格地说，它们是同一行为的两个方面。在每一次借贷行为中，债务是指借款人将来还款的义务，而信用则是贷款人将来收款的权利，又称债权。在任何时候，整个社会的信用总额与债务总额必定是相等的。因此，我们常把债权债务关系说成是"信用关系"。

现代信用制度是信用经济的基础。现代信用制度的建立，取代了在资本主义社会以前的高利贷信用在市场上的垄断地位；但高利贷信用并未消失，如民间的典当业、小生产者的借贷等仍部分保留着高利贷的性质，这将成为现代信用的补充。

 你借过钱吗？你试过到商店买东西，先拿走货物，以后再付款吗？一个非常没有信用的人找你借钱，你借给他吗？为什么？

2．信用的形式

按照债权人和债务人之间的关系来划分，可以分为直接信用和间接信用两种形式。直接信用是指资金盈余单位通过签署借款协议或债务证书的方法直接向资金短缺单位提供的信用；间接信用则是通过银行和金融机构进行的。在市场经济条件下，除银行信用是间接信用，其他信用形式基本上都属于直接信用。按债权人和债务人所在地域来分，可以分为国内信用和国际信用。国内信用是指债权人和债务人都在一国范围内的信用；国际信用则是债权人或债务人有一方在国外的信用。

（1）商业信用。商业信用是企业在出售商品时，售货方向购货方所提供的信用。商业信用主要采取赊销和预付货款两种基本形式。商业信用具有以下特点。

① 商业信用是以商品形态提供的信用；

② 商业信用的债权人和债务人都是企业；

③ 商业信用的盛衰和经济周期的变化相一致。

由于商业信用是与商品交易相联系的，其基本形式是赊销和预付货款，因此，在我国社会主义市场经济条件下，商业信用必然普遍存在。到目前为止，我国已采用的商业信用形式主要有以下几种。

① 赊销商品。这种方法能够有效地处理积压商品。有些积压商品并不是没有人需要，而是需要者暂时没有资金购买，或觉得条件不够优惠而不愿购买。如果对这些商品采用赊销的方法，就能很快地售出。赊销有助于企业加速资金的周转，避免损失和浪费，增加再生产所需的资金和物资。

② 预付货款。只要是生产期限较长的产品，在必要时均可预收一定比例的货款或定金。这可以使生产企业提前获得资金，保证产品的正常生产；同时也有利于巩固买卖双方的赊销关系，严格执行经济合同。

③ 补偿贸易。所谓补偿贸易，是指某企业用其他企业的设备进行生产，然后用生产的产品来归还设备的价款。如果乙企业用甲企业提供的设备生产，然后用产品逐步归还设备价款，在设备价款未还清之前，乙企业就同甲企业发生了商业信用。

除以上 3 种形式以外，还有委托代销、分期付款等形式的商业信用。

商业信用作为银行信用的补充，具有以下两大优点：一是商业信用是直接信用；二是商业信用的合理运用，有利于推销新产品和滞销产品，减少资金积压。但是商业信用也存在一定的局限性：一是规模受到限制；二是受到方向上的限制。

（2）银行信用。银行信用是商业银行或其他金融机构以货币形态向企业提供的信用。银行信用是现代信用的典型形态，它是在商业信用发展的基础上产生的。银行信用克服了商业信用的局限性，因而对商品经济的发展起了巨大的推动作用，并成为现代信用经济的主体。银行信用克服了商业信用的局限性，不受借贷资金数量和方向的限制。相对于商业信用，银行信用具有以下特点：

① 银行信用是以货币形态提供的信用；

② 银行信用的债权人是银行或金融机构，债务人则是企业；

③ 银行信用的盛衰与经济周期的变化不一致。

（3）国家信用。国家信用是政府以举债的方式要求其公民提供的信用。在国家信用中，以债务人资格出现的是国家或政府，以债权人资格出现的则是本国公民、企业、银行和金融机构等。

（4）消费信用。所谓消费信用，就是由企业、银行或其他消费信用机构向消费者个人提供的信用。通常采用以下两种形式：直接消费信用，即直接贷款给消费者，用于购买商品和支付各种劳务；间接消费信用，即向消费者间接提供信用。

3. 金融工具

（1）金融工具的含义及特征。金融工具是借贷双方建立信用关系的一种书面凭证，又称信用工具。在一般情况下，它对于发行者来说是一种债务，对于购入者或持有者来说则是一种债权。金融工具具有以下基本特征。

① 偿还期。偿还期是指债务人在必须全部偿还债务之前所经历的时间。

② 流动性。所谓金融工具的流动性，是指金融工具在短时间内转变为现金，而在价值上不受损失的能力，又称变现能力。

③ 安全性。安全性是指金融工具的本金免于遭到损失的风险。

④ 收益率。这是指金融工具能够定期或不定期带来的收益与其本金的比率。现代西方经济学家将金融工具的收益率与利率视为同一概念。金融工具的收益率可分为名义收益率、即期收益率和到期收益率。其中，名义收益率是金融工具上载明的票面收益率；即期收益率是有价证券按当时的市场价格出售时，所获得的收益率，即为票面收益与市场价格之比。到期收益率所谓到期收益，是指将金融工具持有到偿还期所获得的收益，包括到期的全部利息。到期收益率又称最终收益率，它相当于投资者按照当前市场价格购买并且一直持有到满期时可以获得的年平均收益率，其中隐含了每期的投资收入现金流均可以按照到期收益率进行再投资。

（2）金融工具的种类及其运用。信用制度的不断发展和完善，特别是金融创新的蓬勃兴起，金融工具的种类日益增多。金融工具按其发行者的性质不同，划分为直接金融工具和间接金融工具。直接金融工具是指非银行或金融机构，如工商企业、政府和个人所发行或签署的商业票据、股票、公司债券、公债和抵押契约等。间接金融工具是指银行或金融机构所发行的银行券（或纸币）、存款单、人寿保险单和各种银行票据等。

① 货币市场常用的金融工具有以下几种。

a. 票据。票据的含义有广义和狭义之分。广义的票据包括各种有价证券和商业凭证，如股票、股息单、国库券、发票、提单和仓单等。狭义的票据仅指汇票、本票和支票。汇票是指出票人委托付款人于指定到期日，无条件支付一定金额给持票人的票据。我国《票据法》对汇票的定义是：汇票是出票人签发的，委托付款人在见票时或者在指定日期无条件支付确定的金额给收款人或者持票人的票据。汇票是票据的典型代表，它最集中地体现了票据所具有的信用、支付和融资等各种经济功能。本票是出票人承诺于到期日或见票时，由自己无条件支付一定金额给收款人或持票人的票据。根据出票人来划分，可以分为商业本票和银行本票。支票是出票人（即活期存款的存户）签发的，委托办理支票存款业务的银行或者其他金融机构在见票时无条件支付确定的金额给收款人或者持票人的票据。

b. 大额可转让定期存单。大额可转让定期存单是国际上广泛使用的一种金融工具。20 世纪60 年代首先由美国纽约花旗银行开办。我国于 1987 年开办这种业务。中国人民银行规定，大额可转让定期存单可在存期内委托经营证券的柜台交易金融机构进行转让。

c. 信用卡。信用卡是产生于消费信用的工具。

② 资本市场常用的金融工具有。

a. 债券。债券是国家、地方或企业为向社会筹措资金而发行的，约定在一定日期支付利息，并在一定期限内偿还本金的一种债权债务关系的凭证。

债券按发行方式，可分为公募债券和私募债券；按券面的形式，可分为记名债券和不记名债券；按有无担保，可分为信用担保债券、实物担保债券和无担保债券；按债券的期限，可分为短期债券、中期债券和长期债券；按债券的利率，可分为固定利率债券、浮动利率债券、累进利率债券和贴水债券；按债券发行和流通的区域，可分为国内债券和国际债券等。

我国已发行的债券有以下几种。

- 国库券。国库券是国家为了解决急需的预算支出，而由财政部发行的一种国家债券。由于是由政府保证本金及利息的支付，所以它在各种债券中享有最高的信誉。
- 公债券。公债券是由国家发行的，用于重点建设项目投资的债券。由于其筹措资金的用途不同，所以名称也不同，其信誉则与国库券相当。公债券可由中央政府发行，也可由地方政府发行。由中央政府发行的为国家公债，由地方政府发行的为地方政府公债。
- 金融债券。金融债券是由银行或金融机构发行的债券的总称。
- 企业债券。企业债券又称公司债券，是公司企业为了筹集追加资本而发行的债务凭证。

b. 股票。股票是以股份公司形式组织的，企业发给股东，以证明其入股，并可取得股息的凭证。股票可以分为普通股票和优先股票两种。相对于债券，股票具有以下基本特征。

- 不可偿还性。股票是一种无偿还期限的有价证券，投资者认购股票后，就不能再要求退股，只能到二级市场交易。
- 参与性。股东有权出席股东大会，参与选举及公司重大决策。
- 收益性。股东有权从公司领取股息和红利，获取收益。股息或红利的大小取决于公司的盈利水平及分配政策。
- 流动性。股票的流动性是指股票在不同投资者之间的可交易性。通常用可流通的股票数量、股票成交量以及股价对交易量的敏感程度来衡量。
- 价格波动性和风险性。股票在交易市场作为交易对象，和商品一样，有自己的市场行情和市场价格。由于股票价格受到诸如公司经营状况、资金供求关系、银行利率、国家经济政策、大众心理等多种因素的影响，其波动有很大的不确定性。价格波动的不确定性越大，投资风险也越大。

c. 证券投资基金。证券投资基金是指众多投资者出资、专业基金管理机构和人员管理的资金运作方式，是一种间接的证券投资方式。基金管理公司通过发行基金单位，集中投资者的资金，由基金托管人托管，由基金管理人管理和运用资金，从事股票、债券等金融工具的投资，然后共担投资风险、分享投资收益。

d. 衍生金融工具。衍生金融工具即金融衍生产品，是一种金融合约。其价值取决于一种或多种基础资产或指数。合约的基本种类包括期货、掉期和期权等。与传统的金融产品相比，金融衍生生产品是以传统的金融产品如债券、外汇、股票、贵金属、商品及其指数或组合为标的的合同。除期货与部分期权外，其他类型的金融衍生工具基本在场外市场进行交易。

业务 3-6

消费贷款属于（　　）。

A．商业信用　　B．银行信用　　C．国家信用　　D．消费信用

答案：D

业务 3-7

必须经过承兑才能生效的信用工具是（   ）。

A．银行本票   B．银行汇票   C．商业汇票   D．支票

答案： C

二、利息与利率

1．利息的性质

在现代信用制度下，信用采取货币形态，即借贷资金的典型形态。由于在社会再生产过程中，借款人和贷款人把货币（借贷资金）作为资本来借贷，因此又叫做借贷资本。

从借贷资金的让渡形式来看，利息是借贷资金的"价格"。

马克思主义认为，利息是剩余价值的转化形式。雇佣劳动者创造的剩余价值在产业资本家之间进行划分，扣除职能资本家的利润以后，借贷资本家获取让渡借贷资金的报酬即为利息。按马克思主义的理论，社会主义市场经济条件下的利息应是社会再生产过程中创造的利润的一部分，即企业使用借贷资金向债权人支付的报酬。

利息的计量方法有两种形式：单利法和复利法。

单利法是指在计算利息时，不论期限长短，只按本金计算利息，所生利息不再加入本金重复计算利息，其计算公式为：

$$I = P \cdot R \cdot n$$

其中，I 代表利息额；P 代表本金；R 代表利率；n 代表时间。

复利法是指计算利息时，要按一定期限（例如一年），将所生利息加入本金再计算利息，逐期滚算，利上加利，其计算公式为：

$$S = P(1+R)^n$$

$$I = S - P$$

其中，S 代表本息合计；I、P、R、n 与上式相同。

【案例】 银行向企业发放一笔贷款，额度为 20 000 元，期限为 5 年，年利率为 7%。使用单利和复利两种计算方式计算 5 年后的本利和。

解析如下。

单利法：$I = P \cdot R \cdot n$

$\qquad = 20\,000 \times 7\% \times 5 = 7\,000$（元）

本息和 $= 20\,000 + 7\,000 = 27\,000$（元）

复利法：$S = P(1+R)^n$

$\qquad = 20\,000(1+7\%)^5$

$\qquad = 28\,051.03$（元）

2．利率及其种类

利率是在一定时期内利息额与借贷资金（本金）之间的比率。利率是衡量利息高低的指标，

用公式表示为：

$$利率=利息额/借贷本金额$$

利率是一种体系，按照不同的标准可以划分出许多种类型的利率。

（1）名义利率和实际利率。按照利率与通货膨胀的关系，利率有名义利率和实际利率之分。名义利率是不剔除通货膨胀的因素，随物价水平的变化而调整的利率；实际利率则是剔除通货膨胀因素，能够精确地反映真实筹资成本的利率。

（2）基准利率和市场利率。根据利率是否由中央银行控制，可以分为基准利率和市场利率。基准利率又称中心利率，是带动或影响市场利率的利率，一般由中央银行决定。市场利率是由市场因素决定的利率，中央银行不加以直接控制。

（3）长期利率和短期利率。根据信用期限的长短，利率可以分为长期利率和短期利率。长期利率是指信用期限超过一年的利率；短期利率则指信用期限在一年以内的利率。

（4）固定利率与浮动利率。根据信用期限内利率是否调整，利率可以分为固定利率和浮动利率。固定利率是指在信贷期限内保持不变的利率。浮动利率是指在信贷期限内根据市场利率的变化定期调整的利率。

（5）优惠利率和惩罚利率。根据借款人的资信程度，利率可分为优惠利率和惩罚利率。优惠利率低于同类贷款利率，是银行竞争的一种手段。惩罚利率高于同类正常贷款利率，是对那些超过贷款限额、透支额度及偿还期限的贷款所规定的特殊利率。惩罚利率是银行对企业违约的一种制约手段。

（6）年利率、月利率和日利率。根据计算利息的期限单位，利率可划分为年利率、月利率和日利率。年利率以年为计算单位，以百分之几来表示，按年利率计算的利息为年息；月利率以月为计算单位，以千分之几来表示，按月利率计算的利息为月息；日利率以日为计算单位，以万分之几来表示，按日利率计算的利息为日息，日息按每月30天计算。

业务3-8

在计算利息时，按一定期限，将所生利息加入本金再计算利息的计息方法是（　　　）。

A．单利计息　　　B．复利计息　　　C．存款计息　　　D．贷款计息

答案：B

项目三 | 金融机构

【引例与分析】某大学为了避免新生上学途中携带大量现金发生丢失被盗，给每个学生发放了一张农业银行金穗通宝卡（储蓄卡）。

[问题]请问农业银行是属于什么性质的金融机构？还有哪些机构可以发行银行卡？你对我国金融机构了解多少？

[分析]我国现行的金融机构体系为以中国人民银行为核心，国有商业银行为主体，政策性银行和各种非银行金融机构并存。农业银行属于国有控股商业银行之一，银行卡业务是商业银行的中间业务之一。

在市场经济条件下，资金盈余单位与资金短缺单位之间的债权债务关系是通过金融市场和金

融机构来确立的。在一个发达的信用经济体系中，商业银行、中央银行和非银行金融机构组成了完整的金融机构体系。

一、金融机构概述

金融机构有广义和狭义之分。一般将狭义的金融机构定义为金融活动的中介机构，即在间接融资领域中作为资金余缺双方交易的媒介，专门从事货币、信贷活动的机构，主要指银行和其他从事存、贷款业务的金融机构。广义的金融机构则是指所有从事金融活动的机构，包括直接融资领域中的金融机构、间接融资领域中的金融机构和各种提供金融服务的机构。

早期的金融机构（银行）是由铸币兑换业演变而来的。现代银行业的产生主要通过两条途径：一条途径是旧的高利贷性质的银行逐步适应新条件，最后转变为现代银行；另一条途径是根据股份制原则，以股份公司的形式创建。

金融机构的本质是一种以追逐利润为目标的金融企业。在信用高度发达的市场经济体系中金融机构具有以下几种职能：

（1）充当企业之间的信用中介；

（2）充当企业之间的支付中介；

（3）变货币收入和储蓄为资本；

（4）创造信用工具；

（5）金融服务职能。

二、我国的金融机构体系

金融机构体系是指金融机构的组织体系，简称金融体系。它是由经营和管理金融业务的各类金融机构所组成的完整系统。

改革开放以前，我国是"大一统"的国家银行体系，中国人民银行是全国信用活动的中心，既行使金融管理和货币发行的职能，又从事借贷、储蓄、结算和外汇等业务经营活动。改革开放以后，陆续恢复和设立了一些银行和非银行金融机构，同时，专业银行实现了商业化改革。目前，我国已形成了以中国人民银行为核心，国有商业银行为主体，政策性银行和各种非银行金融机构并存的金融体系。

1. 中央银行

中央银行是一个国家银行体系的中心环节，是统制全国货币金融的最高机构，执行国家的货币金融政策，控制全国的信用。目前世界各国几乎都设立中央银行（个别国家如新加坡和卢森堡等除外）。1995年3月18日，《中华人民共和国中国人民银行法》颁布，以法律形式确定了中国人民银行作为我国的中央银行。

知识库

中国人民银行的发展历程

中国人民银行是1948年12月1日在华北银行、北海银行、西北农民银行的基础上合并组成的。从新中国成立到1978年的30年间，中国人民银行既行使中央银行职能，又办理具体银行业务。1979年到1983年，随着经济体制和金融体制改革的深化，我国的中央银行体制也发生了深刻的变化。陆续恢复和建立的银行和金融机构，如中国农业银行、中国银行、中国人民建设银行（现改名为中国建设银行）、中国人民保险公司等，分担了中国人民银行承担的部分金融业务。但中国人民银行仍然兼办工商信贷和储蓄业务，这就不可避免地削弱了对金融的宏观控制和管理。同时，我国成为国际货币基金组织和世界银行等国际金融机构的会员国以后，参加的国际金融活动也日益频繁，需要有一个名副其实的中央银行代表我国政府参加国际金融活动。为了适应形势发展的需要，国务院于 1983 年 9 月 17 日决定，成立中国工商银行办理有关工商信贷和储蓄业务。自 1984 年 1 月 1 日起，中国人民银行作为我国的中央银行，专门行使中央银行的职能。1995 年 3 月 18 日，第八届全国人民代表大会第三次会议通过了《中华人民共和国中国人民银行法》，中国人民银行作为中央银行以法律的形式被确定下来。

中国人民银行实行行长负责制，在国务院领导下独立开展业务。总行设在北京，根据需要设立分支机构，对分支机构实行集中统一领导和管理。1998 年年底，中国人民银行分行的设置由按行政区划改为按经济区划，即撤销了省级分行，改为跨省、区、市设置分行。新设 9 个分行，并在不设一级分行的省会（自治区、直辖市）城市设金融监管办事处。这一改革有利于增强中央银行金融宏观调控的能力和提高金融监管的效率。

根据第十届全国人民代表大会审议通过的国务院机构改革方案的规定，将中国人民银行对银行、金融资产管理公司、信托投资公司及其他存款类金融机构的监管职能分离出来，并和中央金融工委的相关职能进行整合，成立中国银行业监督管理委员会。随着社会主义市场经济体制的不断完善，中国人民银行作为中央银行在宏观调控体系中的作用将更加突出。人民银行不再承担上述监管职能后，在国务院领导下，强化制定和执行货币政策的职能，更好地发挥货币政策在宏观调控和防范与化解金融风险中的作用，进一步改善金融服务。

（1）中央银行的特征。

① 中央银行是发行的银行。中央银行是国家唯一的货币发行机构，发行银行券（即人们通常所说的钞票、硬币）成为中央银行的特权。中央银行发行的银行券是一种用国家信用作担保的货币，是国家规定的法定支付手段和流通手段。中央银行通过一定的程序将货币投放到市场上流通。

② 中央银行是银行的银行。中央银行一般不同工商企业和个人发生往来，只与商业银行和其他金融机构直接发生业务关系，因此被称为银行的银行，主要体现在以下几点。

a. 它是银行存款准备金的管理银行。商业银行吸收的存款不能全部用出去，需将一定比例的存款存入中央银行作为法定存款准备金，一旦有银行发生支付困难，中央银行就可以用集中的各家银行的准备金给予必要的支持。

b. 它是票据清算中心。随着银行事业的发展，银行业务的不断扩大，每天授受的票据数量不断增多，各银行之间的债权债务关系不断复杂，各银行自行轧差、当日结清已越来越困难，不仅异地结算矛盾很大，即使同城结算也很困难。因此，在客观上要求建立一个全国统一而又权威、公正的清算中心，这只能由中央银行来担当。

c. 它是最后的贷款人。随着生产的发展和流通的扩大，对贷款需求不仅数量增多，而且期限延长，当工商企业资金紧张时，可向商业银行贷款，而商业银行资金不足或现金缺乏时，可向中央银行申请再贷款或再贴现，取得资金上的支持。中央银行成为商业银行的最后贷款人。

③ 中央银行是国家的银行。中央银行与政府的关系十分密切，其实它本身就是政府的一个职能部门，代表政府进行活动，中央银行又称为政府的银行，主要体现以下几个方面：a. 代理国库；b. 直接对政府贷款；c. 为国家筹集资金；d. 成为财政部的顾问；e. 代理政府进行黄金、外汇的交易和储备；f. 代表政府从事国际金融活动。

（2）中央银行的货币政策。所谓货币政策，就是指中央银行为实现其特定的经济目标所采用的各种控制和调节货币供应量、信贷规模的方针和措施的总和。

中央银行无论是作为发行的银行、银行的银行还是国家的银行，其所有的特征与职能都与货币政策的制定、贯彻以及日常的管理紧密相连。因此，货币政策是中央银行行使其职能的核心所在。

① 货币政策目标。中央银行的货币政策目标就是中央银行通过调节货币和信用解决经济问题，这些经济问题有稳定币值、经济增长、充分就业和国际收支平衡4项。

稳定币值。稳定币值包括对外币值的稳定和对内币值的稳定，前者是指外汇汇率的稳定。后者是指国内总体物价水平的稳定，使一般物价水平在短期内不发生显著的或急剧的波动。这里指的是一般商品和劳务的价格水平，而不是个别商品和劳务的价格水平。稳定物价不是说把物价冻结在一个绝对不变的水平上，这是不可能的，也是不正常的，关键是应把物价控制在一个可承受的限度内。各国各地区因为各自的承受能力不同而对这个可承受的限度的理解各有不同，但是把物价水平控制在最低程度上，则是大众所希望的。控制物价，就必须控制通货膨胀。

经济增长。经济增长是指一国国民（内）生产总值的增加，即生产商品和劳务能力的增长，或指人均国民（内）生产总值的增长。现在世界各国一般是以扣除价格变化因素后的人均实际国民（内）生产总值或国民收入来近似地衡量一国经济的增长状况。

从根本上讲，稳定币值和经济增长是统一的、相辅相成的。稳定币值是经济增长的重要条件，而经济增长则是稳定币值的重要基础。

充分就业。所谓充分就业，最理想的境界就是所有的劳动力都有固定的职业，实际上这是办不到的，我们一般就以所有愿意就业者都有一个适当的工作为衡量标准，以失业人数占愿意就业的劳动力的比例表示失业率，以失业率衡量就业状况。

国际收支平衡。所谓国际收支平衡，是指一国对其他国家的全部货币收入和货币支出持平或略有顺差或逆差。由于在不同的时期经济运行中存在的主要问题是不同的，在实际执行货币政策时很难同时实现上述4项目标，一般只能有所侧重，选定一项或两项主要目标，再兼顾其他目标。

② 货币政策的工具。中央银行对经济的宏观调节是通过运用货币政策工具。中央银行货币政策工具就是中央银行为实现货币政策目标，进行金融控制和调节所运用的策略手段。中央银行的货币政策工具有一般性使用的货币政策工具和选择性使用的货币政策工具。

一般性使用的货币政策工具，即再贴现政策、存款准备金政策和公开市场政策，我们称为传统的3大货币政策工具，也有人称之为"3大法宝"，因为这些手段的实施对象是整体经济，而非个别部门或个别企业。

① 再贴现政策。所谓再贴现政策是中央银行通过制定或调整再贴现利率，来干预和影响市场利率以及货币市场的供应和需求，从而调节市场货币供应量的一种货币政策。再贴现率是中央银行对商业银行的票据进行贴现所收取的利息的比率。

再贴现政策的效果包括 4 个方面：第一，可以影响商业银行的资金成本和超额准备，从而改变其贷款和投资活动；第二，贴现政策可以产生告示性效果，从而影响商业银行和公众的预期，引导金额市场利率；第三，通过决定何种票据具有再贴现资格，从而影响商业银行资金运用方向，起到抑制和扶植的效应；第四，再贴现率的调整，对货币市场具有较广泛的影响。

再贴现政策的局限性包括：第一，如果再贴现利率过高，商业银行就不会去中央银行再贴现，而通过其他渠道获得资金，中央银行不能强迫商业银行一定要到中央银行申请再贴现，中央银行处于被动地位；第二，中央银行调整再贴现率，只能影响利率水平，不能改变利率结构；第三，中央银行的再贴现政策缺乏弹性，因为中央银行如经常调整再贴现率，会引起市场利率的经常性波动，使企业和商业银行无所适从。

② 存款准备金政策。存款准备金政策是指中央银行在法律所赋予的权力范围内，通过调整商业银行交存中央银行的存款准备金比例，以改变货币乘数，控制金融机构的信用扩张能力，间接控制社会货币供应量，从而影响国民经济活动的一种制度。存款准备金与金融机构存款总额的比例就是存款准备金率。

存款准备金政策的效果：第一，可以将金融机构分散保管的准备金集中起来，防止存款人集中、大量挤提存款而导致支付能力削弱，对经济金融产生破坏性影响，保证金融机构的清偿力和金融业的稳定；第二，用于调节和控制金融机构的信用创造能力和贷款规模，控制货币供应量；第三，增强中央银行资金实力，使中央银行不仅有政治实力，还有强大的经济实力做后盾。

存款准备金政策的局限性：中央银行难于确定存款准备金率调整的时机和幅度，商业银行难于迅速调整准备金数额以符合提高的法定限额，如果少量的超额准备金难以应付，会使商业银行资金周转不灵，因此，这一工具是一件威力巨大但不能经常使用的武器。

③ 公开市场政策。公开市场政策是指中央银行在公开市场上买进或卖出有价证券、外汇，以吞吐基础货币，实现货币政策目标的行为。

公开市场政策的效果：第一，中央银行在市场上大量买进有价证券，相当于向市场上投放了一笔资金，增加了市场货币供应量，如果是流入商业银行手中，可以导致信用的扩张，货币供应量成倍增加。相反，当中央银行大量卖出有价证券，使市场资金流回中央银行，会引起信用规模的收缩，货币供应量减少。因此，公开市场政策可以达到适时适量地按任何规模扩张和收缩信用，调节货币供应量的目的，比调整法定存款准备金率灵活；第二，公开市场政策比贴现政策具有"主动权"，可以根据不同的情况和需要，随时主动出击，而不是被动等待；第三，中央银行可以根据金融市场的信息不断调整业务，产生一种连续性的效果，这种效果使社会对货币政策不易做出激烈的反应，而其他两个政策只能产生一次性的效果，易引起社会的强烈反应。

公开市场政策的局限性：第一，传导机制较缓慢，其影响需经过一段时间后才能见效；第二，公开市场政策对各种有价证券的价格和收益率影响很大，需要发达的金融市场和多样的证券种类；第三，当商业银行的行动不配合中央银行货币政策，公开市场政策的作用就不能得到充分发挥。

选择性使用的货币政策工具是中央银行针对不同的部门、不同的企业和不同用途的信贷而采取的政策工具，这些工具可以影响金融机构体系的资金运用方向以及不同信用方式的资金利率，起到鼓励或抑制的作用，达到结构调整的目的。这些工具有：a. 对消费信用的支持或控制；b. 房地产信贷管制；c. 贷款限制；d. 信用分配；e. 证券保证金比例；f. 利率调整；g. 道义劝说和窗口指导。

业务3-9

下列货币政策工具中，属于一般性货币政策工具的是（　　　）。

A. 道义劝说　　　B. 信用分配　　　C. 公开市场业务　　　D. 证券市场信用控制

答案： C

2．商业银行

 你身边的商业银行有哪些？你在这些银行办理过哪些业务？

新中国成立以后，我国实行计划经济体制，一度取消了商业银行。改革开放以来，为了适应经济发展和经济体制改革的需要，加强金融服务，充分发挥银行在国民经济中的作用，1986年7月，国务院决定重新组建交通银行，并将总行由北京迁至上海。重新组建后的交通银行，于1987年4月1日正式对外营业。它是新中国成立以来第一家综合性的股份制商业银行。以后各地相继成立的商业银行有中信实业银行、蛇口招商银行、深圳发展银行、福建兴业银行、广东发展银行、中国光大银行、华夏银行、上海浦东发展银行和中国民生银行等。

随着金融体制改革的深入，专业银行加速了向商业银行转轨的进程。1995年5月10日，第八届全国人民代表大会常务委员会第十三次会议通过了《中华人民共和国商业银行法》，标志着我国基本完成了中国工商银行、中国农业银行、中国银行和中国人民建设银行（即中国建设银行）4大专业银行向商业银行的转轨，并初步形成了现代商业银行体系。

现代商业银行是以获取利润为经营目标，以多种金融资产和金融负债为经营对象，具有综合性服务功能的金融企业。在各类金融机构中，它的历史最为悠久、业务范围最为广泛、对社会经济生活的影响面最大。商业银行的业务可分为：负债业务、资产业务和中间业务。

（1）商业银行的负债业务。商业银行的负债业务即银行筹措资金而形成其资金来源的业务，它是商业银行资产业务和其他业务的基础。它包括自有资本和吸入资本。商业银行的自有资本即最原始的资金来源，即资本金。商业银行的吸入资本包括各类存款、短期借入款等。

在商业银行的负债总额中，外来的吸入资本总量大大超过自有资本的总量，自有资本比例虽小，但在商业银行的负债业务中具有不可小觑的作用。一般企业的自有资本是企业主要的营运资金，企业经营范围的大小，在很大程度上取决于其自有资本的多少及自有资本营运的有效性和灵活性。而银行的自有资本则主要是起一种保证作用，它是吸收外来资本的保证，自有资本越多，越能取得社会公众和政府管理机构的信任，就可以多吸收外来资本，从而获得更多的利润。

（2）商业银行的资产业务。资产业务是商业银行将所筹集的资金加以运用，从而取得收益的业务。商业银行根据资本投放和信用担保的性质，将资产业务分为贷款业务、票据业务、证券投资业务等。

① 贷款业务是商业银行的最基本的业务，也是商业银行的最重要的资产。贷款从不同的角度有不同的分类：按贷款的用途分为工商贷款、农业贷款、建筑业贷款、消费贷款等；按期限分为活期贷款、定期贷款、透支；按贷款的保障程度分为抵押贷款、担保贷款、质押贷款、信用贷款；按贷款的偿还方法分为一次性偿还贷款、分期偿还贷款。

② 票据业务包括票据贴现和票据抵押贷款业务。

a. 票据贴现是指商业银行在票据到期前买进票据，表面上是一种票据的买卖，实际是一种银行的信用业务，贴现行为实际上是债权的转移行为，银行通过票据贴现间接贷款给票据出票人，在票据到期后才收回资金，银行向债务人收取的是从贴现日到支付日的利息，称为贴现利息或折扣。

b. 票据抵押贷款是银行发放的以未到期的票据作为抵押的贷款。票据抵押贷款和票据贴现虽都是银行的票据业务，但它们也是有区别的：第一，票据抵押贷款不发生票据所有权的转移，而票据贴现是发生了票据所有权的转移的；第二，银行经营票据抵押贷款通常把期限控制在票据到期的期限内，借款人到期赎回，如发生逾期，银行才有权对票据进行处理，而票据贴现就不需要赎回；第三，银行进行票据抵押贷款在额度上是有控制的，通常不是贷出票据面额的全部款项，而只是其中的一部分，一般为 60%～80%，这是为了发生票据不赎回而无法收回贷款时，银行通过变卖票据会有一些损失所致。

③ 证券投资业务是商业银行重要的资金运用业务，是以有价证券的形式购入资产的一种行为。

在世界各国，商业银行的投资行为要符合各国有关法律的规定。有的国家法律规定可以从事所有证券的投资，有的规定只能从事无风险或较少风险证券的投资，如只能投资国债而不能从事高风险的股票投资，其目的在于保障银行业的安全运行，但同时由于不能从事多种证券的投资，使银行的资产结构单一，经营业务受到限制，经营利润也会受到较大影响。

（3）商业银行的中间业务。在激烈的市场竞争中，商业银行除了办好负债业务和资产业务等基本业务外，往往还利用自身在资金、机构、技术、信息、信誉等方面的优势，从多方位拓展其他业务，既增加商业银行的利润，又能满足社会经济活动的需要，更加推动资产负债业务的发展。

商业银行的中间业务是指商业银行通过为客户办理支付、担保和委托等事项，从中收取手续费的各项业务。这些业务游离于资产负债业务，但又与之有一定的联系。

我国商业银行可以从事的中间业务主要类型有支付结算、代理、担保、基金托管、银行卡业务、咨询、顾问业务、保管箱出租业务、信托业务、租赁业务等。

3. 政策性银行

政策性银行是指由政府创立或参股，不以盈利为目的，为贯彻政府经济方针政策而从事政策性金融业务的银行。我国于 1994 年成立了 3 家政策性银行，它们是国家开发银行、中国农业发展银行、中国进出口银行。各政策性银行的行长、副行长均由国务院任命。

4. 其他金融机构

我国除中央银行、商业银行和政策性银行以外的其他金融机构主要有保险公司、信托投资公司、财务公司、租赁公司、证券公司、信用合作社、邮政储蓄机构、境内外资金融机构、典当行。

┃ 业务 3-10 ┃

在商业银行的传统负责业务中处于最重要地位的业务是（　　）。

A. 资本金　　　　　B. 各项存款　　　　　C. 发行债券　　　　　D. 借款

答案：B

┃ 业务 3-11 ┃

银行投资，通常是指商业银行（　　）的业务活动。

A. 发放固定资产贷款　　B. 发放中长期贷款　　C. 购买有价证券　　D. 购置办公设备

答案：C

项目四 | 金融市场

【引例与分析】企业在经营过程中，总是会遇到资金短缺的情况，或者要投资新项目，或者为购置新设备，甚至仅仅是为了日常周转。遇到这种情况，假如你是企业老板，你将如何解决企业资金缺口问题？

[分析]企业通常通过筹资活动来解决经营过程中遇到资金短缺的问题,企业的筹资渠道通常有两种：①内源融资，即企业内部资本——企业的盈余公积和未分配利润；②外源融资，即通过金融市场筹资。

金融市场就是金融商品买卖的地方，金融商品包括银行存贷款、股票、债券、票据、黄金、外汇、投资基金等。

金融市场的组织体系主要包括市场的交易者、市场的交易工具、市场的媒体如经纪人、交易商、金融中介机构和市场组织机构等。

随着金融工具的多元化及交易方式的多样化，金融市场逐渐演变成为一个许多子市场组成的庞大的金融市场体系。按照金融市场的定义及金融工具的品种，金融市场可以分为多种类型。

（1）按品种可分为货币市场、资本市场、外汇市场、黄金市场。

（2）按期限可分为短期金融市场和长期金融市场。短期金融市场就是指专门融通期限在一年以内的短期资金的场所，短期资金多在流通领域起着货币作用，所以又称货币市场。长期金融市场是指专门融通期限在一年以上的中长期资金的市场。

（3）按方式可分为现货交易、期货交易和期权交易。现货交易是买卖成交后，当场或几天之内即办理交割清算，钱货两清。期货交易是买卖成交后按合同规定的价格、数量和期限进行交割清算的交易方式。期权是指在未来特定时期内按约定价格买进或卖出一定数量证券的权利，期权交易是指对这种权利的买卖。

（4）按范围可分为地方性市场、全国性市场、区域性市场和国际市场。

一、货币市场

货币市场是指期限在 1 年以内的金融工具交易的市场。根据交易对象的不同，货币市场可分为同业拆借市场、票据市场、短期政府债券市场、回购市场和大额可转让定期存单市场。

货币市场有以下 3 个特点：①交易期短，一般在 3～6 个月，最短的只有半天，最长不超过 1年；②所交易的工具有较强的流动性；③风险相对较低，货币市场交易对象期限短、流动性强、不确定性因素较少，因而风险较低；④参与者主要是金融机构，交易金额大。

1.同业拆借市场

同业拆借市场是指金融机构之间短期互相借用资金所形成的市场。银行等金融机构由于进行存贷款和票据清算业务活动，总会有一些机构发生头寸不足，而另一部分机构则可能出现头寸多余的情况。为了互相支持对方业务的正常开展，并使多余资金产生短期收益，需要进行短期资金融通，这种融通在金融术语上称为拆借。

同业拆借具有以下特点：①同业性，参加同业拆借市场活动的各方都是银行及其他金融机构，非金融机构不能参加同业拆借；②期限短，一般在 1～5 天，最短的只有半天，最长不超过 1 年；③无担保性，金融机构之间的拆借大多凭借信誉，不需要担保品；④交易金额大，一般在 1 000万元左右；⑤拆借利率由交易双方协定，通常低于中央银行的再贴现利率而高于存款利率。

同业拆借利率是市场利率体系中对中央银行的货币政策反应最为敏感和直接的利率之一，成为中央银行货币政策变化的"信号灯"。尤其是伦敦同业拆借利率（LIBOR）成为国际上通用的基础利率。

2.票据市场

票据市场是以票据作为交易对象，通过票据的承兑、票据贴现、票据转让和票据抵押进行融资活动的货币市场。我国目前使用的票据有 3 种：汇票、银行本票和支票。

票据市场分为票据承兑市场和票据贴现市场。票据承兑市场是指汇票到期前，汇票付款人或指定银行确认票据证明事项，在票据上做出承诺付款的文字记载、签章的一种手续。承兑后的汇票才是市场上合法的票据。票据承兑一般由商业银行办理。票据贴现是指票据持有人在票据到期前，为获取现款向金融机构贴付一定的利息所作的票据转让。

我国直到 1982 年 2 月，中国人民银行才试办同城商业承兑汇票贴现业务。1986 年专业银行正式开办票据承兑、贴现和再贴现业务。2009 年 10 月 28 日，中国人民银行建成电子商业汇票系统（ECDS）并正式投产运用，标志着中国票据市场以革新交易方式启动了建设全国性票据市场的新征程。

3.短期国债市场

短期国债是一国政府为弥补国库资金临时不足而发行的一年期以内的政府债券,也称国库券。一般期限为 3 个月、6 个月、9 个月等。短期国债市场是货币市场最重要的组成部分。发行量和交易量都非常巨大，在满足政府短期资金周转需要方面发挥重要作用。

短期国债市场的特点是安全性高、流动性强而且可以享受税收优惠。它不仅是投资者的理想场所，还有其他货币市场不可替代的作业。短期国债市场不仅有助于协调商业银行经营的"三性"

的矛盾，是商业银行调节二级准备金的重要渠道，也有助于弥补财政临时性、季节性收支短缺，是政府调整国库收支的重要场所。

世界上最早的国库券出现在 1877 年的英国。美国首次发行国库券是 1929 年，美国的短期国债市场非常活跃，我国由于发行的品种和数量相对较少，限制了这一市场作用的发挥。

4．大额可转让定期存单市场

大额可转让定期存单是银行发行的具有固定期限和利率，并且可以转让的金融工具。这种金融工具发行和流通的市场成为大额可转让定期存单市场。

我国的大额可转让定期存单业务随着相关政策的变化经历了曲折的发展历程。1986 年交通银行首次发行大额可转让定期存单，其中对个人发行的存单面额分别为 500 元、1 000 元、5 000 元。对单位发行的有 1 万元、5 万元、10 万元、50 万元和 100 万元等几种。期限分别为 1 个月、3 个月、6 个月、9 个月和 12 个月 5 个档次。利率由中国人民银行定出最高限，具体由发行者自行调整。为吸引投资者。一般利率比定期存款利率要高。

大额可转让定期存单作为商业银行的主动负债工具，能拓宽银行的资金来源，增加市场投资品种，丰富风险控制手段，对商业银行的资产负债管理有着不可估量的推动作用，也曾被许多国家作为利率市场化建设的突破口。

┃ 业务 3–12 ┃

下列不属于货币市场的是（　　）。

A．银行同业拆借市场　　B．票据市场　　C．大额可转让存单市场　　D．证券市场

答案：D

二、资本市场

资本市场又称长期资金市场，是融资期限在 1 年以上的各种资金借贷和证券交易场所。资本市场的交易对象是 1 年以上的有价证券，如股票、中长期债券、投资基金等。主要满足政府和企业对长期资金的需求。资本市场可分为证券市场和长期抵押贷款市场，证券市场按交易对象的不同分为股票市场和债券市场。与货币市场相比，资本市场具有以下 5 个特点。

（1）融资期限长。至少 1 年以上，也可长达几十年，甚至无到期日。

（2）流动性相对较差。在资本市场上筹集到的资金多用于解决长期融资需求，故流动性和变现性相对较弱。

（3）高风险高收益。由于融资期限较长，发生重大变故的可能性也大，市场价格容易波动，投资者须承受较大的风险。同时，作为对风险的报酬，其收益也较高。

（4）参与者主要是社会公众。这与货币市场的参与者主要是金融机构形成鲜明的对比，资本市场的金融机构只作为市场融通的中介，而不是主要的买卖者。

（5）资本市场的交易方式以证券发行和证券交易为主。

1．证券发行市场

证券发行市场也称为"一级市场"或"初级市场"，是证券由发行者向投资者出售所形成的市

场。包括各个经济主体和政府部门从筹划发行证券、证券承销商承销证券、认购人购买证券的全过程。新成立的股份有限公司、原油的股份有限公司增资扩股、政府和企业为特定目的筹资等都要通过证券发行市场。

（1）证券发行市场的构成。证券发行市场由证券发行人、证券认购人、证券承销商和专业服务机构构成。

① 证券发行人又称发行主体，是指为筹集资金而发行股票或债券的企业单位、政府机构、金融机构或其他团体。证券发行人是证券发行市场存在和发展的首要因素。

② 证券认购人是以取得利息、股息或资本收益为目的，根据发行人的招募要约认购证券的个人或机构。在证券发行市场，投资者数量的多少、购买能力的强弱、收益要求的高低以及承担风险能力的大小等，直接影响和制约着证券发行的数量。

③ 证券承销商。证券承销商主要就是媒介证券发行人和投资者交易的证券中介机构。承销商接受发行人的委托，通过一定的发行方式和发行渠道，向认购人销售发行人的证券。我国目前从事证券承销业务的机构是经批准有承销资格的证券公司、金融资产管理公司和金融公司。

④ 专业服务机构，包括证券服务类机构和经济鉴证类机构以及其他服务机构。证券服务机构包括证券登记结算公司和证券信用评级机构等。经济鉴证类机构包括会计师事务所、资产评估机构、律师事务所等。它们共同为证券发行提供服务。

证券发行市场是整个证券市场的基础，它的内容和发展决定证券交易市场的内容和发展方向。它不仅是发行主体筹集资金的市场，也是给投资者提供投资机会的市场。

（2）证券发行方式。证券发行方式是指证券推销出售的方式，从不同的角度可进行不同的分类。

① 公募发行，也称公开发行，是指发行人向不特定的社会公众投资者发售证券的发行方式。在公募发行的情况下，任何合法的投资者都可以认购。

采用公募发行的有利之处在于：首先，以众多投资者为发行对象，证券发行的数量多，筹集资金的潜力大；其次，投资者范围大，可避免发行的证券过于集中或被少数人操控；最后，只有公开发行的证券才可申请在证券交易所上市，公开发行可增强证券的流动性，有利于提高发行人的社会信誉。

② 私募发行，也称不公开发行、内部发行，是指以少数特定投资者为对象的发行。私募发行的对象大致有两类：一类是公司的老股东或内部员工；另一类是投资基金、社会保险基金、保险公司、商业银行等机构投资者。私募发行有确定的投资者，发行手续简单，可节约发行时间和发行费用。不足之处就是投资者数量有限，证券流通性差，而且不利于提高发行人的社会信誉。

③ 直接发行，是指发行者不委托其他机构，而是自己组织认购，进行销售，从投资者手中直接筹措资金的发行方式。直接发行使发行者能够直接控制发行过程，实现发行意图。直接发行发行成本较低，节约发行费用。但是由于直接发行方式得不到证券中介机构的帮助和证券市场的密切配合，发行的社会影响较小，发行时间较长，而且发行责任和风险由发行者自己承担，一旦发行失败则要承担全部的损失，因此，目前这种方式很少被采用。只有一些实力雄厚，有把握实现巨额私募以节省发行费用的大股份公司的股票才采用直接发行的方式。

④ 间接发行，是指证券发行者委托一家或几家证券中介机构（如证券公司、投资银行等）代

理出售证券的证券发行方式。间接发行根据受托证券发行责任不同，可分为包销、代销和助销等多种具体推销方式。间接发行由于借助于中介机构的支持和证券市场机制，能在较短的时间内筹足所需资金，并及时投入生产经营。风险小，但是发行成本高，而且发行者还需提供证券发行所需有关资料。因此，间接发行比较适合那些已有一些社会知名度，筹资额大而急的公司。这样，既可以在短时间内筹足所需资本，还可以借助证券中介机构进一步提高公司的知名度，扩大社会影响。

（3）证券发行价格。证券发行价格主要有4种形式。①平价发行，是指股票或债券的发行价格与面额相等，即按面额发行。这种发行方式不能针对市场上证券价格的波动水平及时合理的确定适宜的发行价格，缺乏灵活性和市场性。②溢价发行，是指发行价格高于面值发行。溢价发行广泛适用于股票和投资基金发行，在债券发行中较少采用。③市价发行，适用于股票发行，是指股票的发行价格以当时的股票市场价格为基准。④折价发行，发行公司将股票或债券以低于面值的价格发行。我国目前使用最多的发行价格是溢价发行，其次是平价发行，其他发行价格很少使用。

2．证券流通市场

证券交易市场也称证券流通市场、二级市场、次级市场，是指对已经发行的证券进行买卖、转让和流通的市场。在二级市场销售证券的收入属于出售证券的投资者，而不属于发行该证券的公司。

（1）证券交易形式。证券交易市场为证券持有者提供证券变现的场所，也为新的投资者提供投资机会。该市场由场内交易市场和证券公司开设的场外交易市场构成。各类有价证券在二级市场上的顺利流通，有利于形成一个公平合理的价格，实现货币资本与证券资本的相互转换。

① 场内交易市场，是指由证券交易所组织的集中交易市场。证券交易所是证券买卖双方公开交易的场所，有固定的交易场所和交易活动时间。是一个高度组织化、集中进行证券交易的市场。

证券交易所是整个证券市场的核心。它本身不进行证券买卖，也不决定证券价格，只为证券交易提供一定的场所和设施，配备必要的管理和服务人员，并对证券交易进行周密的组织和严格的管理，为证券交易的顺利进行提供一个稳定、公开、高效的市场。

证券交易所的特征有：一是有固定的交易场所和交易时间；二是参加者为具备会员资格的证券经营机构，交易采取经纪制；三是交易对象限于上市证券；四是通过公开竞价方式决定交易价格；五是实行"公平、公正、公开"的交易原则。

知识库 我国目前有两个证券交易所，上海证券交易所成立于1990年11月26日，同年12月19日开业。深圳证券交易所成立于1990年12月1日。两个交易所由中国证券监督管理委员会监督管理。2004年5月，中小企业板正式推出；2006年1月，中关村科技园区非上市公司股份报价转让开始试点；2009年10月，创业板正式启动，深交所主板、中小企业板、创业板以及非上市公司股份报价转让系统协调发展的多层次资本市场体系架构基本确立。

② 场外交易市场。场外交易市场又称柜台交易或店头交易市场，指在交易所外由证券买卖双方当面议价成交的市场，它没有固定的场所，其交易主要利用电话进行，交易的证券为非上市证券为主。

（2）证券交易所交易程序。证券交易所交易程序一般包括以下几个环节。

① 开户。投资者在买卖证券之前，要同时开立证券账户和资金账户，开户之后才有资格委托经纪人代为买卖证券。

② 委托。是指投资者委托证券经纪人买卖某种证券，委托内容包括买卖股票名称、股票价格、买卖数量、时间等。

③ 竞价与成交。经纪人在接受投资者委托指令后，在交易所进行申报竞价，然后拍板成交。我国沪、深证券交易所目前同时采用集合竞价和连续竞价两种方式。在每个交易日上午 9：15～9：25 电脑撮合系统对接收的全部委托进行集合竞价处理。对其余交易时间委托进行连续竞价处理。

④ 清算与交割。证券清算与交割是指一笔证券交易达成后的后续处理，是价款结算和证券交收的过程。它是证券交易的关键一环。它关系到买卖达成后交易双方责权利的了结。我国目前证券结算对 A 股实行 T+1 交易，对 B 股实行 T+3 交易。

⑤ 过户。我国证券交易所的股票实行"无纸化交易"结算完成即实现了过户，所有手续电脑自动一次完成。

（3）股票价格和股票价格指数。股票代表持有者的股东权益。这种股东权益的直接经济利益表现为股息、红利收入。股票的理论价格就是为获得这种股息、红利收入的请求权而付出的代价，是股息资本化的表现。

股票市场价格又称股票行市，是指股票在证券市场买卖的价格。股票理论价格不等于股票市场价格，两者之间有相当大的差距。影响股票市场价格的因素主要有：①宏观因素，包括对股票市场价格可能产生影响的社会、政治、经济、文化等方面；②产业和区域因素，主要是指产业发展前景和区域经济发展状况对股票市场价格的影响，它是介于宏观和微观之间的一种中观影响因素，因而它对股票市场的影响主要是结构性的；③公司因素，即上市公司的运营对股票价格的影响；④市场因素，即影响股票市场的各种股票市场操作。

股票价格指数是指用以反映股票市场上各种股票市场价格的总体水平及其变动情况的指标，简称股票指数。股价指数（Indexes）是反映不同时点上股价变动情况的相对指标。通常是将报告期的股票价格与选定的基期价格相比，并将两者的比值乘以基期的指数值，即为报告期的股价指数。目前，上海证券交易所股价指数系列共包括 4 类指数。第一，成分指数，包括上证 180 指数，上证 50，沪深 300。第二，综合指数，上证综合指数，新综指，综合指数。第三，分类指数，上证 A 股指数、上证 B 股指数、上证工业类指数、上证商业类指数、上证房地产业类指数、上证公用事业类指数、上证综合业类指数。第四，基金指数，上证基金指数。以上指数中，上证综合指数最常用。深圳证券交易所股价指数共有 3 类 13 项，其中最有影响的是深证成分指数。世界上影响较大的股票价格指数有香港恒生指数、伦敦金融日报指数、日本日经指数、美国道·琼斯工业指数。

下列金融工具不属于资本市场工具的是（　　　）。

A．股票　　　B．投资基金　　　C．信用卡　　　D．债券

答案：C

三、外汇与黄金市场

 你用过外币吗？你知道哪些外币？什么情况你需要外币？从哪里换取外币？

随着国际收支的发生，就产生了外汇、汇率问题。它既是国际间货币收支往来的产物，同时又影响着国际间收支往来关系。

1．外汇与汇率

（1）外汇的含义。"外汇"，它有动态的和静态的两种含义。

① 动态含义的外汇（抽象意义的外汇）是指将一国货币转换成另一国货币，以适应各种目的的国际支付或清偿的货币兑换行为或业务活动。

② 静态含义的外汇（具体意义的外汇）是指以外国货币表示的，可以用于国际支付和清偿国际债务的金融资产，其主要形式为外币存款、外币票据、外币证券以及外币债权。

（2）汇率的概念。外汇同其他商品一样，在国际经济交往中被经常地、广泛地买卖。外汇汇率，是两种不同货币之间的比价，是一个国家的货币折算成另一个国家货币的比率，是用一国货币单位所表示的另一国货币单位的价格。在实际业务中又叫外汇行市。

（3）影响汇率变动的因素（纸币流通条件下）。一国货币汇率往往受到多种复杂因素的影响而变动，一般情况下，影响一国汇率的主要因素有以下几个。

① 国际收支。一国国际收支状况良好与否，是影响该国币值升降的直接因素。特别是在固定汇率制下，国际收支状况对一国汇率的水平有着最直接的影响。如若国际收支平衡，则外汇供求平衡，汇率相对稳定；如若国际收支顺（逆）差，则外汇供过于求（供不应求），本币汇率水平趋于上升（下降），例如布雷顿体系前、后期的"美元荒"和"美元过剩"。国际收支状况与汇率变动互为因果、互相影响。

② 通货膨胀。通胀率是浮动汇率制下影响一国汇率的最直接的因素。通胀率越高，单位纸币所代表的实际含金量就越少，国内物价就上涨得越厉害；国内物价的上涨一般会直接削弱出口商品在国际市场上的价格竞争力，从而减少出口而增加进口，最终导致贸易逆差和外汇供不应求，从而本币汇率下跌。同时，国内通胀和货币对内贬值必然影响该货币（自由兑换货币）的对外价值，削弱该货币在国际市场上的信用地位，使国际市场上该种货币供过于求，从而汇率下跌。

③ 货币利率。在国际金融市场上游资充斥、国际资本流动规模急剧膨胀的今天，一国货币利率水平的高低及其与他国利率水平的差异是影响汇率变动的日益重要的因素。

④ 国民经济宏观状况和经济实力。一国的宏观经济状况和经济实力，是决定该国货币汇率持续稳定的基本因素，当一国生产持续增长，财政收支平衡，货币供应量正常，物价平衡，会使其商品的市场竞争力增强，对外贸易特别是出口贸易发达，经济实力增强，必然有力地支持其货币汇率的稳定。

⑤ 政府经济政策措施。各国政府都通过采用各种经济政策和措施进行干预调节，使汇率水平尽量保持在有利于本国合理水平上。特别是货币政策的实施会在一定程度上影响汇率水平；而各国央行干预和调节汇率的3大措施（调整贴现率、直接买卖外汇和外汇管制）更是直接影响汇率水平。

⑥ 国际性重大突发事件的冲击。国际上重大经济、政治和军事突然事件的爆发，会对一国汇率产生很大的冲击，当然，这种因素对汇率的影响往往是突然或暂时的。

（4）汇率变动对经济的影响。汇率变动不仅受各种因素的影响，而且也将反过来影响一国国民经济的各个方面。这种影响可以从国内经济活动和国际经济活动两个方面来分析。

① 汇率变动对国内经济的影响。汇率变动对一国国内经济的影响主要表现于对物价的影响；物价的涨落不同程度地对国内其他各经济部门产生作用，从而影响整个国民经济的稳定和发展。

一国货币汇率下跌，引起进口消费品、资本品国内价格的上涨。这不仅提高生产成本、妨碍生产发展，还使出口商品成本提高，从而削弱出口商品竞争能力，给出口贸易带来困难，并使依靠出口的生产部门陷入不景气状况。同时，汇率变动会通过影响进出口商品及其同类商品的国内价格而带动整个国内物价的变动；这必然使生产停滞，税收减少、财政赤字增加。

② 汇率变动对国际经济的影响。

a. 汇率波动增加了国际贸易活动的风险，不利于进出口成本和利润的核算，不利于进出口商及时报价和迅速做出买卖决策，所以不利于贸易活动的正常开展。

b. 汇率波动对国际资本流动的影响。汇率稳定，必然有利于资本输出和输入的顺利进行，保证投资者能够获得稳定的利息或利润收入；筹资者也可避免或减轻外汇风险，能以合理的成本及时筹集到所需要的资金。反之，若汇率波动频繁，就会给国际资本流动带来消极的影响。

c. 汇率变动对国际旅游业及相关产业的影响。如若本币贬值则外国货币的购买力相对增强，因而对外国旅游者来说，该国商品和劳务的价格都显得便宜，有利于促进该国旅游业及其相关产业的发展，增加旅游和其他非贸易外汇收入。相反，若本币升值，则会增加本国人去国外旅游的刺激，从而增加非贸易外汇支出。

d. 汇率变动对外汇储备的影响。外汇储备是一国主要的物质储备力量之一，它的变化直接受国际收支状况的影响，但在一定条件下，汇率的波动往往对一国外汇储备产生重大的影响，会直接影响一国外汇储备的实际价值。同时，货币汇率变动会通过资本转移和进出口贸易影响外汇储备增减。

人民币汇率发展历程

改革开放前，人民币长期实行固定汇率制度，长期高估。

自 1981 年起，人民币实行复汇率，牌价按一篮子货币加权平均的方法计算。

自 1985 年 1 月 1 日起，取消贸易内部结算价，重新实行单一汇率，1 美元合 2.796 3 元人民币。

1994 年 1 月 1 日，汇率体制重大改革，实施有管理浮动汇率制。人民币一步并轨到 1 美元兑换 8.70 元人民币，国家外汇储备大幅度增加。

2005 年 7 月 21 日，人民银行正式宣布，废除原先盯住单一美元的货币政策，开始实行以市场供求为基础、参考一篮子货币进行调节的浮动汇率制度。当天，美元兑人民币官方汇率由 8.27 调整为 8.11，人民币升幅约为 2.1%。

2007 年 1 月 11 日，人民币对美元 7.80 关口告破，自 1994 年以来首次超过港币。

2008 年中期至 2010 年 6 月，人民币自 2005 年汇率制度改革以来已经升值了 19%，但受到 2008 年美国金融危机的影响，人民币停止了升值走势；同时，在危机爆发后，人民币开始紧盯美元。

2009 年 7 月，央行推出跨境贸易人民币结算试点项目。

2010 年 6 月 19 日，中国人民银行宣布，重启自金融危机以来冻结的汇率制度，进一步推进人民币汇率形成机制改革，增强人民币汇率弹性。

2014 年 6 月，中国外汇储备攀升到 3.9 万亿美元的峰值，然后由于央行出售美元以支撑人民币，外汇储备开始下降。

2014 年 11 月，沪港通的开通允许两大金融中心的股市之间跨境投资。

2015 年 3 月，美国财长 Jacob Lew 表示，人民币被纳入 IMF 特别提款权一篮子货币的前提条件是中国放松金融管制。

2015 年 7 月，由于人民币达到 14% 实际升值，打压了出口产品的竞争力，中国出口年跌幅达 8.9%。

2015 年 8 月，央行下调人民币汇率中间价 1.9%，使人民币中间价和现货价格趋同，IMF 称其为一项"值得欢迎的举措，因为这使市场力量在决定汇率上扮演更重要的角色"。

2015 年 12 月 1 日，国际货币基金组织（IMF）宣布，人民币将纳入 SDR（特别提款权）货币篮子，2016 年 10 月 1 日正式生效。这是人民币国际化的里程碑时刻，意味着人民币已成为全球主要储备货币。

 人民币升值有利于美国吗？

2. 外汇市场

所谓外汇市场，是指由各国中央银行、外汇银行、外汇经纪人和客户组成的买卖外汇的交易系统。世界主要的外汇市场有伦敦外汇市场、纽约外汇市场、巴黎外汇市场、东京外汇市场、香港外汇市场。

外汇交易方式主要有即期外汇交易、远期外汇交易、套汇交易和套利交易。

外汇市场的作用有：一是实现购买力的国际转移，国际经济交往的结果需要债务人（如进口商）向债权人（如出口商）进行支付，这种购买力的国际转移是通过外汇市场实现的；二是为国际经济交易提供资金融通，外汇市场作为国际金融市场的一个重要组成部分，在买卖外汇的同时也向国际经济交易者提供了资金融通的便利，从而使国际借贷和国际投资活动能够顺利进行；三是提供外汇保值和投机的场所。二者的区别在于前者关闭原先暴露的头寸，后者故意敞开头寸获取风险利润。

3. 黄金市场

黄金是世界上最古老和最普遍接受的货币形式，自从原始社会末期成为货币以后，无论世界经济如何发展与变化，黄金的货币价值、储备价值、支付价值就始终没有发生变化过。从某种角度来看，黄金是最可信任的可以长期保存的财富，同时也是获得掌握钱财自由的源泉和标志。

黄金市场是黄金生产者和供应者同需求者进行交易的场所。世界各大黄金市场经过几百年的发展，已形成了较为完善的交易方式和交易系统。其构成要素从作用和功能上来考虑，主要有：一是为黄金交易提供服务的机构和场所；二是黄金市场买卖参与者，国际黄金市场的参与者，可分为国际金商、银行、对冲基金等金融机构，各个法人机构，私人投资者以及在黄金期货交易中有很大作用的经纪公司；三是有关的监督管理机构，随着黄金市场的不断发展，为保证市场的公正和公平，保护买卖双方利益，杜绝市场上操纵价格等非法交易行为。各地都建立了对黄金市场的监督体系。比如：美国的商品期货交易委员会（CFTC）、英国的金融服务局（FSA）、中国香港的香港证券与期货管理委员会及新加坡金融管理局等；四是有关的行业自律组织，如世界黄金协会、伦敦黄金市场协会（LBMA）。

全球的黄金市场主要分布在欧、亚、北美三个区域。欧洲以伦敦、苏黎世黄金市场为代表，亚洲主要以中国香港、日本为代表，北美以纽约、芝加哥和加拿大的温尼伯为代表。全球各大金市的交易时间以伦敦时间为准，形成伦敦、纽约、中国香港连续不断的黄金交易。

业务 3-14

下列哪些属于外汇（　　　）。

A．外国货币　　　B．外币支付凭证　　　C．外币有价证券　　　D．特别提款权

答案： A、B、C、D

中国黄金市场的发展历程

1950 年 4 月，中国人民银行制定下发《金银管理办法》（草案），冻结民间金银买卖，明确规定国内的金银买卖统一由中国人民银行经营管理。1982 年，中国人民银行开始发行熊猫金币。

1982 年 9 月，在国内恢复出售黄金饰品，迈出中国开放金银市场的第一步。

1999 年 12 月 10 日，中国首次向社会公开发售 1.5 吨"千禧金条"。

1999 年 12 月 28 日，白银取消统购统销放开交易，上海华通有色金属现货中心批发市场成为中国唯一的白银现货交易市场。白银的放开被视为黄金市场开放的"预演"。

2001 年 6 月 11 日，中国人民银行史纪良副行长主持会议，宣布成立上海黄金交易所筹建小组。2002 年 10 月 30 日，上海黄金交易所正式开业。黄金走过了一条从管制到开放的漫长历程。随着我国黄金市场化的改革，黄金投资逐渐走进了千家万户。

四、国际金融市场

1. 国际收支

（1）国际收支的含义。世界各国在经济、政治和文化等方面的交往中，相互间必然产生债权

和债务关系。各国之间的债权债务到期就要进行结算，从而导致货币的收支。国际收支反映的就是一个国家（或地区）在一定时期对外货币收支的综合状况。

国际货币基金组织出版的《国际收支手册》第四版对国际收支是这样描述的"国际收支是特定时期内的一种统计报表，它反映：①一国与它国之间的商品、劳务和收益等的交易行为；②该国所持有的货币、黄金、特别提款权的变化以及与它国债权、债务关系的变化；③凡不需偿还的单方转移的项目和相对应的科目，会计上必须用来平衡的尚未抵消的交易，以及不易互相抵消的交易"。

国际货币基金组织对国际收支所作的这个定义是从国际收支平衡表的角度出发的，这个解释较为全面、明确地概括了国际收支的基本含义。

（2）国际收支平衡表。国际收支平衡表是将一国（或地区）某一时期（例如一季、半年或一年）的所有国际经济交易，利用复式记账原理，系统地予以记录、分类和整理的表示。国际收支平衡表的主要项目可归结为3项：经常或往来项目、资本项目、结算或平衡项目。

国际收支平衡表是按照会计上的复式簿记原理编制的，其借方总额与贷方总额总是平衡的。但就每一个具体项目来说，借方和贷方却经常是不相等的，双方互相冲抵后，总会出现一定的差额，如贸易差额、劳务差额、经常项目差额、基本差额、综合收支差额等。所谓国际收支的平衡或不平衡、顺差或逆差，正是指这些局部差额。对于一定的局部差额来说，如果收入大于支出（即贷方大于借方），出现盈余，称为顺差；如果支出大于收入（即借方大于贷方），出现亏损，称为逆差。

（3）国际收支调节方法。当今世界，经济形势复杂多变，大多数国家都不同程度地加强了对经济的干预。由于国际收支失衡时，国际收支自动调节机制无法有效地发挥其作用，各国主要还是通过人为调节，使国际收支恢复平衡。国际收支的调节方法主要有以下3种。

a. 运用经济政策。主要包括两个方面：一是财政政策，二是货币政策。

财政政策主要是通过财政开支的增减和税率的高低来实现的。当一国因进口增加、出口减少而发生逆差时，政府可削减财政开支，或提高税率以增加税收，使社会上通货紧缩，迫使物价下降，从而刺激出口、抑制进口，逐步消灭逆差。反之亦然。

货币政策主要是通过中央银行的3大法宝即存款准备金、再贴现率、公开市场操作来达到政策实施目标。当一国国际收支出现逆差，则可提高再贴现率及银行法定准备金率，在公开市场上，卖出国库券，回笼货币。所有这一切都向市场提供了一个紧缩的信号，于是利率上升，社会总需求抑制，物价下跌，出口增加，进口减少，资本也大量流入本国，从而逆差逐渐消除，国际收支恢复平衡。反之亦然。

b. 采取直接管制。直接管制是指一国政府以行政命令的办法，直接干预外汇自由买卖和对外贸易的自由输出入。另外，采取差别汇率的办法也可以达到管制外汇的目的。

直接管制的主要措施有：商品输出入管制，如采取进口许可证制、进口配额制、出口许可证制等；资本流动管制，如鼓励长期资本流入、限制资本外流等。

直接管制对平衡一国的国际收支，效果较为迅速和显著，不像运用财政政策和货币政策，必须通过汇率的变化、价格的变化及对生产活动的影响后方能生效。因此，如果不平衡是局部性的，则直接管制更为有效，不必牵动整个经济的变化，而运用经济政策则不然，不管何种政策都会使整个经济发生变化，可谓"牵一发而动全身。"

但是，一国的外汇、外贸管制，必然要影响到有经济联系的其他国家，以致招来对方的相应报复，最终抵消预期的效果。

c. 加强国际经济合作。上述各种调节方法，是针对一个国家来说的。每个国家为解决逆差问题，可以选择采用各种对策。可是一国的逆差常为他国的顺差，反之亦然。每个国家，出于自身利益考虑，采用一定的对策，必然会引起其他国家为保卫自身利益而采用相应的政策。这就可能扰乱国际经济合作的局面，使各国都蒙受损失。为此，各国应加强国际经济合作。合作的展开可消除自由贸易障碍。促使生产要素自由移动、协调各国经济政策，更好地改善一国的国际收支。

2．国际金融市场

（1）国际金融市场概念。国际金融市场是指资金在国际间进行流动或金融产品在国际间进行买卖和交换的场所。现代市场经济是开放型经济。经济全球化、金融国际化、市场一体化是当代世界经济发展的新趋势。国际金融市场与国内金融市场联系更为密切，国际资本流动更为顺畅。

国际金融市场是由一系列分布在世界各地的国际金融中心组成。在这些国际金融中心，国际性银行、证券公司等金融机构云集，集中从事国际金融活动。

议一议　你所了解的全球著名的国际金融中心有哪些？

延伸阅读

新兴经济体金融中心迅速崛起

《2015 新华·国际金融中心发展指数报告》在沪发布。报告显示，全球综合竞争力最强的十大国际金融中心依次是：纽约、伦敦、新加坡、东京、上海和香港（并列）、巴黎、法兰克福、北京和芝加哥。报告认为，近 5 年来中国资本项目逐步开放，金融开放力度持续加大，国际金融中心全球地位也稳步提高。其中，上海由 2010 年的全球第 8 位升至 2015 年的第 5 位，并保持稳定向好的态势。

1. 前十位国际金融中心发展稳定

报告指出，2015 年综合排名前十位的国际金融中心城市发展呈现两大特点。第一，排名前十的国际金融中心发展趋势基本确立，空间结构较为稳定。对比过去 5 年排名情况，前十位的城市发生了一定的微调，但总体保持稳定。其中，纽约、伦敦始终占据冠、亚军位置；第 3 至第 8 名的城市分布鲜有变动，仅发生位次的微调；第 9 名至第 10 名的城市偶有变动，主要在北京、华盛顿、阿姆斯特丹以及苏黎世之间产生位差。第二，以上海为代表的新兴经济体金融中心迅速崛起，为全球金融体制改革与金融市场调控做出了贡献。中国作为世界第二大经济体，在亚洲乃至全球金融格局中的作用日益凸显，有效维护和促进了全球金融稳定和发展。

2. 亚太城市金融市场地位持续巩固

报告显示，2015 年排名前十位金融中心的金融市场发展呈现两大特点。第一，金融市场要素列前 10 位的城市，5 年来首度与金融中心综合实力排名前十位的城市不完全一致。这表现出除金融市场外，其他因素对国际金融中心发展的影响越发凸显。第二，亚太地区城市金融市场地位持续巩固。2015 年，亚太地区共有香港、东京、上海、新加坡、北京等 5 座城市进入金融市场要素前十位的行列之中，在数量上与 2014 年保持一致，反映了亚太地区金融市场在全球地位持续巩固与提高。

3. 中国大陆地区发展势头全球瞩目

报告显示，2015 年金融中心成长发展排名前十位的国际金融中心分别是：上海、纽约、伦敦、新加坡、东京、北京、香港、深圳、巴黎和法兰克福。与 2014 年相比，东京下降 3 位，其他国际金融中心排名则相应上调。

报告认为，2015 年排名前十位国际金融中心发展状况呈现出两个特点。第一，中国大陆地区金融中心成长发展全球瞩目。上海连续 6 年排名第一，是亚太地区乃至全球最具成长活力的金融中心城市；北京排位上升势头较快，超越香港位列第 6 名；深圳也连续多年保持在成长发展要素排名前十位的优势。第二，欧美金融中心逐渐复苏。2015 年纽约、伦敦这两个老牌金融中心力压亚太地区的新加坡、东京等，分列成长发展要素排名第 2 和第 3 位。这反映出随着欧美经济逐渐复苏，金融市场发展重新提速，全球金融市场格局又添新变数。

GDP 增速和购买力水平增速是衡量国际金融中心经济成长的重要指标。2015 年，北京和上海经济发展速度远高于其他城市，在一定程度上推动了它在世界范围内的重要地位。相比之下，东京金融中心成长发展水平则大幅下滑，处于全球较低水平。

4. 香港股票市场增速明显

报告还显示，2015 年股票市场国际化程度较高。从各城市股票市场的国际化程度来看，新加坡居首位，其次是纽约和伦敦。由于法律法规、财务制度、公司监管等体制原因，上海国际板市场迄今为止还没有放开，这直接导致上海股票市场国际化程度低下，与新加坡、纽约、伦敦等股票市场差距较大。

综合考量 IPO 公司数量和募资规模，伦敦股票市场发展稳健，处于全球国际金融中心发展前列，香港股票市场增速明显，上海股票市场发展潜力巨大。

5. 东京成全球银行总部最多城市

从银行市场聚集趋势看，根据福布斯全球 2000 强企业及企业所在城市分布情况，将本报告综合排名前十位的样本城市作为分析对象，再统计入驻城市纳入福布斯 2000 强大型银行总部数目。结果显示，全球大型银行总部设在东京最多，居首位，排名第二的是北京，第三的是纽约。相比之下，上海、新加坡、香港等亚洲金融中心仍缺乏大型银行总部的集聚，现有的外资银行尽管多有入驻，但深度有限，多数以业务管理部、部分业务分支机构、代理处等形式出现，在全球银行市场的完善度方面与发达经济体仍有较大差距。

（2）国际金融市场的作用与特点。国际金融市场在经济发展中具有独特的作用，主要表现如下。

① 提供国际融资渠道。国际金融市场具备直接和间接两种融资机制，能够实现生产要素

在世界范围内的合理配置。国际金融市场上的金融中介机构通过提供不同期限、不同币种、不同金额、不同利率、不同融资主体的金融工具和提供承诺、担保、代理、中介、咨询等全方位的金融服务，既可以为筹资者提供多种多样的筹资渠道，使他们可以根据自己的偏好做出最佳选择，也可以为投资者提供丰富多彩的投资手段，使它们在安全性、流动性和盈利性中做出最佳抉择。

② 调剂各国资金余缺。国际金融市场具有联系国际资金需求者与供给者的纽带作用。国际金融市场可以在全球范围内将一国的储蓄转化为另一国的投资，为不同国家的筹资者和投资者提供了相互满足、彼此匹配的机制，使资金余缺双方得到最大限度地满足。

③ 调节国际收支。一国用于国际收支调节的国际储备可以分为自有储备和借入储备两大部分。在自有储备有限的情况下，一国获取借入储备的能力就成为其国际清偿力水平的决定因素。在借入储备中来自国际金融机构和各国政府的贷款数量非常有限而且限制较多。因此，在国际金融市场上通过向国际性商业银行融资就成为各国特别是发展中国家提高其国际支付能力的一个重要渠道。

④ 促进经济全球化发展。国际金融市场的发展还极大地促进了经济的全球化。由于世界各国都参与国际金融市场的筹资和投资活动，就使得彼此之间的金融依赖度日益增强，每个国家的宏观和微观金融活动都不能脱离国际金融市场而独立存在。国际金融市场的一体化既是经济全球一体化的重要内容，同时也以其自身的功能和机制促进了经济全球一体化的长足发展。

⑤ 有利于规避风险。国际金融市场上金融工具和金融交易技术种类繁多，控制金融风险的机理各异，如利用远期外汇交易、外汇掉期交易、金融期货交易、金融期权交易、金融互换交易、票据发行便利等金融工具和金融交易技术，可以为不同国家的市场参与者提供广阔的选择空间，使它们可以在风险收益、方便程度、难易程度、回旋余地等方面进行比较，据以做出最佳选择，满足规避、控制金融风险的需要。

随着世界经济形势的发展变化和计算机技术在金融领域的广泛应用，国际金融市场呈现出全球一体化、国际融资证券化、管理自由化、金融工具创新化 4 个发展新特点。

（3）国际金融机构。"二战"以后，国际社会为了恢复世界经济，逐步建立了一系列国际性金融机构和区域性金融机构，其中国际货币基金组织、世界银行是最具有代表性的国际金融机构。

① 国际货币基金组织。国际货币基金组织（IMF）于 1946 年 3 月正式成立，总部设在华盛顿。1947 年 3 月 1 日开始工作，1947 年 11 月 15 日成为联合国的专门机构，在经营上有其独立性，与世界银行并列为世界两大金融机构之一，是一个政府间的、合作性的货币与金融机构，其目的是促进国际间的货币合作与汇率稳定，鼓励经济发展，促进高度就业，同时提供国际收支的融通。其职责是监察货币汇率和各国贸易情况、提供技术和资金协助，确保全球金融制度运作正常。

中国是国际货币基金组织创始国之一，2015 年 12 月 1 日，IMF 宣布把人民币纳入特别提款权（SDR）。

② 世界银行。世界银行（World Bank）是世界银行集团的简称，由国际复兴开发银行、国际开发协会、国际金融公司、多边投资担保机构和国际投资争端解决中心 5 个成员机构组成；成立于 1945 年，1946 年 6 月开始营业。总部设在美国首都华盛顿，有员工 10 000 多人，分布在全世

界 120 多个办事处。与国际货币基金组织一样，世界银行也是联合国的专门机构之一，世界银行利用其资金、高素质的人才和广泛的知识基础，帮助各发展中国家走一条稳定、可持续和平衡的发展之路。世界银行主要着眼于帮助最贫困的人民和最贫穷的国家，世界银行的援助性贷款项目主要侧重以下领域：基本卫生和教育服务、保护环境、支持和鼓励民营企业发展、促进改革，创造一个有利于投资和长期规划的稳定的宏观经济环境。

③ 国际开发协会。国际开发协会（IDA）是世界银行的一个附属机构，成立于 1960 年成立，总部设在美国华盛顿。国际开发协会（IDA）在支持世界银行完成减轻贫困的使命中发挥着要害的作用。IDA 通过为旨在推动经济增长和改善生活条件的方案提供无息贷款和赠款，帮助世界上最贫困的国家。IDA 与世界银行的另一个贷款机构，即国际复兴开发银行（IBRD），相辅相成。后者的任务是通过资本投资和咨询服务帮助中等收入国家。

（4）国际金融市场的构成。按照期限和交易品种，国际金融市场包括以下国际货币市场、国际资本市场、国际外汇市场、国际黄金市场以及金融衍生品市场 5 个子市场。

国际货币市场的交易期限在 1 年或 1 年以下。其业务主要包括短期信贷、短期证券买卖及票据贴现。

国际资本市场的交易期限在 1 年以上。其业务主要有：中长期信贷市场，主要有政府贷款、国际金融机构贷款和跨国银行贷款；中长期证券市场，主要包括中长期债券和股权市场；国际租赁市场，国际租赁的期限一般很长，国际租赁一般有操作租赁、金融租赁、杠杆租赁、回租租赁等形式。

国际外汇市场的参与主体主要有中央银行、商业银行、外汇经纪人、客户，这些参与主体构成 3 个交易层次，所进行的交易主要有即期交易、远期交易和掉期交易。

国际黄金市场包括实物黄金市场和黄金期货期权市场两部分，交易形式主要有即期交易、远期交易、期货交易、期权交易和互换交易。

金融衍生品市场中，金融衍生工具的分类有很多种，按合约买方是否有选择权，将金融衍生工具分为远期类和期权类两种。远期类包括远期交易、期货交易、互换交易，期权类包括期权交易、利率上限与下限等。

 ## 职业道德与素质

案例背景 1

17 世纪末到 18 世纪初，英国正处于经济发展的兴盛时期。长期的经济繁荣使得私人资本不断集聚，社会储蓄不断膨胀，投机机会却相应不足，大量暂时闲置的资金有待寻找出路，而当时股票的发行量极少，拥有股票还是一种特权。在这种背景下，1711 年南海公司成立。

通过与政府交易以换取经营特权并以此谋取暴利，是南海公司的经营策略。当时英国战争负债有一亿英镑，为了应付债券，南海公司与英国政府协议债券重组计划，由南海公司认购总价值近 1 000 万英镑的政府债券。作为回报，英国政府对南海公司经营的酒、醋、烟草等商品实行永久性退税政策，并给予对南海（即南美洲）的贸易垄断权。

1719 年，英国政府允许中奖债券与南海公司股票进行转换，随着南美贸易障碍的清除，加之公众对股价上扬的预期，促进了债券向股票的转换，进而又带动股价的上升。次年，南海公司承诺接收全部国债，作为交易条件，政府逐年向公司偿还。为了刺激股票的发行，南海公司允许投资者以分期付款的方式购买新股票。当英国下议院通过接受南海公司交易的议案后，南海公司的股票立即从每股 129 英镑跳升到 160 英镑；而当上议院也通过议案时，股票价格又涨到每股 390 英镑。投资者趋之若鹜，其中包括半数以上的参议员，就连国王也禁不住诱惑，认购了 10 万英镑的股票。由于购买踊跃，股票供不应求，因而价格狂飙，到 7 月，每股又狂飙到 1 000 英镑以上，半年涨幅高达 700%。然而公司的真实业绩与人们期待的投资回报相去甚远，公司泡沫随时都可能破灭。

1720 年 6 月，为了制止各类"泡沫公司"的膨胀，英国国会通过了"泡沫法案"，即"取缔投机行为和诈骗团体法"，自此，许多公司被解散，公众开始清醒，对一些公司的怀疑逐渐扩展到南海公司。从 7 月起，南海股价一落千丈，12 月更跌至每股 124 英镑，南海泡沫由此破灭。

【问题】运用所学知识，结合我国当前经济形势，分析南海泡沫的原因和启示。

【分析】"南海泡沫事件"在资本市场历史上是著名的事件，长期以来对该事件的评价大都是负面的，然而深入地研究分析该事件的产生、发展和处理过程中的经济现象，我们会了解到虚拟经济大大增加了实体经济运行的不确定性和风险。虚拟经济的发展使得波动的原因不仅来自宏观经济的变化，更受到金融市场投机活动的影响。

这一事件给我们的启示是：

1. 金融工具如果运用不当，企业没有确定的发展前景和业绩支撑，就会形成泡沫；
2. 政府信用在各类市场主体中信用最高。

案例背景 2

1995 年 2 月 7 日，世界各地的新闻都以最醒目的标题报道了同一事件：巴林银行破产了。巴林银行集团是有着 233 年历史的老牌英国银行，在全球拥有雇员 1 300 多人，总资逾 94 亿美元，所管理的资产高达 460 亿元，在世界 1 000 家大银行中按核心资本排名 489 位。巴林银行经历了 1986 年伦敦金融市场解除管制的"大爆炸"，仍然屹立不倒，已成为英国金融市场体系的重要支柱。然而，巴林银行长达两个多世纪的辉煌业绩，却在 1995 年 2 月毁于一旦。巴林银行破产的直接原因是其新加坡的交易员尼克·李森的违规交易。李森，事发时刚满 18 岁。1992 年，李森由摩根士丹的衍生工具部转投巴林，被派往新加坡分行。由于工作勤奋、机敏过人，李森很快得到重用，升任交易员，负责巴林新加坡分行的衍生产品交易。

期货交易的成功使李森深受上司的赏识，被允许加入由 18 人组成的巴林银行集团的全球衍生交易管理委员会。李森的工作是在日本的大阪及新加坡进行日经指数期货套利活动。然而，李森并没有严格地按规则去做，当他认为日经指数期货将要上涨时，不惜伪造文件筹集资金，通过私设账户大量买进日经股票指数期货头寸，从事自营投机活动。然而，日本关西大地震打破了李森的美梦，日经指数不涨反跌，李森持有的头寸损失巨大。若此时他能当机立断斩仓，损失还是能得到控制，但过于自负的李森在 1995 年 1 月 26 日以后，又大幅增仓，导致损失进一步加大。

1995 年 2 月 23 日，李森突然失踪，其所在的巴林新加坡分行持有的日经 225 股票指数期货合约超过 6 万张，占市场总仓量的 30%以上，预计损失逾 10 亿美元之巨。这项损失已完全超过巴林银行约 5.41 亿美元的全部净产值，英格兰银行于 2 月 26 日宣告巴林银行破产。3 月 6 日，英国高等法院裁决，巴林银行集团由荷兰商业银行收购。

【分析】

（1）金融市场主体面临的金融风险越来越大，巴林银行破产表明，近些年来，金融市场主体面临的金融风险比以前任何时候都大得多，且风险的成因也日趋复杂化。在经营过程中，稍有不慎就会带来致命的打击。因此，必须注重银行经营风险管理的理念和方法，以减少破产、倒闭的厄运。

（2）健全的内部控制是防范金融市场主体风险的一个重要环节，巴林银行破产事件不是偶然的，要想防止这类事件再度发生，应做到 3 点。第一，要完善市场参与者内部风险防范机制。忽视衍生金融交易中存在的巨大风险。为了贪图利润而过分冒险是造成巴林银行惨剧的重要原因之一。李森无法无天的一个重要原因是他过去的经营记录非常好。据说，1994 年李森为巴林银行创造了 2 000 万美元的利润，这大约占到了巴林银行总利润的 1/5，第二，要堵塞监管的漏洞。巴林银行新加坡分行所持的未平仓期货合约占整个市场未平仓合约总数的 1/3。单一的经纪行为占有如此大的市场比重，新加坡交易所也没有采取措施制止，明显存在监管漏洞。第三，要抑制过度从事期货投机交易。稳健经营的机构，都应严格控制衍生产品的投资规模，完善内部监控制约机制。许多投资衍生产品遭受灭顶之灾，都是超出自身财务承受能力从事过度投机有关。

 小结

项目	学习目标	重难点
财政收入与财政支出	了解财政、财政收支、财政政策的含义和一般特征，理解我国财政政策微观经济的影响，具有能运用财政基本知识观察社会经济现象的专业能力	财政政策与宏观经济调控问题
信用与利息	了解信用、利息的含义和一般特征，了解信用、利率、金融工具的分类，掌握利息的计算方法	各种信用形式的联系与区别
金融机构	了解金融机构的含义、类型；掌握各种金融机构的性质和职能；掌握我国现行金融机构体系的基本框架	商业银行的职能与业务
金融市场	了解金融市场的含义和分类，掌握各类金融市场的交易原则和程序。具有分析财政金融体制改革和经济形势变化对企业、单位财务状况影响的能力	资本市场、外汇市场的影响因素分析

 职业能力训练

（一）单项选择题

1. 金融市场主体是指（　　　）。

    A. 金融工具　　　　　　　　　　　　B. 金融中介机构

    C. 金融市场的交易者　　　　　　　　D. 金融市场价格

2. 金融市场的客体是指金融市场的（　　　）。

    A. 交易对象   B. 交易者   C. 媒体   D. 价格

3. 机构投资者买卖双方直接联系成交的市场称为（　　　）。

    A. 店头市场   B. 议价市场   C. 公开市场   D. 第四市场

4. 银行汇票是指（　　　）。

    A. 银行收受的汇票   B. 银行承兑的汇票

    C. 银行签发的汇票   D. 银行贴现的汇票

5. 承兑是（　　　）独有的票据行为，目的在于确定付款人的责任。

    A. 支票   B. 汇票   C. 本票   D. 货币头寸

6. 在我国，证券公司在业务上必须接受（　　　）的领导、管理、监督和协调。

    A. 国务院证券委员会   B. 中国证监会

    C. 中国人民银行   D. 财政部和国家计划委员会

7. 同业拆借市场是指（　　　）。

    A. 企业之间的资金调剂市场   B. 银行与企业之间资金调剂市场

    C. 金融机构之间资金调剂市场   D. 中央银行与商业银行之间资金调剂市场

8. 债券市场是一种（　　　）市场。

    A. 资本   B. 货币   C. 直接融资   D. 间接融资

9. 股票流通中的场内交易其直接参与者必须是（　　　）。

    A. 股民   B. 机构投资者   C. 证券商   D. 证券交易所会员

10. 股份公司在发行股票时，以票面金额为发行价格，这种发行是（　　　）。

    A. 市价发行   B. 平价发行   C. 中间价发行   D. 溢价发行

11. 股票在证券交易所挂牌买卖，称为（　　　）。

    A. 场内交易   B. 场外交易   C. 柜台交易   D. 店头交易

12. 股票实质上代表了股东对股份公司的（　　　）。

    A. 产权   B. 债权   C. 物权   D. 所有权

13. 财政分配的主体是（　　　）。

    A. 国家   B. 企业   C. 社会团体   D. 社会组织

14. 在财政收入形式中，占比重最大的收入是（　　　）。

    A. 税收   B. 公债   C. 规费   D. 国有资产收益

15. 在财政收入形式中，国家采取有偿方式获取的是（　　　）。

    A. 税收   B. 公债   C. 规费   D. 国有资产收益

16. 以下金融工具中，不具有偿还性的是（　　　）。

    A. 政府债券   B. 回购协议   C. 大额可转让存单 D. 股票

17. 在现代信用中，最主要的信用形式是（　　　）。

    A. 商业信用   B. 银行信用   C. 国家信用   D. 消费信用

18. 证交所的交易价格是由（　　　）决定的。

    A. 证交所   B. 证券公司   C. 管理者   D. 买卖双方

19. 商业银行的投资业务是指银行（　　）的活动。

    A. 贷款　　　　　　B. 购买证券　　　　　C. 投资工业企业　　D. 投资房地产

20. 国家预算管理体制的实质是（　　）。

    A. 处理预算资金上的集权与分权的关系　　　B. 处理国家与企业的物质利益关系

    C. 处理积累与消费的关系　　　　　　　　　D. 处理中央与地方的关系

（二）多项选择题

1. 货币政策有 3 大工具分别为（　　）。

    A. 公开市场业务　　B. 再贴现率　　　　　C. 法定存款准备　　D. 贷款业务

2. 宏观经济政策主要包括（　　）。

    A. 利率政策　　　　B. 财政政策　　　　　C. 货币政策　　　　D. 外汇政策

3. 财政政策主要包括（　　）。

    A. 政府支出　　　　B. 税收行为　　　　　C. 公共事业支出　　D. 政府行为

4. 外汇市场的交易方式（　　）。

    A. 即期交易　　　　B. 现货交易　　　　　C. 远期交易

    D. 套期保值　　　　E. 投机交易

5. 资本市场上的交易工具主要有（　　）。

    A. 货币头寸　　　　B. 票据　　　　　　　C. 债券

    D. 股票　　　　　　E. 外汇

6. 同业拆借市场具有（　　）特点。

    A. 期限短　　　　　B. 交易手段先进　　　C. 流动性高

    D. 利率敏感　　　　E. 交易额大

7. 社会公共需要所包括的范围是（　　）。

    A. 国家职能需要　　B. 大型工程设施需要　C. 社会再生产需要　D. 宏观调控需要

8. 财政分配的主体是国家，其包括的含义有（　　）。

    A. 财政是集中性分配　　　　　　　　　　　B. 财政随国家的产生而产生

    C. 财政分配中国家处于主导地位　　　　　　D. 财政分配的是货币资金

9. 货币发展的具体形态有（　　）。

    A. 实物货币　　　　B. 金属货币　　　　　C. 兑现的银行券

    D. 支票　　　　　　E. 不兑现的银行券

10. 金融市场的构成要素，主要包括（　　）。

    A. 交易主体　　　　B. 交易客体　　　　　C. 交易对象

    D. 交易媒介　　　　E. 交易价格

11. 按国务院公布的《中华人民共和国外汇管理条例》第一章第三条规定，我国所称外汇包括（　　）。

    A. 外国货币　　　　B. 外币支付凭证　　　C. 外币有价证券

    D. 特别提款权　　　E. 欧洲货币单位

12. 影响财政收入规模的因素（　　　）。

    A. 经济发展水平　　　B. 生产技术水平　　　C. 收入分配政策

    D. 价格　　　　　　　E. 自然条件

13. 政府的投资性支出应主要用于（　　　）。

    A. 国防费　　　　　　B. 基础设施　　　　　C. 基础工业

    D. 农业　　　　　　　E. 医疗卫生

14. 商业信用的局限性表现在（　　　）。

    A. 在提供对象方面有限制　　　　　　　B. 在提供方向方面有限制

    C. 在提供数量方面有限制　　　　　　　D. 在提供性质方面有限制

15. 金融工具具有（　　　）特点。

    A. 风险性　　　　　　B. 偿还性　　　　　　C. 流动性

    D. 收益性　　　　　　E. 虚拟性

16. 世界 4 大黄金市场是指（　　　）。

    A. 伦敦　　　　　　　B. 法兰克福　　　　　C. 苏黎世

    D. 纽约　　　　　　　E. 香港

17. 下面属于货币政策工具的有（　　　）。

    A. 国家预算　　　　　B. 利率　　　　　　　C. 税收

    D. 公开市场业务　　　E. 国债

18. 在现代经济条件下，我国金融机构体系一般包括（　　　）。

    A. 中央银行　　　　　B. 商业银行　　　　　C. 政策性银行　　　D. 非银行金融机构

19. 中央银行的职能一般包括（　　　）。

    A. 发行的银行　　　　B. 银行的银行　　　　C. 储备的银行　　　D. 国家的银行

20. 全球性金融机构包括（　　　）。

    A. 世界银行　　　　　　　　　　　　　　B. 国际货币基金组织

    C. 亚洲开发银行　　　　　　　　　　　　D. 国际开发协会

（三）判断题

1. 商业票据都需要承兑。　　　　　　　　　　　　　　　　　　　　（　　　）

2. 证券交易所只能交易上市证券。　　　　　　　　　　　　　　　　（　　　）

3. 证券经纪人自己不可以买卖证券。　　　　　　　　　　　　　　　（　　　）

4. 狭义的金融市场就是指证券市场。　　　　　　　　　　　　　　　（　　　）

5. 我国财政支出中的转移性支出占主要地位。　　　　　　　　　　　（　　　）

6. 一般说来，发达国家转移支付的比重比发展中国家低。　　　　　　（　　　）

7. 二级市场的主要场所是证券交易所，但也扩及交易所之外。　　　　（　　　）

8. 新证券的发行，有公募和私募两种形式。　　　　　　　　　　　　（　　　）

9. 货币政策的充分就业目标通俗的解释就是不能有人失业。　　　　　（　　　）

10. 现金是信用货币，银行存款不是信用货币。　　　　　　　　　　　（　　　）

（四）思考与讨论题

1997 年以来，以泰国为始的东南亚金融危机对东南亚经济造成了持续两年多的严重的经济衰退，使世界为之震惊。东南亚经济的高速增长一直被称为是"经济奇迹"，作为其他发展中国家的发展样板，为什么突然间出现这样严重的经济混乱呢？请思考东南亚金融危机的原因是什么，根据东南亚和其他发展中地区金融危机的教训，我们可以得出什么启示。

 ## 技能强化训练

实训内容：进入中国人民银行、中国银监会网站，查看最新的存贷款利率表，结合我国资本市场和房地产市场的实际，分析了解我国未来宏观经济环境的变动，并尝试做出个人或家庭理财规划。

 ## 学习评价

1. 职业核心能力测评表

（在□中打√，A 通过，B 基本通过，C 未通过）

职业核心能力	评估标准	自测结果
自我学习	1. 能进行时间管理	□A □B □C
	2. 能选择适合自己的学习和工作方式	□A □B □C
	3. 能随时修订计划并进行意外处理	□A □B □C
	4. 能将已经学到的东西用于新的工作任务	□A □B □C
信息处理	1. 能根据不同需要去搜寻、获取并选择信息	□A □B □C
	2. 能筛选信息，并进行信息分类	□A □B □C
	3. 能使用多媒体等手段来展示信息	□A □B □C
数字应用	1. 能从不同信息源获取相关信息	□A □B □C
	2. 能依据所给的数据信息，做简单计算	□A □B □C
	3. 能用适当方法展示数据信息和计算结果	□A □B □C
与人交流	1. 能把握交流的主题、时机和方式	□A □B □C
	2. 能理解对方谈话的内容，准确表达自己的观点	□A □B □C
	3. 能获取信息并反馈信息	□A □B □C
与人合作	1. 能挖掘合作资源，明确自己在合作中能够起到的作用	□A □B □C
	2. 能同合作者进行有效沟通，理解个性差异及文化差异	□A □B □C
解决问题	1. 能说明何时出现问题并指出其主要特征	□A □B □C
	2. 能做出解决问题的计划并组织实施计划	□A □B □C
	3. 能对解决问题的方法适时做出总结和修改	□A □B □C
革新创新	1. 能发现事物的不足并提出新的需要	□A □B □C
	2. 能创新性地提出改进事物的意见和具体方法	□A □B □C
	3. 能从多种方案中选择最佳方案，在现有条件下实施	□A □B □C

学生签字：　　　　　教师签字：　　　　　20　年　月　日

2．专业能力测评表

评价内容	权重	考核点	考核得分		
			小组评价	教师评价	综合得分
职业素养（20分）	10	能正确理解财政、金融相关概念			
	10	能阅读和理解国家财政金融政策法规；养成关注国内国际经济发展动态的职业素养			
作品（80分）	80	掌握各种计算利息的方法；能制定合理的家庭理财规划设置方案。数据完整、正确，操作规范；上交及时			

组长签字：   教师签字：   20   年   月   日

模块四
创业基础知识

职业能力目标及主要概念

1. 专业能力

（1）掌握企业法律组织形式的类型；

（2）掌握创建新企业的基本步骤；

（3）掌握几种典型的企业组织结构设置。

2. 职业核心能力

（1）掌握主要的创业融资方式以及各种融资方式的特点；

（2）掌握创业融资需求量的预算和资金来源的选择方法；

（3）理解创业企业成长规律及其方式；

（4）掌握创业企业快速增长的原因、手段和成长中可能存在的问题以及解决方法；

（5）掌握创业企业危机处理的相关问题。

3. 主要概念

企业法律组织形式、企业组织管理、企业组织结构、债务性融资、权益性融资、风险投资、天使投资、企业成长、危机管理。

项目一 | 创办企业

【引例与分析】

大学生创业未开业先陷困境

4位梦想创业的大学生，每人凑齐4 000元，准备在校园附近开一间精品店。当他们和房屋转租者签好转让协议，对店面进行装修时，房东突然出现并进行阻挠。16 000元创业资金已经花光，门面却无法开张。昨日，中南大学铁道校区4名学生联系本报，希望记者能够帮帮他们，也提醒其他大学生：创业要谨慎！

4人一拍即合忙创业

小王是中南大学铁道校区大三学生，大二时他就忙着在学校做市场调查，他认为定位中高档的男士精品店会很受学生欢迎。这学期开学不久，他和另外3位有创业想法的同学一拍即合，每人投资4 000元准备开店。校园附近的孙老板有一个闲置门面。孙老板同意12 000元转让门面两年的使用权。小王告诉记者，当时孙老板说她有这个门面3年的使用权，但不要让房东知道房子已经转租给他们，就说几个大学生是帮她打工的，以此避免房东找麻烦。"我们虽然知道孙老板不是房东，只是租用了房东的房子，但我们不知道一定要经过房东的同意才能租房。"9月10日，涉世未深的几名大学生和孙老板签下了门面转让协议书，并支付了7 000元钱。当他们开始对门面进行装修时，房东闻讯赶来。房东表示，他和孙老板签订的合同上明确写了该房子只允许做理发店，并且不允许转租。房东阻止他们装修，并和孙老板发生了冲突。

一扇门挂上3把锁

记者来到中南大学铁道校区，在店面前透过玻璃门看到，几个玻璃柜凌乱地摆放着，地上刨花满地。前不久，小王和另外3个同学还在一边贴墙纸，一边憧憬着美好前景。当时为了不影响上课，他们利用晚上装修，忙到深夜两三点是常事。现在门上已经挂了3把锁。9月份房东将第一把锁挂了上去，接着孙老板也挂了一把锁。小王等人的玻璃货架等物品都被锁在里面，无奈之下他们也挂了一把锁。现在要进入这个门面，要过3道关。几把锁锁死了他们的创业之路。孙老板从9月20日起就无影无踪，手机也不开机，不做任何解释。房东也不愿意和他们协商，反正房租已经收到了年底。这可苦了几个大学生，交给孙老板的7 000元房租，加上门面装修的5 000多元，以及进货花去的钱，4人凑的16 000元已经所剩无几。近日，孙老板终于出现，她提出，几个大学生将剩下的5 000元交上，再想办法和房东协商。如果要退还7 000元的房租，必须把已经装修的门面恢复原状并补偿她2个月的误工费。这些钱来之不易，其中两个家庭条件并不是很好的学生拿出的是自己的学费，他们希望通过创业缓解家庭的经济压力。黄同学告诉记者，他的4 000元钱是软磨硬泡从父亲那里"借"来的。

湖南万和联合律师事务所刘大华律师说，根据我国法律规定，没有经过房东同意擅自转租房屋是无效行为，所签订的门面转让协议也无效。刘律师表示，在协议双方都知情的情况下，因合同无效造成的损失应由双方共同承担。小王等所支付的装修费用以及孙老板的门面误工费加在一起，双方应各承担一半。如果孙老板不接受这样的条件采取逃避的方式，那么小王应该向法院提起诉讼，用法律的手段解决纠纷。

[分析]

大学生就业形势紧张，自主创业成为很多毕业生的选择，国家也出台了很多政策予以鼓励。但是大学生社会经验不足，所以在创业前应多学习合同法、公司法、产品质量法等有关法律。在利益受到侵犯时以法律为武器，保护自己的合法权益。

创业者要创办企业，要了解相应的法律法规，掌握一定的法律知识，以免因不懂法律而陷入不必要的困境。首先要考虑好准备创办什么样法律形式的企业，要了解不同法律形式的企业的优势和不足，以选择合适的企业法律形式；其次，要掌握企业设立的程序和登记注册的一些相关内容，做好充分准备创办自己的企业；再次，创业者要认识企业的相关法律责任，如工商登记注册的责任、合法经营和依法纳税的责任、履约的责任、尊重职工权益的责任以及企业的社会责任和伦理，要做负责任的创业者；最后，创业者还要了解企业名称、企业品牌、知识产权方面的法律问题，加强企业品牌建设，依法保护好自己的权益。

一、创建新企业的相关法律问题

在创建新企业阶段，创业者会面临一些法律方面的问题，如确定企业的法律组织形式，设立税收记录，起草合同，申请专利、商标和版权的保护，企业人事用工方面要求等。作为创业者，应该了解相关法律知识，并处理好企业创建过程中遇到的法律问题，以免以后因为法律问题给企业带来不必要的损失，影响其发展。

创业者创建新企业需要了解的主要法律法规包括以下几个方面。

1．企业组织形式方面的法律法规

企业组织形式是指企业财产及其社会化生产的组织状态，它表明一个企业的财产构成、内部分工协作与外部社会经济联系方式。

如今设立各类企业基本不存在资金门槛，因此创业者应根据个人的具体情况，结合各种形式企业的责任承担模式，选择合适的组织形式。根据市场经济的要求，现代企业的组织形式按照财产的组织形式和所承担的法律责任划分。不同的组织形式责任承担方式不同，目前关于我国企业组织形式的法律法规主要有《个人独资企业法》《合伙企业法》和《公司法》。

2．知识产权方面的法律法规

知识产权，也称为"知识所属权"，指"权利人对其所创造的智力劳动成果所享有的财产权利"，一般只在有限时间期内有效。各种智力创造比如发明、文学和艺术作品，以及在商业中使用的标志、名称、图像以及外观设计，都可被认为是某一个人或组织所拥有的知识产权。知识产权是关于人类在社会实践中创造的智力劳动成果的专有权利。随着科技的发展，为了更好地保护产权人的利益，知识产权制度应运而生并不断完善。在21世纪，知识产权与人类的生活息息相关。在商业竞争中关于知识产权纠纷的案例更是比比皆是，如加多宝与王老吉的商标权之争、奇瑞腾讯QQ商标争议、猎豹浏览器不正当竞争案、稻香村商标异议、作家维权联盟诉苹果App侵犯著作权等。

知识产权的地位越来越重要，国家对知识产权的宣传和保护力度也越来越强，不断健全和完善保护知识产权的法律法规制度。《民法通则》中规定了知识产权的民法保护制度；《刑法》中对知识产权犯罪的有关内容进行了规定，并确定了知识产权的刑法保护制度；《反不正当竞争法》《专利法》《商标法》《著作权法》等法律法规也对相关知识产权作了规定。

创业者在创业初期，对个人和企业的知识产权要寻求法律保护。对外签订合同时，涉及专利、商标、著作权的需要查看是否为专利、商标、著作权的所有权人，若不能很确切地做出判断，可以聘请律师做资信调查，到工商局等相关行政管理部门查询相关情况并分析得出资信结论。总之，要用法律手段保护好自己的合法权益。

3．企业注册登记方面的法律法规

新企业必须经工商行政管理部门核准登记注册，成为企业法人后才能开展经营活动。登记注册方面的法律制度有《企业法人登记管理条例》《个人独资企业登记管理办法》《合伙企业登记管理办法》《公司登记管理条例》《外商投资合伙企业登记管理规定》。

4．劳动方面的法律法规

企业在成立之初，需要招聘人员，与员工签订劳动合同，这方面的法律法规有《合同法》《劳动法》等。

除以上 4 个方面的法律法规外，创业者还需要了解融资、安全、质量、环保、竞争等方面的法律法规。

二、企业法律组织形式及选择

在市场经济条件下，企业必须依法建立。但是，在创建企业时，创业者需要认真考虑的是选择一个什么样的企业法律组织形式。在选择具体的企业组织形式之前，创业者首先要了解我国企业有哪几种企业法律组织形式，它们各自的优缺点，然后，根据自己的实际情况，选择适合自己的组织形式。目前，我过企业主要有个人独资企业、合伙企业、公司制企业 3 种基本法律组织形式。

1．各种企业法律组织形式优劣比较

（1）个人独资企业。

① 个人独资企业的优点。

a．企业设立手续非常简单、费用低。

b．所有者对企业拥有控制权。

c．可以迅速对市场变化做出反应。

d．只需要缴纳个人所得税，无需双重课税。

e．易于保密，因为一人独有，所以在技术和经营方面易于保密。

② 个人独资企业的缺点。

a．投资者风险巨大。创业者对企业负无限责任，在硬化了企业预算约束的同时，也使创业者承担了较大的风险，从而限制了业主向风险较大的部门或领域进行投资的活动。这对新兴产业的形成和发展极为不利。

b．难以筹集大量资金。因为一个人的资金终归有限，以个人名义借贷款难度也较大。因此，独资企业限制了企业的扩展和大规模经营。

c．企业连续性差。企业所有权和经营权高度统一的产权结构，虽然使企业拥有充分的自主权，但这也意味着企业是自然人的企业，业主的病、死，他个人及家属知识和能力的缺乏，都可能导致企业破产。

d．创业投资的流动性低，产权转让困难。

（2）合伙企业。

① 合伙企业的优点。

a．企业设立手续简单、费用低。

b．经营者即出资者人数的增加，突破了单个人在知识、阅历、经验等方面的限制。众多经营者在共同利益驱动下，集思广益，各显所长，从不同的方面进行企业的经营管理，必然有助于企业经营管理水平的提高。

c. 企业资本来源比个人独资企业广泛。一定程度突破企业资金受单个人所拥有的量的限制，并使企业从外部获得贷款的信用增强，扩大了资金的来源。

d. 只需缴纳个人所得税，无需双重课税。

② 合伙企业的缺点。

a. 合伙人承担无限责任，风险大。

b. 决策时滞性。由于所有合伙人都有权代表企业从事经营活动，重大决策都需得到所有合伙人同意，因而很容易造成决策上的延误与差错。

c. 企业存续期不长久。由于合伙企业具有浓重的人合性，任何一个合伙人破产、死亡或退伙都有可能导致合伙企业解散，因而其存续期限不可能很长。

d. 合伙人的投资流动性低，产权转让困难。

（3）有限责任公司。

① 有限责任公司的优点。

a. 股东承担有限责任。

b. 股权集中，便于股东对公司的监控，有利于增强股东的责任心；同时，有限责任公司的财务报表一般不予以公开，公司易于保密。

c. 公司具有独立寿命，存续期长。

② 有限责任公司的缺点。

a. 只能以发起人集资方式筹集资金，且人数有限，不利于资本大量集中；不能公开发行股票，筹资规模受限，企业规模也受限。

b. 存在双重纳税问题，税收负担较重。

c. 股东股权的转让受到严格的限制，资本流动性差，不利于用股权转让的方式规避风险。

（4）股份有限公司。

① 股份有限公司的优点。

a. 股东只承担有限责任。

b. 筹资能力强。股份有限公司可以通过发行股票迅速聚集大量资本，从而广泛聚集社会闲散资金形成资本，有利于公司的成长。

c. 公司由职业经理人管理，管理水平较高；股份有限公司多元化的产权结构有利于科学决策。

d. 有利于接受社会监督。

e. 股份转让比较自由，产权可以以股票形式充分流动，资产运作容易。

② 股份有限公司的缺点。

a. 设立的程序比较复杂、费用较高。

b. 存在双重纳税问题，税收负担比较重。

c. 要定期报告公司的财务状况、公开财务报表，公司的商业秘密容易暴露。

d. 政府限制较多，法律要求比较严格。

（5）一人责任有限公司。

① 一人责任有限公司的优点。

a. 可以节省时间和金钱，提高工作效率。由于一人公司内部管理结构一般比较简单，股东和董事往往由同一人兼任，在遇到大事急事时就可以无需或减少股东会董事会的召开、召集、决议等烦琐事项，可以避免公司僵局，从而及时有效地做出决策以应对市场变化，提高了企业的竞争力。

b. 可以使风险可控。一人有限公司的股东承担有限责任，使股东的投资风险预先已确定。另外，一人公司可实现公司财产和股东个人财产的分离，可以避免投资者因为一次的投资失败而无法翻身。

c. 易于保守商业秘密。一人公司制度中，由于接触到商业秘密的人比较少，并且股东即可有效地采取措施保护这些发明创造，专有技术，对企业有很大的实惠。

② 一人责任有限公司的缺点。

a. 公司的组织机构难以健全，缺乏制衡机制。

由于一人公司仅有一个股东，股东可以利用公司法人人格为个人谋私利，从而使利益有其独享而责任由公司承担。

b. 不利于公司的发展壮大。因为一人责任有限公司股东的唯一性，所以公司资金筹措能力就会受到限制。此外，因为一人公司的组织机构往往不健全，公众可能对这类公司缺乏信任。

2. 企业法律组织形式的选择

企业组织形式反映了企业的性质、地位、作用和行为方式，规范了企业与出资人、企业与债权人、企业与企业、企业与职工等内外部的关系。影响企业组织形式选择的因素很多，必须对各种因素进行综合分析，权衡利弊，才能做出选择。影响企业组织形式选择的主要因素如下。

（1）法律上对某些产业、行业的限制。原则上企业对组织形式有选择的自由，但对从事某些产业的企业，法律上会给予一定的组织形式的限制，例如对一些专门职业（律师、注册会计师等）被要求以合伙方式组成。此外，例如银行、保险等金融事业，基于特殊的行业特质或者管制要求，法律要求必须以公司的形式进行组织。

（2）税收政策。税收与企业组织形式选择息息相关，企业组织形式不同，所承担的税负也存在着较大的差别，这将直接关系到企业和投资者个人投资回报的大小。不同组织形式的企业税收政策存在差异，需要创业者根据自己情况进行仔细权衡后选择适当的企业组织形式。

我国对独资企业、合伙企业和公司制企业实行不同的税收政策。国家对公司制企业的营业利润在企业环节上课征企业所得税，税后利润作为股利分配给投资者，投资者取得的这部分股利还需要缴纳一次个人所得税。而个人独资企业和合伙制企业则不然，它们取得的营业利润不需要缴纳企业所得税，只是投资者（或合伙人）取得的投资收益需要缴纳个人所得税。如果综合考虑企业的税基、税率、优惠政策等多种因素，公司制企业也有有利的一面，因为国家的税收优惠政策一般都是只为公司制企业所适用。一般情况下，规模较大企业应选择股份有限公司，规模不大的企业，采用合伙企业比较合适，因为规模较大的企业需要资金多，筹资难度大，管理较为复杂，如采用合伙制形式运转比较困难。

（3）利润分享和亏损承担方式。个人独资企业，投资者无需和他人分享利润，但其要一人承担公司的亏损，自负盈亏。合伙企业，如果合伙协议没有特别规定，利润和亏损由每个合伙人按相等的份额分享和承担。有限责任公司和股份有限制公司，公司的利润是按股东持有的股份比例和股份种类分享的，对公司的亏损，股东不承担投资额以外的责任。

（4）资本和信用的需求程度。通常，投资人有一定的资本，但尚不足，又不想使事业规模太大，或者扩大规模收到客观条件的限制，适合采用合伙制或有限责任公司的形式；如果希望经营事业规模宏大，且所需资金巨大，可以采用股份制；如果开办人愿意以个人信用为企业信用的基础，且不准备扩展企业的规模，可以采用独资的方式。

（5）承担的责任范围。对于企业的投资者而言，面对商业环境中各式各样的经营风险，企业组织形式在法律上的责任形式自然是其所关注的焦点。个人独资企业和合伙企业对企业承担无限责任，风险大，对经营中所产生的债务，如企业财产不足以清偿，则投资人须以个人所有的其他财产来清偿债务。公司制企业对企业承担有限责任，有限责任的范围是以股东的投资额为限，风险比较小。

此外，企业的企业组织正式化程度与运营成本、企业经营期间、管理的集中程度、权益移转的自由性等因素有关，会对投资人选择企业组织形式形成影响，投资者在选择企业的组织形式时，应综合多方面的因素进行考虑。

三、企业名称的设计

1．企业名称的设计

企业名称是企业的代号，是企业的标志，是社会大众了解企业的第一途径，是品牌的第一构成要素。一个具有鲜明个性和丰富文化内涵的名字对一个企业来说非常重要。因此，在激烈的市场竞争环境中，企业一定要重视企业名称的选择。

企业名称的设计应易读、易记，为此企业命名要简洁、独特、新颖、响亮、有气魄，同时，企业名称也要具有丰富的内涵，能启发消费者的积极联想，也要适合消费者的文化价值观。

企业名称的取名方法很多，常用的起名方法有：以经营者本人的名字命名，以经营团队命名，以地域文化及五行学说命名，以典故、诗词、历史轶事命名，以英文谐音命名等。不管如何命名，设计企业名称时需要注意：名称要合理合法，要符合企业理念，要具有唯一性，要有鲜明的个性，要好听、好看、好读，易记、易写、易传。

2．企业视觉识别系统设计

企业视觉识别系统是企业识别系统的重要组成部分，它是企业形象最直观的表现，它通过一系列形象设计，将企业经营理念、行为规范等，即企业文化内涵，传达给社会公众的系统策略，是企业全部视觉形象的总和。企业视觉识别系统基本要素主要包括企业名称、品牌名称、企业商标、宣传标语等。企业的视觉识别系统需要保持内在的一致性和外在的差异性，即企业所有视觉设计都要严格地遵循统一的标准，同时要与其他企业保持鲜明的差异，以便促进客户产生强烈的共鸣。一个优秀的视觉识别系统可以使人们快速理解企业希望传递的信息。

企业视觉识别系统设计必须把握同一性、差异性、民族性、有效性等基本原则。

（1）同一性。企业标志代表企业的理念、公司的规模、经营的内容、产品的特质，是企业的象征。因此，公众对于企业标志的认同就是对企业的认同。企业标志一经确定，在一个时期内，绝不允许任意更改，否则会引起企业形象识别上的混乱，削弱消费者的信心，给企业带来负面的影响。为了达到企业形象对外传播的一致性与一贯性，企业视觉识别系统要予以标准化，应该统一设计，把各种形式传播媒体上的形象统一；创作可储存与传播的统一的企业视觉形象。要达到同一性，企业视觉识别系统设计须做到简化、统一、系列、组合、通用。

（2）差异性。企业形象为了能获得社会大众的认同，必须是个性化的、与众不同的，因此差异性的原则十分重要。差异性首先表现在不同行业的区分，因为，在社会性大众心目中，不同行业的企业与机构均有其行业的形象特征，如化妆品企业与机械工业企业的企业形象特征是截然不同的。在设计时必须突出行业特点，才能与其他行业有不同的形象特征，有利于识别认同。其次必须突出与同行业其他企业的差别，才能独具风采，脱颖而出。例如，享誉世界的苹果公司，其企业形象别具一格，十分个性化，有效地获得了消费大众的认同，在竞争激烈的电子产品市场上独树一帜。

（3）民族性。企业形象的塑造与传播应该依据不同的民族文化。美、日等许多企业的崛起和成功，民族文化是其根本的驱动力。美国企业文化研究专家秋尔和肯尼迪指出："一个强大的文化几乎是美国企业持续成功的驱动力。"驰名于世的"麦当劳"和"肯德基"独具特色的企业形象，展现的就是美国生活方式的快餐文化。塑造能跻身于世界之林的中国企业形象，必须弘扬中华民族文化优势，灿烂的中华民族文化，是我们取之不尽，用之不竭的源泉，有许多我们值得吸收的精华，有助于我们创造中华民族特色的企业形象。

（4）有效性。有效性是指企业视觉识别系统设计计划能得以有效地推行运用，能够操作和便于操作。有效的企业视觉识别系统设计计划能够有效地发挥树立良好企业形象的作用。

四、企业地址的选择

企业位置的选择是建立、组织和管理企业的第一步，也是企业最重要的一项投资决策，对企业的生产经营及发展将产生深远而持久的影响。它不仅关系到设施建设的投资和建设的速度，而且很大程度上决定了所提供的产品成本，影响到企业的生产管理工作活动和经济效益。

1．选址需要考虑的主要因素

选址需要综合考虑多方面因素，既包括经济技术因素，又包括政治因素、社会因素和自身情况等。所以需要采取综合评价方法来对企业选址问题进行评价。总的来说，企业选址应综合考虑以下几方面因素。

（1）经济技术因素。成本是企业选址考虑的一个重要因素，选址成本既包括固定成本，又包括变动成本。固定成本，就是维持企业可以正常运作而必须开支的成本，如制造业企业的厂房和机器设备的折旧。所以，由于企业选址位置不同，固定成本也会有地区性的差异。企业经营的变动成本主要包括原材料、燃料、动力等生产要素的价值，由于在不同的地区和位置，其原材料、燃料以及动力价格会有所不同，所以变动成本也是企业选址所要考虑的重要因素。

同时，企业选址时也需要考虑运输、劳动力资源、地方政策以及生活条件等诸多因素，对于制造业企业而言，产品和原料的运输成本在总成本中占有较大的比重。交通条件的好坏、运输距离的远近、运输环节的多少、运输手段及运输时间的不同，均对交通运输成本构成直接的影响。因此，合理选址可以使运输成本降低，服务提高。

（2）政治因素。要考虑地方政府对产业发展的法律法规和政策规划，在金融、财税方面的政策支持，当地的投资环境。创业者到国外投资，还要考虑国家局势是否安全稳定。

（3）社会因素。企业在进行选择时还要考虑许多社会因素，如待选地区的社会治安如何，当地的文化教育水平和流动管理水平如何，当地居民的消费能力如何等。服务型企业一般适合在人口密集、消费能力足够强的地区；大型企业、噪声污染不易控制的企业适合在郊区或农村地区设厂。

（4）自然因素。企业在选址时还要注意当地的地理环境和气候等自然环境是否能够满足企业的生产和发展。

综上所述，企业的选址对于一个企业经营的成败起着决定性的作用，越来越多的企业将选址问题看做企业建立的头等大事。

2．选址的一般步骤如下

第一步：明确选址总体目标。

第二步：收集与选址目标和目标地区有关的资料。

第三步：评价各目标地区，确定候选区域。汇总、整理所收集的各种信息，分析各种选址方案的利弊，根据总体目标对各种方案进行权衡取舍，拟定候选区域。

第四步：综合分析，确定具体企业地址。从业企业的经济效益、社会效益和长远利益出发，采取科学的定性和定量的分析方法对候选地区的方案进行综合评价，选出最佳方案。

五、企业登记注册

在完成了企业组织形式的选择、企业名称和场地的确定以及企业人、财、物配置等各项准备工作后，就可以开始进行登记注册工作，企业被国家机关核准注册后，就可以开始正式运营了。

企业登记注册工作涉及工商部门、税务部门、质量监管部门等多个部门，同时也还会涉及银行、会计师事务所、资产评估等机构。自 2015 年 10 月 1 日起，全面实行工商营业执照、组织机构代码证和税务登记证"三证合一""一证一码"登记制度，简化手续，缩短了注册时限，企业登记注册包括以下几个基本流程，如图 4-1 所示。

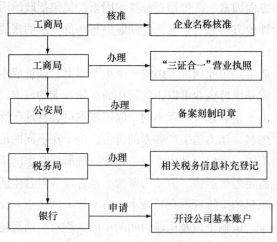

图 4-1　企业登记注册基本流程

1．核准企业名称

我国实行企业名称预先核准制度。企业在进行注册登记之前需要将企业拟定好的企业名称预先提请当地的工商局核准。

首先，要到工商局去领取一张《企业名称预先核准申请表》进行填写或者直接在当地工商局的官网上办理企业名称预先核准申请。申请表填好后，工商局工作人员会在工商局内部网上检索是否有重名，如果没有重名，经核准后就可以使用这个名称，5 个工作日内会核发一张《企业名称预先核准通知书》。如果是在网上办理的核准，若网上名称预先核准状态显示为"已通过"，就可直接去当地工商局办理登记注册了。

2．验资

首先是到会计师事务所领取银行询证函。其次是到银行开立注册验资的银行账户。开立验资账户时，需要持企业章程、企业名称预先核准通知书、法定代表人和股东私章、身份证和银行询证函。银行核实验资账户中的资金与所需要实缴的资金相符时，会在银行询证函上加盖银行公章，并会给每个股东发股东缴款单。最后是办理验证报告。持银行出具的股东交款单、银行询证函、《企业名称预先核准通知》、租房合同、房产证复印件，到会计师事务所办理验证报告，会计师事务所出具验证报告。

但 2014 年 3 月 1 日实施的《新公司法》中规定"除法律、行政法规、国务院决定对公司注册资本实缴另有规定的 27 类行业外，如银行业金融机构、证券公司、期货公司、基金管理公司、保险公司、小额贷款公司等仍然实行注册资本实缴登记制，其他公司全部实行注册资本认缴登记制度"。公司股东对其认缴的出资额、出资方式、出资期限等自主约定，并记载于公司章程。同时还规定"除法律、行政法规以及国务院决定对特定行业注册资本最低限额另有规定的外，取消有限责任公司最低注册资本 3 万元、一人有限责任公司最低注册资本 10 万元、股份有限公司最低注册资本 500 万元的限制"。新公司法的这些规定极大地降低了企业的准入门槛，例如注册一个 100 万元的公司，各股东对其出资的金额、以什么方式出资、什么时间出资只要在章程中约定即可，不必办理工商执照时就出资到位。所以，除法律、行政法规、国务院决定对公司注册资本实缴另有规定的 27 类行业外，一般企业在进行工商登记注册之前不用办理注册验资。

3．工商注册登记

到工商局现场办理营业执照，需要带齐以下资料：

① 公司登记（备案）申请书（见表 4-1）；

② 公司章程；

③ 董事、法人、监事任免书；

④ 总经理任免书；

⑤ 全体股东法人身份证原件；

⑥ 实收资本备案的需提供出具注册验资证明编号的出资证明书（认缴制证明书不需要）；

⑦ 名称预先核准通知书；

⑧ 其他资料（见表 4-1 的附表 1～附表 5）。

在提交上述资料后，经登记机关受理并审查没问题后，一般在 5 个工作日内登记机关给申请的企业颁发营业执照。

表 4-1 　　　　　　　　　　公司登记（备案）申请书

注：请仔细阅读本申请书《填写说明》，按要求填写。

√基本信息			
名　称	湖南南蒂建材有限公司		
名称预先核准文号/注册号/统一社会信用代码	（湘）名私字[20××]第××××号		
住　所	___湖南___省（市/自治区）___长沙___市（地区/盟/自治州）___天心___县（自治县/旗/自治旗/市/区）_____乡（民族乡/镇/街道）___芙蓉南路___村（路/社区）___25___号		
生产经营地	_____省（市/自治区）_____市（地区/盟/自治州）_____县（自治县/旗/自治旗/市/区）_____乡（民族乡/镇/街道）_____村（路/社区）_____号（如无，可以不填写）		
联系电话	139××××××××	邮政编码	410004

√设立			
法定代表人姓名	张文	职　务	□董事长√执行董事√经理
注册资本	___1 000___万元	公司类型	有限责任公司
设立方式（股份公司填写）	□发起设立　　　　　□募集设立		
经营范围	建筑材料的销售。		
经营期限	√___50___年　　□长期	申请执照副本数量	_2_个

□变更		
变更项目	原登记内容	申请变更登记内容

√备案			
分公司□增设□注销	名　称		注册号/统一社会信用代码	
	登记机关		登记日期	
清算组	成　员			
	负责人		联系电话	
其　他	√董事　√监事　√经理　√章程　□章程修正案　√财务负责人　√联络员		

√申请人声明
本公司依照《公司法》《公司登记管理条例》相关规定申请登记、备案，提交材料真实有效。通过联络员登录企业信用信息公示系统向登记机关报送、向社会公示的企业信息为本企业提供、发布的信息，信息真实、有效。

法定代表人签字：张文（手迹）　　　　　　　　公司盖章（无）

（清算组负责人）签字：　　　　　　　20××　年　××　月　××　日 |

附表 1   法定代表人信息

姓　名	张文		固定电话	8258××××
移动电话	139××××××××		电子邮箱	××××@××××
身份证件类型	身份证		身份证件号码	4301041966××××××××

（身份证件复印件粘贴处）

法定代表人签字：　　张文（手迹）　　　　　　　20×× 年 ×× 月×× 日

附表 2   董事、监事、经理信息

姓名　张文　职务执行董事、经理　身份证件类型　身份证　身份证件号码_4301041966××××××××。

（张文身份证件复印件粘贴处）

姓名李立　职务　监事　身份证件类型　居民身份证　身份证件号码4301041977××××××××

（李立身份证件复印件粘贴处）

姓名_____ 职务_____ 身份证件类型_____ 身份证件号码_____

（身份证件复印件粘贴处）

附表 3   股东（发起人）出资情况

股东（发起人）名称或姓名	证件类型	证件号码	出资时间	出资方式	认缴出资额（万元）	出资比例
张文	身份证	4301041966××××××××	2025 年 12 月 31 日	货币	800	80%
李立	身份证	4301041977××××××××	2025 年 12 月 31 日	货币	200	20%

附表 4   财务负责人信息

姓名	王芳	固定电话	8567××××
移动电话	137××××××××	电子邮箱	××××@××××
身份证件类型	身份证	身份证件号码	430101××××××××××××

（王芳身份证件复印件粘贴处）

附表 5   联络员信息

姓名	李明	固定电话	8567××××
移动电话	135××××××××	电子邮箱	××××@××××
身份证件类型	身份证	身份证件号码	430102××××××××××××

（李明身份证件复印件粘贴处）

注：联络员主要负责本企业与企业登记机关的联系沟通，以本人个人信息登录企业信用信息公示系统依法向社会公示本企业有关信息等。联络员应了解企业登记相关法规和企业信息公示有关规定，熟悉操作企业信用信息公示系统。

4．刻公章

凭营业执照、法人身份证到公安局指定的专业刻章店刻印公章、财务章。

5．税务信息补充登记

目前实行的"三证合一"登记制度并非是将税务登记取消，税务登记的法律地位仍然存在，只是政府简政放权将此环节改为由工商行政管理部门一口受理，核发一个加载法人和企业组织机构代码营业执照，这个营业执照在税务机关完成信息补录后具备税务登记证的法律地位和作用。

6．开立企业基本银行存款账户

基本存款账户是指存款人为办理日常转账结算和现金收付而开立的银行结算账户，是存款人的主办账户，经营活动的日常资金收付以及工资、奖金和现金的支取均可通过该账户办理。存款人只能在银行开立一个基本存款账户并且在其账户内应有足够的资金支付。存款人的基本存款账户，实行人民银行当地分支机构核发开户许可证制度。开立基本存款账户是开立其他银行结算账户的前提。

持营业执照、组织机构代码证、税务登记证等资料，到银行申请开立基本存款账户。

7．申请领购发票

依法办理税务登记的企业在领取税务登记证件后，向主管税务机关申请领购发票，经主管税务机关审核后，发放《发票领购簿》。

六、企业组织管理

1．企业组织管理的内涵

新企业登记注册后，便进入企业的运营管理阶段。创业企业的运营管理与传统企业运营管理的本质差别在于，创业企业的管理是零起步和资源有限的管理，它主要是依靠团队的力量、依靠创新和理性冒险来推动创业企业的起步和发展。

企业经营管理的第一步便是企业组织管理。企业组织管理，具体地说就是为了有效地配置企业内部的有限资源，通过建立组织结构，规定职务或职位，明确责权关系，以使组织中的成员互相协作配合、共同劳动，有效实现组织目标的过程。企业组织管理，应该使组织成员明确组织中有些什么工作，谁去做什么，谁承担什么责任，具有什么权力，与组织结构中上下左右的工作关系如何等。

2．企业组织结构的设置

企业组织结构是指企业组织内各构成要素以及它们之间的相互关系，是组织的框架体系。组织结构的主要目的是更有效的利用资源、实现企业目标。组织结构是组织在职、责、权方面的动态结构体系，其本质是为实现组织战略目标而采取的一种分工协作体系，组织结构必须随着组织的重大战略调整而调整。

刚刚起步的新企业往往不可以一开始就能设置非常规范的组织结构，不过企业想要做大做强，组织结构需要在日后逐步规范完善。为了给创业者选择企业的组织结构提供参考，并为今后逐步规范企业组织结构打下基础，下面介绍几种典型的企业组织结构形式的特点、各自的优缺点及适用的范围。

（1）直线制。

① 直线制结构。直线制组织结构又称单线型组织结构，是最古老、最简单的一种组织结构类型。其特点是组织系统职权从组织上层"流向"组织基层。上下级关系是直线关系，即命令与服从的关系，呈金字塔结构，如图 4-2 所示。

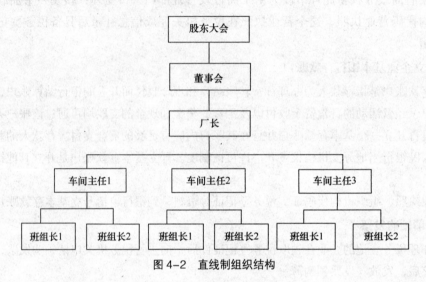

图 4-2　直线制组织结构

在图 4-2 中，组织中每一位管理者对其直接下属有直接职权；组织中每一个人只能向一位直接上级报告，即"一个人，一个头"；管理者在其管辖的范围内，有绝对的职权或完全的职权。

② 直线制结构的优缺点和适用范围。直线制组织结构的优点是：结构简单、命令统一、责权明确、联系便捷、易于适应环境变化、管理成本低。

直线制组织结构的缺点是：在组织规模较大的情况下，所有管理职能都集中由一个人承担是比较困难的；权力过分集中，易导致权力的滥用，部门间协调差。

因此，直线制适用于劳动密集、机械化程度比较高、规模较小的企业。

（2）职能制。

① 职能制组织结构。职能制组织结构又称多线型组织结构，它是各级行政单位除主管负责人外，还相应地设立一些职能机构。如在厂长下面设立职能机构和人员，协助厂长从事职能管理工作。这种结构要求行政主管把相应的管理职责和权力交给相关的职能机构，各职能机构就有权在自己业务范围内向下级行政单位发号施令。因此，下级行政负责人除了接受上级行政主管人指挥外，还必须接受上级各职能机构的领导。职能制组织结构如图 4-3 所示。

② 职能制组织结构的优缺点和适用范围。职能制的优点是能适应现代化工业企业生产技术比较复杂，管理工作比较精细的特点；能充分发挥职能机构的专业管理作用，减轻直线领导人员的工作负担。但缺点也很明显：它妨碍了必要的集中领导和统一指挥，形成了多头领导；不利于建立和健全各级行政负责人和职能科室的责任制，在中间管理层往往会出现有功大家抢，有过大家推的现象；另外，在上级行政领导和职能机构的指导和命令发生矛盾时，下级就无所适从，影响工作的正常进行，容易造成纪律松弛，生产管理秩序混乱。

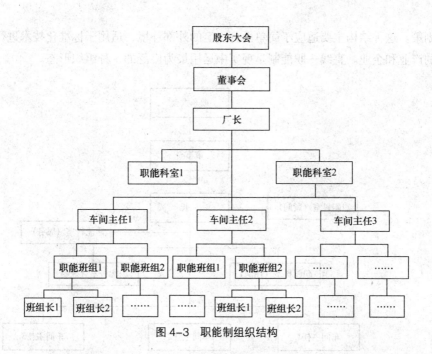

图 4-3　职能制组织结构

　　由于这种组织结构形式的明显的缺陷，所以，职能制结构主要适用于中小型的、产品品种比较单一、生产技术发展变化较慢、外部环境比较稳定的企业。具备以上特性的企业，其经营管理相对简单，部门较少，横向协调的难度小，对适应性的要求较低，因此职能制结构的缺点不突出，而优点却能得到较为充分的发挥。当企业规模、内部条件的复杂程度和外部环境的不确定性超出了职能制结构所允许的限度时，不应再采用这种结构形式，但在组织的某些局部，仍可部分运用这种按职能划分部门的方法。例如，在分权程度很高的大企业中，组织的高层往往设有财务、人事等职能部门，这既有利于保持重大经营决策所需要的必要的集权，也便于让这些部门为整个组织服务。

　　（3）直线—职能制。

　　① 直线—职能制组织结构。直线—职能制，也叫生产区域制或直线参谋制。它是在直线制和职能制的基础上，取长补短，吸取这两种形式的优点而建立起来的。目前，我们绝大多数企业都采用这种组织结构形式。这种组织结构形式是把企业管理机构和人员分为两类，一类是直线领导机构和人员，按命令统一原则对各级组织行使指挥权；另一类是职能机构和人员，按专业化原则，从事组织的各项职能管理工作。直线领导机构和人员在自己的职责范围内有一定的决定权和对所属下级的指挥权，并对自己部门的工作负全部责任。而职能机构和人员，则是直线指挥人员的参谋，不能对直接部门发号施令，只能进行业务指导。直线—职能制组织结构如图 4-4 所示。

　　② 直线—职能制组织结构的优缺点和适用范围。直线—职能制的优点是：既保证了企业管理体系的集中统一，又可以在各级行政负责人的领导下，充分发挥各专业管理机构的作用。其缺点是：职能部门之间的协作和配合性较差，职能部门的许多工作要直接向上层领导报告请示才能处理，一方面加重了上层领导的工作负担，另一方面也造成办事效率低。为了克服这些缺点，可以设立各种综合委员会，或建立各种会议制度，以协调各方面的工作，起到沟通作用，帮助高层

领导出谋划策。这种结构主要适应于简单而且稳定的外部环境，适用于标准化技术进行常规性大批量生产的产业和企业。直线—职能制是现实中运用最为广泛的一种组织形态。

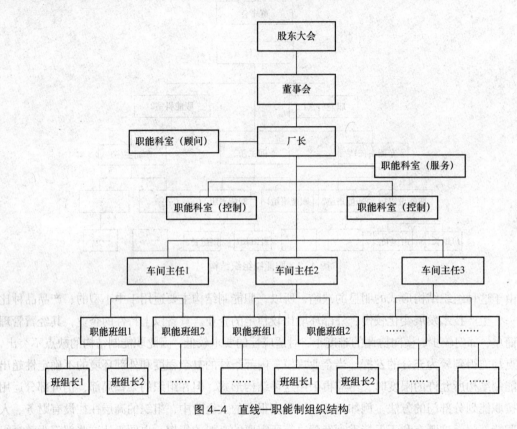

图 4-4　直线—职能制组织结构

（4）事业部制。

① 事业部制组织结构。事业部制是指在总公司的领导下按地区或产品或顾客类型设立多个事业部，从产品的研究开发、原材料采购、成本核算、产品制造，一直到产品销售，均由事业部及其所属工厂负责，各事业部有各自独立的产品或市场，在经营管理上有很强的自主性，实行独立核算、自负盈亏，公司总部只保留人事决策、预算控制和监督大权，并通过利润等指标对事业部进行控制，是一种分权式管理结构。事业部制是多单位企业、分权组织结构。事业部制组织结构如图 4-5 所示。

事业部制组织结构有专门化管理；集中政策，分散经营；独立核算、自负盈亏；职能机构可以根据组织的具体境况进行设计等几个特点。

② 事业部制组织结构的优缺点和适用范围。事业部制的优点：一是每个事业部都有自己的产品和市场，能够规划其未来发展，也能迅速的适应市场上出现的新情况，有良好的适应性；二是有利于最高领导层摆脱日常繁琐事物而成为有力的决策机构，同时又能使各事业部发挥经营管理的积极性和创造性，从而提高企业的整体效益；三是由于事业部自成系统、独立经营，相当于一个完整的企业，这有利于培养全面管理人才，为企业的未来发展储备人才；四是事业部独立核算，便于建立衡量事业部及其经理工作效率的标准，进行严格的考核；五是按产品划分事业部，便于

组织专业化生产，形成经济规模，有利于提高劳动生产率和企业经济效益；六是各事业部之间可以进行比较，形成各事业部之间的竞争，由此增强企业活力，促进企业发展。

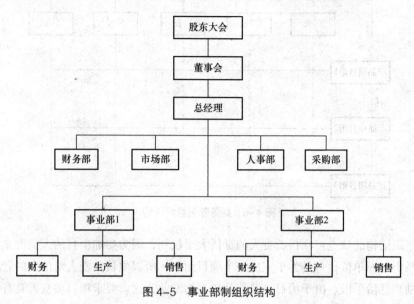

图4-5　事业部制组织结构

事业部制的缺点：一是由于各事业部利益相互独立，容易滋长本位主义；二是对公司总部的管理工作要求高，若达不到管理要求，很容易发生失控；三是一定程度上增加了费用开支。

事业部制结构主要适用于产业多元化、产品多样化、各有独立的市场，且市场环境变化较快的大型企业，是国内外大型联合公司比较常采用的一种组织形式。

（5）矩阵制。

① 矩阵制结构。矩阵制结构的出现是企业管理水平的一次飞跃。当企业要完成临时任务时，就需要矩阵制结构的管理。职能式结构强调纵向的信息沟通，而事业部制结构强调横向的信息流动，矩阵制就是将这两种信息流动在企业内部同时实现。

在组织结构上，矩阵制就是把按职能划分的部门和按产品（项目）划分的小组结合起来组成一个矩阵结构，小组人员既同原职能部门保持组织与业务上的联系，又参加项目小组的工作。职能部门是固定的组织，项目小组是临时性组织，完成任务后就自动解散，其成员回原部门工作。矩阵制组织结构如图4-6所示。

矩阵制组织结构是特点是能很好地围绕完成某项专门任务成立跨职能部门的专门机构。例如组成一个专门的项目小组从事新产品的开发工作，在研究、设计、试验、制造各个不同阶段，由有关部门派人参加，力图做到条块结合，以保证任务的顺利完成。项目小组人员是临时组织的，项目小组的负责人也是临时委派的，任务完成后就解散，这种组织类型比较适用于需要横向协作的攻关项目。

② 矩阵制组织结构的优缺点和适用范围。矩阵制组织结构的优点：组织结构机动、灵活，可随项目的开发与结束进行集中或解散；将企业的横向和纵向相结合，有利于协作生产；针对特定的任务进行人员配置，有利于发挥个体优势，集众家之长，提高项目完成的质量和效率。各部门人员不定期的组合有利于信息交流，增加互相学习的机会，提高专业管理水平。

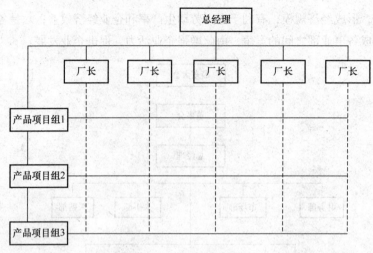

图 4-6　矩阵部制组织结构

矩阵制组织结构的缺点：项目负责人的责任大于权利，因为参加项目的人员度来自不同的部门，隶属关系仍在原单位，只是为了完成一个项目而来，所以项目负责人对他们的管理困难，没有足够的激励和惩治手段。由于项目一般涉及较多的专业，这就要求项目负责人具有较高的协调能力和丰富的经验。

矩阵结构适用于一些重大攻关项目。企业可用来完成涉及面广的、临时性的、复杂的重大工程项目或管理改革任务。特别适用于用于以开发与实验为主的单位，例如科研结构等。

> 议一议
>
> 广东一个年产值 3 400 万元的企业，下面有 5 个业务部（实际上是以车间为主体的小业务部）。2012 年前，这个企业有 4 个职能部门和 5 个车间，其中市场部是企业的龙头部门，全厂 160 多名职工全靠市场部的 8 个人拿订单吃饭。随着市场竞争的加剧，市场部的订单不能满足生产的需要，于是个别车间依靠自己的力量，在市场上拉私活。渐渐地，统一的经营体制被打破，车间逐渐成为经营性主体。但因为订单主要是由各车间自己争取来的，总部也在生产及质量管理等方面逐渐失去实际控制。在这种变化的过程中，总部相关部门和车间之间经常发生管理冲突，本质上是集权与分权的冲突。到 2012 年，公司对业务部门进行了重组，并重新设计了组织结构：将 5 个车间重组为 5 个独立的产品部门，并称为业务部，取消了市场部、生产管理部、技术质量部，相应工作和权力下放给各业务部，总部仅保留了原办公室、人事部和财务部，并增设综合管理部，负责一般性的协调和统计工作。各业务部自主经营、自我发展，总部仅从其业务收入中提存 15%。
>
> **讨论：**这家企业原先采用的是什么样的组织结构形式？这家企业为什么要进行组织结构调整，调整后的组织结构形式有哪些优势和不足？

项目二　创业融资

【引例与分析】

林峰在本科毕业后进入国家机关工作，1994 年年初，他辞职进入一家食品机械公司做销售代表，凭借着自己的勤奋和努力，几年后被公司提升到销售部经理的位置，林峰在业内也渐渐有了些名气。

林峰期望能够创立自己的企业，他与几位志同道合的朋友经过磋商，决定做烧烤机。这样的决定，首先是考虑到资金总量问题，几个朋友的资金加起来也就300万元左右，经过林峰的测算，投资生产烧烤机300万元是能够运转企业的。一切都策划设计好后，林峰辞去了现有的工作。

辞职后的林峰马不停蹄地筹备烧烤机的生产，租赁了厂房，成立了公司，资金也基本募集到位，他希望产品赶在元旦前上市。由于林峰出资额较多，而且是全职投入企业，自然出任法人代表。

然而，事情并不像林峰想象的那么简单。首先，由于林峰对餐饮机械行业的产品管理规则不太熟悉，产品设计生产中遇到诸多难题。另外，环保专利产品的申报工作非常麻烦，原计划年底回笼资金的愿望成了泡影。第一批共生产出来300台产品。林峰召开了隆重的新产品发布会，希望对内鼓舞士气，对外制造声势，以利于市场推广。然而效果非常有限，几乎没有媒体跟踪支持。接下来的市场销售更是不顺畅，由于是新产品，许多客户根本不认识，最多答应留下来免费试用。销售不畅，销售人员情绪低落，队伍很不稳定。于是林峰加大了提成力度，连续两三次提高产品销售提成后，公司留下的收入还不够产品的制造成本，但为了打开市场，只能是先赔本销售了。终于，产品于10月下旬卖出去12台，但是第二天销售部经理就接到买家的投诉，列举了烧烤机的4大问题，食客投诉比较多，影响了他们的生意。虽然几经协调和道歉，烧烤店仍不依不饶，最终以抵消60%余款了事。

新的产品设计很快出来了，然而新的问题又出现了，原来筹集的300万元此时基本用尽，预留的30万元的预备金也都用完了，第一批赊欠的原材料钢板钱还没有还，临近年底，对方的销售老总找上门来要款。资金紧张引发了一系列问题：首先是员工的工资发不出来，林峰开始拖欠员工工资。

问题还远不止这些，按照协议上半年的房租该付了，这是一笔不小的数目，大约16万元，还有水电费和管理部门的费用。越是这时，企业内部的管理问题越多，林峰急得如热锅上的蚂蚁。

于是，林峰把其他3个股东叫到一块开会商量对策，最后决定按比例再投入一笔资金，共计50万元，这次林峰几乎把家底儿全掏出来了。50万元真是杯水车薪，林峰非常清楚，还了各种年底必须还的欠款后剩下的10多万元过春节后不要说开展生产，就连维持日常的公司运营都支持不了一个月，所以春节期间又召集几位股东商量对策，其中有两位股东明确表示不能再继续投资了，也投不起了，林峰清楚自己也投不起了，只有融资这条路了。于是大家商量了一个大致的融资办法，分头找投资商。

在融资没什么希望的情况下，他和几位股东通了电话，商量着干脆把公司卖掉。最初有人有意向以150万元全盘接收，不负担债务，但几位股东商量几个来回都没有取得一致意见。一星期后，买主不干了。过了两个星期，几位股东都知道不是那么好卖，而且新的债务不断生成，干脆最后委托给林峰全权处理，卖多少都行。然而真正下决心处理的时候反而找不到买家了。最后林峰给几位股东通了电话，开了一个散伙会。大家决定申请破产。

林峰的创业梦想就此烟消云散。

[分析]从这个案例中我们不难看出，忽视财务融资规划，对创业过程需要多少资金、成本收益

如何，后续资金如何筹集等重大财务事项没有一个清晰的规划，导致步步被动。这是创业者在财务方面的短视造成的严重后果。财务资源是公司正常经营所必需的资源，创业企业更是如此。创业过程是一个长期的过程，创业者自身的启动资金很难满足创业发展的需要，因此，创业者及创业企业应有一个融资计划或规划以指导企业的融资行为，确保创业企业的发展能够得到源源不断的资金支持。反之，如果创业者过多关注创业项目本身而忽视了融资工作，易犯财务短视行为，即使是再好的项目，也会由于市场不确定性带来毁灭性的打击。所以进行融资之前，创业者应该要了解几种主要的融资方式，以及每个融资方式它的特点和适用的范围；根据企业的具体情况，选择正确的融资方式，了解各种融资风险，并学习甄别和规避融资中可能带来的融资风险。

进入 21 世纪以来，财富与创业的热潮在中华大地上愈加涌动。奋斗、创业，成就人生梦想，成为当代青年人的追求。环视中外，随着科技进步和新经济的蓬勃发展，创业也更多地成为年轻人的特长：他们有梦想、有激情、有闯劲、有用之不竭的创新力和创造力，但他们缺乏经验和必要的知识与技能，而财务知识的匮乏成为限制许多人创业成功的最大因素。经常听到一些青年朋友感叹"给我一个支点，就能撬起整个地球"，可是支点在哪里呢？于是我们看到了"一分钱难倒英雄汉"和"出师未捷身先死，长使英雄泪满襟"的唏嘘场面。

那么，创业资金从何而来，又怎样管理？融资与财务问题是创业者需要解决的主要难题之一。作为一名创业者，可以不管财务，但绝不能不懂财务。

一、融资的含义

从狭义上讲，融资即是一个企业筹集资金的行为与过程，是企业根据自身生产经营状况、资金拥有状况、未来经营发展的需要，通过科学的预测和决策，采用一定的方式，从一定的渠道向企业的投资者或债权人去筹集资金，并组织资金的供应，以保证正常生产需要以及经营管理活动需要的理财行为。

从广义上讲，融资也叫金融，就是货币资金的融通，是当事人通过各种方式到金融市场上筹措或寻求贷放资金的行为。

所谓创业融资是指创业者根据其创业计划，通过不同的融资渠道，运用一定的融资方式，经济有效地筹集所需资金的财务活动。从现代经济发展的角度看，企业比以往任何时候都需要更加深刻全面地了解金融知识、金融机构、金融市场，因为企业的发展离不开金融的支持，企业必须与之打交道，创业企业更应如此。

二、融资方式——债务性融资

债务性融资是借款性融资，是指资金需求者向资金供给者借款，约定时间换回本金并支付预先约定的资金使用成本（利息）。只要企业按期偿还借款，债权方无权过问公司的管理，债权方只按要求享有固定的利息，到期收回本金，不分享企业的收益，也不承担企业的风险。

1．债务性融资的特点

（1）短期性。债务性融资筹集的资金具有使用上的时间限制，需要到期还本。

（2）可逆性。企业采用债务融资方式获取资金，负有到期还本付息的义务。

（3）负担性。企业采用债务融资方式获取资金，需支付债务利息，从而形成企业的固定负担。

2. 债务融资的具体方式

（1）亲戚朋友借款。新创企业早期需要的资金量少且具有高度的不确定性，对银行等金融机构缺乏吸引力，这使得向亲朋好友融资成为创业者此时可选的主要融资渠道之一。家庭或朋友除直接提供资金外，更多的是为贷款提供担保。家庭或朋友的特殊关系使得这一融资渠道有效克服了信息不对称的问题。但是由于家庭或朋友这一特殊关系的存在，使得这一融资渠道很容易引发纠纷。因此，应将家庭或朋友提供的资金与其他投资者提供的资金同等对待。

（2）商业银行贷款。银行贷款对于需要融资的创业者来说往往是首选的外源融资渠道。

① 银行贷款主要有以下几种。

a. 抵押贷款，即向银行提供一定的财产作为贷款的保证方式。它是银行的一种放款形式。抵押品通常包括有价证券、国债券、各种股票、房地产以及货物的提单、栈单或其他各种证明物品所有权的单据。贷款到期，借款者必须如数归还，否则银行有权处理抵押品，作为一种补偿。

b. 信用贷款，即银行仅凭对借款人资信的信任而发放的贷款，借款人无须向银行提供抵押物。一般贷款银行要对借款方的经济效益、经营管理水平、发展前景等情况进行详细的考察，以降低风险，而且额度不会太高。

c. 担保贷款，即以担保人的信用为担保而发放的贷款。在这当中政府对创业者融资有一项专门的政策，即小额担保贷款，扶持范围包括城镇登记失业人员、大中专毕业生、军队退役人员、军人家属、残疾人、低保人员、外出务工返乡创业人员。对符合条件的人员，贷款额度一般为 5 万元，最高不超过 8 万元；高校毕业生贷款额度最高不超过 10 万元。贷款期限一般为 2 年，最长不超过 3 年。对合伙经营和组织起来就业（"组织起来就业"是指通过兴办各种类型的经济组织实现就业），贷款额度最高不超过 50 万元。

d. 贴现贷款，即借款人在急需资金时，以未到期的票据向银行申请贴现而融通资金的贷款。

近年来，随着商业银行自身业务的不断创新和国家对创业企业政策的扶持，商业银行也不断推出新的业务类型为创业者提供创业资金。例如，个人生产经营贷款、个人创业贷款、个人助业贷款、个人小型设备贷款、个人周转性流动资金贷款、下岗失业人员小额担保贷款和个人临时贷款等不同类型的贷款。这些新业务的开展不仅拓宽了银行自身业务领域，也为创业企业融资提供了新的途径，这种做法目前在国际社会中也得到广泛应用。

② 银行贷款融资的优点如下。

a. 贷款种类较多，便于企业根据需要进行选择。

b. 弹性大、灵活性强。贷款在使用期内，如经营状况发生变化，可以与有关金融机构协商，增减借款数量或延长、缩短借款时间，便于企业降低融资成本。

c. 贷款利息计入企业成本，合理利用贷款，可在财务杠杆的作用下，提高权益资本的收益率。

d. 融资费用相对较低。企业还款时只需按规定的利率付息，除此之外，没有其他融资费用。

③ 银行贷款融资的缺点如下。

a. 没有融资主动权。企业申请贷款的种类、数记、期限、利率都由银行对企业借款申请审核后决定，处于被动地位。

b. 融资规模有限，不可能像发行债券融资那样一下子筹集到大笔资金。

c. 到期必须归还，财务风险较大。另外，有时银行还会在借款时规定一些资金使用方向上的限制，从而影响企业的投资活动。

d. 受国家政策影响强烈。当中央银行实行扩张性货币政策时，银行会扩大信贷规模，企业取得贷款比较容易；当中央银行实行紧缩型货币政策时，银行会收缩贷款规模，企业取得贷款则相对困难。

（3）发行债券。债券是债务人为筹集资金而发行的、约定在一定期限内还本付息并反映债权债务关系的一种有价证券。债券按发行主体不同，分为政府债券、金融债券和企业债券，如果是股份制企业发行的债券则称之为公司债券。当前，在我国按《公司法》规定，只有股份有限公司、国有独资公司和2个以上的国有企业或者2个以上的国有投资主体投资设立的有限责任公司，才具有发行债券的资格。虽然中小民营企业目前还无法通过这一方式融资，但随着国家政策和市场环境的变化，债券融资的可能性将会增大。

① 发行债券融资的优点如下。

a. 资本成本低。债券的利息可以税前列支，具有抵税作用；另外债券投资人比股票投资人的投资风险低，因此其要求的报酬率也较低。故公司债券的资本成本要低于普通股。

b. 具有财务杠杆作用。债券的利息是固定的费用，债券持有人除获取利息外，不能参与公司净利润的分配，因而具有财务杠杆作用，在息税前利润增加的情况下会使股东的收益以更快的速度增加。

c. 所筹集资金属于长期资金。发行债券所筹集的资金一般属于长期资金，可供企业在1年以上的时间内使用，这为企业安排投资项目提供了有力的资金支持。

d. 债券筹资的范围广、金额大。债券筹资的对象十分广泛，它既可以向各类银行或非银行金融机构筹资，也可以向其他法人单位、个人筹资，因此筹资比较容易并可筹集较大金额的资金。

② 发行债券融资的缺点如下。

a. 财务风险大。债券有固定的到期日和固定的利息支出，当企业资金周转出现困难时，易使产业陷入财务困境，甚至破产清算。因此筹资企业在发行债券进行筹资时，必须考虑利用债券筹资方式所筹集的资金进行的投资项目的未来收益的稳定性和增长性的问题。

b. 限制性条款多，资金使用缺乏灵活性。因为债权人没有参与企业管理的权利，为了保障债权人债权的安全，通常会在债券合同中包括各种限制性条款。这些限制性条款会影响企业资金使用的灵活性。

（4）融资租赁。融资租赁是指出租人根据承租人对租赁物件的特定要求和对供货人的选择，出资向供货人购买租赁物件，并租给承租人使用，承租人则分期向出租人支付租金，在租赁期内租赁物件的所有权属于出租人所有，承租人拥有租赁物件的使用权。租期届满，租金支付完毕并且承租人根据融资租赁合同的规定履行完全部义务，对租赁物的归属没有约定的或者约定不明的，可以协议补充；不能达成补充协议的，按照合同有关条款或者交易习惯确定；仍然不能确定的，租赁物件所有权归出租人所有。

融资租赁是现代化大生产条件下产生的实物信用与银行信用相结合的新型金融服务形式，是集金融、贸易、服务为一体的跨领域、跨部门的交叉行业。由于其融资与融物相结合的特点，出现问题时租赁公司可以回收、处理租赁物，因而在办理融资时对企业资信和担保的要求不高，所以非常适合中小企业融资。大力推进融资租赁发展，有利于转变经济发展方式，促进二、三产业融合发展，对于加快商品流通、扩大内需、促进技术更新、缓解中小企业融资困难、提高资源配置效率等方面发挥重要作用。积极发展融资租赁业，是我国现代经济发展的必然选择。

2015 年 8 月 26 日国务院总理李克强主持召开国务院常务会议，确定加快融资租赁和金融租赁行业发展的措施，更好地服务实体经济。会议指出，加快发展融资租赁和金融租赁，是深化金融改革的重要举措，有利于缓解融资难融资贵的问题，拉动企业设备投资，带动产业升级。会议确定，一是力行简政放权，对融资租赁公司设立子公司不设最低注册资本限制。对船舶、农机、医疗器械、飞机等设备融资租赁简化相关登记许可或进出口手续。在经营资质认定上同等对待租赁方式购入和自行购买的设备。二是突出结构调整，加快发展高端核心装备进口、清洁能源、社会民生等领域的租赁业务，支持设立面向小微企业、"三农"的租赁公司。鼓励通过租赁推动装备走出去和国际产能合作。三是创新业务模式，用好"互联网+"，坚持融资与融物结合，建立租赁物与二手设备流通市场，发展售后回租业务。四是加大政策支持，鼓励各地通过奖励、风险补偿等方式，引导融资租赁和金融租赁更好地服务实体经济。同时，有关部门要协调配合，加强风险管理。融资租赁是新的金融模式，融资公司和承租人所承担的风险都相对比较低，所以非常适合中小企业融资。

（5）政府创业扶持基金。在国家提出建设创新型社会的经济发展理念的引导下，我国已出台若干政策，鼓励创业，设立了科技型中小企业技术创新基金。各地设立了若干"孵化器"，提供融资服务。各地政府也根据地方经济发展特点和需要相继出台了各种各样的政府创业扶持基金政策，其内容多变、形式多样，包含了从税收优惠到资金扶持，从特殊立项到特殊人群的各种创业基金。例如，近年来为解决大学生就业难问题，鼓励大学生自主创业，各地政府设立了大学生创业基金，为有创业梦想但缺乏资金的大学生提供创业启动资金，以最低的融资成本满足大学生创业者的最大资金需求。当前，大学生创业基金已成为大学生圆梦创业的助跑器，为切实解决大学生创业资金紧缺问题起到了重要作用。

政府引导基金是支持地方经济发展、解决中小企业融资难题的重要手段，同时也是政府培育战略性新兴产业的重要途径。近年来，不仅北京、上海、深圳、天津等资本云集城市政府引导基金发展势头强劲，民间企业与产业园区云集的一、二线城市也先后设立引导基金扶持当地产业发展，引导基金正式成为政府支持战略性新兴产业发展的全新平台。

根据中小企业项目的不同特点，政府创业扶持创新基金支持方式主要有以下几种。

① 贷款贴息。对已具有一定水平、规模和效益的创新项目，原则上采取贴息方式支持其使用银行贷款，以扩大生产规模，一般按贷款额年利息的 50%～100%给予补贴，贴息总金额一般不超过 100 万元，个别重大项目可不超过 200 万元。

② 无偿资金补助。主要用于中小企业技术创新中产品的研究、开发及调试阶段的必要补助、科研人员携带科技成果创办企业进行成果转化的补助，资助额一般不超过 100 万元；资本金投入，对少数起点高、具有较广创新内涵、较高创新水平并有后续创新潜力、预计投产后有较大市场、有望形成新兴产业的项目，可采取成本投入方式。

三、融资方式——权益性融资

权益性融资又称股权融资，是通过扩大企业的所有权益，如吸引新的投资者，发行新股，追加投资等来实现的。而不是出让所有权益或出卖股票，权益融资的后果是稀释了原有投资者对企业的控制权。权益资本的主要渠道有自有资本、风险投资公司、发行股票等。

1．权益性融资的特点

股权融资的特点在于引入的资金无须还本，不需要支付利息，但需按企业的经营状况支付红利；但同时企业引入新股东，在股权融资中，投资者以资金换取公司的股权后，使企业的股东构成和股权结构发生变化，股东的权利和义务也将进行重新调整，创业者有可能失去创业企业的控制权，企业发展模式和经营模式也可能随之相应地改变。

2．权益性融资的具体方式

（1）自我融资。创业是有风险的，但每一个创业者都应该明白，应将自有资金的大部分投入到新创的企业中。创业融资面临不确定性和信息不对称等诸多困难，自我融资本身是一种很好的承诺。如果创业者在创业的过程中投入自己的大部分资金，对其他投资者而言，本身就是一种信号，投资者花的是自己的钱，一定会谨慎地使用每一分钱；说明创业者对已认定的商业机会十分有信心，对自己的新创企业充满信心，是全心全意、踏踏实实地干事业。另外，创业虽然有风险，但创业的目的是为了取得成功。创办新企业是创业者捕捉商业机会实现价值的过程，创业者在新创企业中尽可能多的持有股份，有利于很好地管控企业，一旦创业成功，将获得最大的创业回报。

当然，创业者个人的资金对于新创企业而言，总是十分有限的。自我筹资虽然是新企业融资的途径之一，但它不是根本性的解决方案，特别是当新创企业规模较大时。

（2）风险投资。风险投资（Venture Capital Investment）是指具备资金实力的投资家对具有专门技术并具备良好市场发展前景，但缺乏启动资金的创业家进行资助，帮助其圆创业梦，并承担创业阶段投资失败的风险的投资。投资家投入的资金换得企业的部分股份，并以日后获得红利或出售该股权获取投资回报为目的。风险投资的特色在于甘冒高风险以追求最大的投资报酬，并将退出风险企业所回收的资金继续投入"高风险、高科技、高成长潜力"的类似高风险企业，实现资金的循环增值。投资家以筹组风险投资公司、招募专业经理人，从事投资机会评估并协助被投资事业的经营与管理等方法，早日实现投资收益，降低整体投资风险。

风险投资在我国是一个约定俗成的具有特定内涵的概念，其实把它翻译成创业投资更为妥当。广义的风险投资泛指一切具有高风险、高潜在收益的投资；狭义的风险投资是指以高新技术为基础，生产与经营技术密集型产品的投资。

风险投资具有与一般投资不同的特点，表现在以下几个方面。

① 高风险性。风险投资的对象主要是刚刚起步或还没有起步的中小型高新技术企业，企业规模小，没有固定资产或资金作为抵押或担保。由于投资目标常常是"种子"技术或是一种构想创意，而它们处于起步设计阶段，尚未经过市场检验，能否转化为现实生产力，有许多不确定因素。因此，高风险性是风险投资的本质特征。

② 高收益性。风险投资是一种前瞻性投资战略，预期企业的高成长、高增值是其投资的内在

动因。一旦投资成功，将会带来十倍甚至百倍的投资回报。高风险、高收益在风险投资过程中充分体现出来。

③ 低流动性。风险资本在高新技术企业创立初期就投入，当企业发展成熟后，才可以通过资本市场将股权变现，获取回报，继而进行新一轮的投资运作。因此投资期较长，通常为3～7年。另外，在风险资本最后退出时，若出口不畅，撤资将十分困难，导致风险投资流动性降低。

从本质上来讲，风险投资是高新技术产业在投入资本并进行有效使用过程中的一个支持系统，它加速了高新技术成果的转化，壮大了高新技术产业，催化了知识经济的蓬勃发展，这是它最主要的作用。当然，对于整个国家经济而言，风险投资在推动企业技术创新，促进产业机构的调整、改变社会就业结构、扩大个人投资的选择渠道、加强资本市场的深度等方面都有重要的意义。

所以，风险投资所指的风险不是一般的风险（risk），而，是冒险创新之险（venture）。从另一方面看，同是融资行为，与银行贷款相比，风险投资家投资的是未来，试图驾驭风险，即不是单纯给钱，还有创新的战略制定，技术评估，市场分析，风险及收益回收和评估，以及培养先进的管理人才等。银行贷款考虑的则是一般的回避风险以及财产抵押的现在行为。当然，趋之若鹜的真实动机，还是风险投资的高额回报。

无论风险投资机构的目的如何，风险投资的加入在缓解中小企业融资困境的问题上发挥着不可替代的作用，能够为企业研发新产品、开拓新市场提供必要的资金支持，从而促进中小企业的快速成长。另一方面，风险投资的目的是在被投资企业成熟后，以上市、转股、兼并等方式退出企业，实现高额回报，完成一个投资周期。所以，促进企业快速成长是风险投资的宗旨。为此，风险投资除了资金投入外，还会积极参与被投资企业的经营管理，为企业提供行业经验、管理技术和专业人才等，从而促进企业治理结构的完善和企业的不断创新。

（3）天使投资。天使投资起源于纽约百老汇，是自由投资者或非正式机构对有创意的创业项目或小型初创企业进行的一次性的前期投资，是一种非组织化的创业投资渠道。天使投资具有直接向企业进行权益性投资；不仅提供现金还提供专业知识和社会资源方面的支持；程序简单，短时期内资金就可到位等特征。

天使投资虽然是风险投资的一种，但两者有较大差别。其一，天使投资是一种非组织化的创业投资形式，其资金来源大多是民间资本，而非专业的风险投资商。其二，天使投资的门槛较低，有时即便是一个创业构思，只要有发展潜力，就能获得资金，而风险投资一般对这些尚未诞生或嗷嗷待哺的"婴儿"兴趣不大。对刚刚起步的创业者来说，既吃不上银行贷款的"大米饭"，又沾不上风险投资的"维生素"的光，在这种情况下，只能靠天使投资的"婴儿奶粉"来吸收营养并茁壮成长。

（4）发行股票。股票发行是指符合条件的企业按照法定的程序，向投资者或原股东发行股票的融资方式。

发行股票是公司筹集资金的一种基本方式，其优点主要有：其一，筹资风险小。由于普通股票没有固定的到期日，不用支付固定的利息，不存在不能还本付息的风险。其二，股票融资可以提高企业知名度，为企业带来良好的声誉。发行股票筹集的是主权资金。普通股本和留存收益构成公司借入一切债务的基础。有了较多的主权资金，就可为债权人提供较大的损失保障。因而，发行股票筹资既可以提高公司的信用程度，又可以为使用更多的债务资金提供有力的支持。其三，股票融资所筹资金具有永久性，无到期日，不需归还。在公司持续经营期间可长期使用，能充分保证公司生产经营的资金需求。其四，没有固定的利息负担。公司有盈余，并且认为适合分配股利，就可以分给股东；公司盈余少，或虽有盈余，但资金短缺或者有有利的投资机会，就可以少支付或不支付股利。其五，股票融资有利于帮助企业建立规范的现代企业制度。

发行股票筹资的缺点主要有以下几点。

① 资本成本较高。一般来说，股票筹资的成本要大于债务资金，股票投资者要求有较高的报酬。而且股利要从税后利润中支付，而债务资金的利息可在税前扣除。另外，普通股的发行费用也较高。

② 容易分散控制权。当企业发行新股时，出售新股票，引进新股东，会导致公司控制权的分散。

③ 新股东分享公司未发行新股前积累的盈余，会降低普通股的净收益，从而可能引起股价的下跌。

创业资金来源与融资代价

近年来，在工作之余到野外走走、呼吸一下新鲜空气，是很多上班族缓解压力的选择。相当于跟团旅游，新鲜、刺激的自助游更吸引年轻人。目前，经营旅游用品的市场情景很大。

任务： 假如你准备开一家户外运动品商店，准备一张 A4 纸，大致估算出你的投资预算，并写下你打算怎样筹到这笔资金？

目的： 了解创业资金来源、融资方式。

要求： 尽可能多的列出你能想到的可利用的融资方式。

四、融资方式的选择

创业融资有鲜明的阶段性特点，只有了解不同阶段的特点，做到融资阶段、融资数量与融资渠道的合理匹配，才能有的放矢，化解融资难题。

虽然创业在字面上被理解为创办新企业，但创业过程并不是在注册完一个新企业后就结束了。企业注册只是完成了法律形式上的创业，只有在实现机会开发并创造价值后，创业过程才算结束。不能把创业融资仅仅理解为筹集创业的启动资金，创业融资不是一次性融资，而是包括了整个创业过程的所有融资活动。创业者需要了解不同阶段的融资需求。创业者在进行融资方式的选择时，应结合创业企业发展的不同阶段，制定相宜的融资决策。

创业企业不同发展阶段融资方式的选择如下。

1. 种子阶段

此阶段企业处于技术、产品研发阶段。企业可能刚刚建立或者正在筹建中，没有完整意义上的组织结构，企业规模很小，基本上没有管理队伍，企业的生死存亡依托在掌握关键技术的少数技术人员和业务人员身上，而且他们同时还担任着经营管理的角色。

主要风险：存在很大的技术风险和市场风险，此阶段的投资风险也很高。

融资方式：由于技术风险和市场风险大，加之企业规模和价值小，银行贷款困难，风险投资也很难取得。此阶段主要靠创业者前期个人积累和亲戚朋友资助或天使投资人提供的股本金作为企业的"种子资金"，同时有极少量的政策资助拨款、大学及科研机构的研究基金。私人资金是此阶段的主要融资方式。

2．创建阶段

创业期的企业已经完成了公司筹建、产品研发、生产组织等工作。但人员、设备、技术、市场等方面还未能协调配合。由于创建阶段的技术风险和市场风险未得到有效的释放，企业仍处于现金流出远大于现金流入的阶段。此时，创业者也可能会请求银行给予贷款，但可能性较小，即使能得到此类贷款，也大都是短期贷款，且数额不大。同时，此阶段由于企业的获利能力较差，如果所借的短期贷款过多，其负债率越高，利息负担越重，资本结构就会越不合理，严重的可能产生财务危机。非营利机构如政府基金在此阶段由于受法律条件限制不再适用。

主要风险：此阶段的主要风险是技术风险、市场风险和管理风险，特别是管理风险凸显。但此阶段的投资风险有所下降。

融资方式：综合考量，所以企业在这一时期最好选择风险投资。风险投资基金或风险投资公司将以战略伙伴或以战略控股者的身份参股，有的风险投资基金或风险投资公司除了资金外，还能为企业提供管理等方面的支持和辅导，从而降低创建期的企业风险。除此之外，这个阶段的资金来源主要还包括创业者的自有资金、向亲戚朋友借入的资金、民间借贷、吸收合伙人投资。

3．成长阶段

这时由于中小企业已经渡过生存难关，企业的发展前景也基本明朗，企业形象、产品品牌在社会上有了一定的知名度和良好信誉，其发展潜力已初露端倪。

成长阶段的企业，产品和服务已经进入开发阶段，并拥有了少量客户，产品和服务的费用较高，销售收入不高。到了该阶段末期，企业完成产品定型，着手实施市场开拓计划。在这一阶段，企业的新产品已进入市场并不断推广，发展前景明朗，风险有所下降，但资金需求量仍较初创期有大幅的提高。

成长阶段企业的资金需求有如下特点。第一，企业需要在短时间内获得大量的资金，以便迅速组织生产，抢占市场，资金需求规模较初创期大幅提高。成长期企业产品不具备大批量生产的条件，单位制造成本较高，销售收入有限，企业财务仍处于亏损阶段，但亏损额随产品销量的增加呈不断缩小的趋势。因此，需要大量外部资金的投入，主要用于以下两个方面，一是用于"中试"以形成市场化生产能力，虽然企业在该阶段掌握了较为成熟的技术和新产品的生产工艺、方法等，但通过产品的试销收集到的反馈信息表明产品仍然存在需要改进的地方；二是用于开拓市场，主要体现为广告投入、产品的批量生产和市场试销工作。第二，企业技术风险明显降低，财务风险与市场风险日益突出。高新技术产品的市场风险总是在产品的推广时期发挥着决定作用。另外对于一个新的投资项目来说，其项目成本核算、投资收益预测、资金回收周期等方面都存在着不确定性，因此企业在财务管理上也存在较大的风险。

主要风险：技术风险大幅下降，此阶段可能会出现经营者管理不力、制造成本过高、财务失控、市场增长缓慢等风险。

融资方式：此阶段资金需求量迅速上升，企业已经具备一定的资产规模，具有一定的融资能力。此阶段创业企业很难靠自我累积和向亲友融资等方式来解决迅速增长的资金需求，银行信贷、风险投资成为其主要融资形式。对于银行信贷，绝大部分企业仍需借助第三方信用担保公司才能取得银行的信贷支持。风险投资主要的针对高新技术的中小企业，比较少进入传统产业，对于绝大部分的劳动密集型、技术含量较低的企业，获得风险投资的可能性不大，仍要以民间资金为主要融资方式。

4．成熟阶段

成熟阶段的技术成熟并且市场需求迅速扩大时进行大规模生产的阶段。企业已形成稳定的盈利能力，企业规模较大。拥有客观的企业资源。企业在这一阶段所要解决的主要难题是：既要不断研发新技术、新产品，更要完善公司治理结构。

主要风险：该时间的市场已经比较稳定，风险降为最小，企业大量的盈利，企业已经度过危险期，基本上可以算是比较成功的企业。

融资方式：资金需求量相对稳定并达到自种子期以来的最高水平。本阶段的企业拥有、控制较多的资源，一般拥有自己的厂房、设备等硬资产，同时控制一定的上下游资源。银行信贷仍然占有重要地位，但一般不再需要第三方担保机构的介入，同时通过对上下游的资金延伸来缓解财务压力。因此本阶段融资成本大幅下降。同时规模比较大的保守的投资机构更愿意在此阶段对企业进行股权投资。部分企业具备上市条件，风险投资机构开始考虑撤出。此阶段企业可以采用多种融资方式筹资。对于企业来讲，在这一阶段筹集资金的最佳方法是通过上市发行股票。

5．衰退期

在没有创新的情况下，企业经历相当一段成熟期后往往会步入衰退期，企业的技术装备日趋落后、产品老化；销量、利润下降，呈现负增长态势；企业内部闲置的人力资源也不断增加；现金流量逐步下降、萎缩，甚至出现赤字，财务状况日益恶化，企业资金周转发生困难，债务不断加重，但随着问题的逐渐暴露，银行不但会停止新的融资，还会向企业催收现有未偿贷款，使企业走向死亡的边缘。此时的企业往往失去了经营目标，为尽快摆脱困境获得新生，企业会通过收缩战线、转产转型、技术创新、重组等手段进行蜕变。

主要风险：此阶段各种风险增大，主要风险是市场风险、技术风险、财务风险、管理风险等。

融资方式：此阶段除获得银行的部分贷款外，商品贸易融资、租赁融资、票据融资、典当融资可使企业获得部分资金，还可以通过企业内部职工借款、企业间的商业信用、民间借贷、信用担保机构担保获得债务性融资，或是通过产权交易市场、股权的场外交易获得权益性融资。

为降低融资成本 TCL 将与东亚银行组建财务公司

　　TCL 公司董事会批准公司与香港东亚银行组建一家财务公司的计划，此举的主要目的是降低 TCL 集团的融资成本。TCL 集团表示，该公司计划出资人民币 3.1 亿元持有上述财务公司 62% 的股权，而东亚银行则将以外汇现金出资人民币 1 亿元持有财务公司 20%的股权，由该公司的关联公司 TCL 多媒体全资拥有的 TCL 王牌电器（呼和浩特）有限公司将出资人民币 700 万元持有新公司 14%的股权。TCL 集团子公司 TCL 通讯全资拥有的子公司 TCL 移动通信（呼和浩特）有限公司将出资人民币 2 000 万元持有财务公司 4%的股权。集团表示，新成立的财务公司将为 TCL 集团的子公司提供存款、贷款和结算方面的服务。新公司将有助于降低 TCL 集团的融资成本，因为从该财务公司获得的贷款的利率可低于银行利率。TCL 集团是在效仿其他几家中国工业公司的做法，这些公司都建立了财务子公司来管理各自公司的财务。TCL 集团的上述财务公司已注册登记。该财务公司已获得了中国银监会的批准，东亚银行拒绝就 TCL 集团上述财务公司的组建发表评论。但有消息称，东亚银行将投资人民币 100 亿元，持有这家财务公司 20%的股权，这家公司将为 TCL 的子公司提供存贷款和结算服务，预计可使融资成本下降，因它放贷的利率能够更低些。但由于投资额不大，对东亚银行的盈利贡献可能很小。

【分析】

1. 降低融资成本是降低创业风险，提高创业成功率的一个有效途径。创业企业在创业融资过程中应树立融资成本观念，并应积极采取各种措施，降低融资的成本。

2. 降低融资成本的方法有贷款货比三家、合理选择贷款期限、享受银行和政府的低息待遇、向亲朋好友借款、提高资金使用效率等。

五、创业融资步骤

在现实生活中，有些人有很好的创意，但筹集不到资金；有些人虽然自己没有资金，但凭专业、信息和技术优势以及个人信誉和人脉关系，总能一次次幸运地找到资金实现企业梦想，成就财富人生。机会总留给有准备的人，创业融资不仅是个技术问题，也是一个社会问题。在创业前或融资前做好充分的准备，会有助于创业融资的成功。

1. 建立个人信用并积累人脉资源

市场经济是一种信用经济，信用对国家、企业、个人都是一种珍贵的资源。在创业融资中，良好的信用会起到很重要的作用。人都生活在一定的社会群体中，创业者也不例外。创业者因为具有创业精神和创新意识，可能在思维方法和行为方式上会有不同之处，显示出异质型人才的特征，但信任是一种市场规则，谁违背了，信息就会在社群内通过口碑传播，而创业最初的融资往往来自亲人、朋友和同事，如果口碑太差，信任度太低，融资难度就会加大。因此，创业者应广结善缘，建立健康、有益的人脉关系，创造和积累基于同事关系、师生关系和亲友关系的社会资本。为创造财富人生，实现自我奠定基础。

2. 测算融资需求量

融资需求量的测算是融资的基础。对于创业者来说，首先需要清楚创业所需资金的用途。任何企业的经营都需要一定的资产，资产以各种形式存在，包括现金、材料、产品、设备、厂房等，创业所筹集的资金就是用来购买企业经营所需的这些资产，同时还要有足够的资金来支付企业的营运开支，如员工工资、水电费等。从资本的形式来看，可以分为固定资本和营运资本。固定资本包括用于购买设备、建造厂房等固定资产的资本，这些资本被长期占用，不能在短期内收回，因此，在筹集这类资本时，要考虑资本的长期性。营运资本包括用于购买材料、支付工资、各种日常支出的资本，这些资本在一个营运期内就能收回，可以通过短期自筹解决。此外，创业企业还面临着成长的问题，在成长阶段，单靠初始的启动资本和企业盈利无法满足成长的需要，还要从外部筹集用于扩大再生的资本，即发展资本。

（1）估算启动资金。企业要开始运营，首先要有启动资金，启动资金用于购买企业运营所需的资产及支付日常开支。对启动资金进行估算，需要具备足够的企业经营经验，并对市场行情有充分的了解。创业者在估算启动资金时，既要保证启动资金能够满足企业运营的需要，又要想方设法节省开支，以减少启动资金的花费。

具体购买固定资产所需资金和企业运营所需的流动资金估算如下。

① 固定资产所需资金估算。

a. 企业用地、厂房、办公用房。可以选择建房、租房或自家用房改造等。

b. 生产经营用机器、车辆等设备，可以考虑租赁或购买。

c. 与生产经营有关的器具、工具。

d. 办公设备和家具。

② 流动资金估算。

流动资金主要用于：a. 原材料、产品；b. 员工工资；c. 促销费用；d. 保险；e. 水电费；f. 办公费用；g. 开办费；h. 利息支出；i. 其他。

在企业起步阶段，还要支付一些其他费用，例如交通费、差旅费、业务招待费等。有的企业需要足够的流动资金来支付 1 年的全部费用，有的需要支付 6 个月的费用，也有的企业只需要 3 个月左右。不同的企业，运营周期不同，所以预算的时间也有所不同，原则是必须预测到获得稳定销售收入之前。一般而言，刚开始的时候销售并不顺利，因此，流动资金要计划得富裕些。

开办一家中老年服饰公司的资金预算

王刚大学毕业工作十年后决定自己创业，准备开办一家中老年服饰公下面是他开办公司进行的资金预算。

创业投资预算表

项目	数量	费用（元）	月份	总额（元）
创业者工资	5	4 000	3	60 000
员工工资	40	3 000	3	360 000
原料费用		100 000	3	300 000
流动现金		100 000		100 000
一次性费用		20 000		20 000
装修费		30 000		30 000
水电费		2 000	3	6 000
保险费				400

续表

项目	数量	费用（元）	月份	总额（元）
广告费		20 000		20 000
设备费				63 500
税费			3	2 000
设备维修费		1 000	3	3 000
押金		10 000	3	30 000
库存		20 000	3	60 000
工厂租金		2 500	3	7 500
店铺租金		8 000	3	24 000
杂费		1 000	3	3 000
合计				1 023 500

（2）编制预计财务报表。编制预计财务报表，不仅是为预测资金需求量提供依据，也是下一步编写商业计划的需要，商业计划的主要内容就是企业未来 3～5 年的财务分析预测，而财务分析预测是在预计财务报表的基础上进行的。所以，编制预计财务报表，是企业融资的一项重要工作。

预计财务报表包括预计利润表、预计资产负债表、预计现金流量表。预计财务报表的内容和格式与实际的财务报表完全相同，只不过数据是面向预算期的。

① 预计利润表。预计利润表又称为利润表预算，是反映企业预算期的财务成果报表。它是在汇总销售、成本、销售及管理费用、营业外收支、资本支出等预算的基础上加经编制的。通过编制预计利润表，可以了解企业预期的盈利水平。通过编制预计利润表，可以预测企业未来的可留用的利润，进而可以预测企业内部融资数额。

② 预计资产负债表。预计资产负债表是反映企业预算期末财务状况的报表。它是以本年度的资产负债表、各项经营业务预算、资本支出预算以及财务预算为基础来编制的。预计资产负债表的编制方法主要有两种：一是预算汇总法；二是销售百分比法。其中，预算汇总法是依照实际资产负债表调整而来。首先按照下列会计方程式逐项调整出每一项目的金额，然后根据会计恒等式验证其左右方，使之达到平衡即可。这两步的公式是：

$$期末余额=期初余额+本期增加额-本期减少额$$
$$资产=负债+所有者权益$$

上式中的期初余额可自己取自预算年度前的实际资产负债表，本期增减数则取自各有关的预算表。可见，预计资产负债表必须和其他各项预算同步进行。

销售百分比法是假定某些资产项目与销售额保持一定的百分比率关系，随着预算年度销售额的增加，这些资产和负债项目也需要随之增加。因此该方法对销售额的依赖性较大，所以，运用此法，首先要用统计方法计算出预计销售额；其次，判断各项目与销售额是否存在固定的比率关系，这也是运用此法成功的关键；最后，再对除了调整项目以外的其他项目，按照会计恒等式原

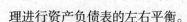

经济学基础

理进行资产负债表的左右平衡。

③ 预计现金流量表。预计现金流量表是反映企业预算期内现金和现金等价物流入和流出状况的报表。它是在现金预算的基础上，结合企业预算期内相关现金收支资料编制的。

预计现金流量表的编制，有利于了解预算期内企业的资金流转状况和企业经营能力，它是企业能否持续经营的基本保障预算，而且能突出表现资金筹集与用的方案对预期内企业的影响。如果预计现金流量不能保证企业的正常运营，必须要提高启动资金数额和外部融资数额。

（3）结合企业发展规划预测融资需求量。上述财务指标及报表的预估是创业者必须了解的财务知识，即使企业设有专门的财务人员，创业者也应该大致掌握这些方法。需要指出的是，融资需求量的确定不是一个简单的财务测算问题，而是一个将现实与未来综合考虑的决策过程，需要在财务数据的基础上，全面考察企业的经营环境、市场状况、创业计划以及内外部资源条件等因素，再做出最终的决策。

3．编写商业计划书

商业计划书，是公司、企业或项目单位为了达到招商融资和其他发展目标，根据一定的格式和内容要求而编辑整理的一个向受众全面展示公司和项目目前状况、未来发展潜力的书面材料。商业计划书是一份全方位的项目计划，其主要意图是递交给投资商，以便于他们能对企业或项目做出评判，从而使企业获得融资。商业计划书有相对固定的格式，它几乎包括反映投资商所有感兴趣的内容，从企业成长经历、产品服务、市场营销、管理团队、股权结构、组织人事、财务、运营到融资方案。只有内容翔实、数据丰富、体系完整、装订精致的商业计划书才能吸引投资商，让他们看懂企业商业运作计划，才能使融资需求成为现实，商业计划书的质量对企业融资至关重要。

商业计划书可以看作是企业家的游戏计划，它把促使企业家致力于创建企业的理想和希望都具体化了，企业家对建设期最初 3～5 年内的销售、经营和财务方面作出计划。一份成熟的商业计划书不但能够能描述出你公司的成长历史，展现出未来的成长方向和愿景，还将量化出潜在盈利能力。这都需要你对自己公司有一个通盘的了解，对所有存在的问题都有所思考，对可能存在的隐患做好预案，并能够提出行之有效的工作计划。同时，在编写商业计划书的过程中，能帮助你认清挡路石，从而让你绕过它。很多创业者都与他们的雇员分享商业计划书，以便让团队更深刻的理解自己的业务到底走向何方。

4．确定融资来源

测算完融资的需求量之后，接下来的工作就是确定资金的来源，即融资渠进和融资对象。此时，创业者需要对自己的人脉关系进行一次详尽的排查，初步确定可以成为资金来源的各种关系。同时，而要收集各方面的信息，以获得包括银行、政府、担保机构、行业协会、旧货市场、拍卖行等各种能够提供资金支持的资料。现在政府出台了很多政策，其中有一些好的政策，很多创业者不了解，失去了获得有关支持的机会。同时，创业者也应对企业股权和债权的比例安排进行考虑。

5．融资谈判

融资谈判是企业成功融资过程中的关键一环，充分发挥融资谈判技巧，能帮助企业更好把握融资的主动性、争取更多有利自己的条件。在进行融资谈判时，需要坚持一定的原则和掌握一定的谈判技巧。

融资谈判虽然不同于外交谈判，但也要求参与者有很高的政治业务素质。一是要熟悉政策法规；二是要了解投资环境；三是要清楚项目状况；四是要具备谈判所需的策略和艺术。因此，谈判无论规模大小，层次高低，参与者都要严肃认真对待，绝不允许草率行事。因为协约合同是企业的生死状，一旦失误就会造成难以挽回的经济损失和不良的政治影响。

（1）融资谈判的基本原则。一切融资活动都是以企业为基础，以谈判、签约为先导的。谈判、签约的水平如何，关系经济利益也关系政治影响，所以，一些基本的原则必须坚持。

① 有备而谈的原则。凡事预则立，不预则废。招商谈判也是如此，事先要做好充分的准备。一是谈判人员的组成，谁主谈，谁配合，谁翻译，谁做顾问，各色人等要备齐，并且事先要有明确的分工和职责；二是方案准备，包括政策法规、投资环境概况、企业的具体情况、合作条件；三是合同、协约文本及相关的资料文件准备；四是承诺与保证措施。有备无患，才会赢得谈判的主动权，达到预期的效果。

② 利益原则。融资合作的目的是为了促进共同的发展，所以必须根据实际计算核定合理的利益标准。互惠互利可以说是融资的主题。

③ 平等原则。投资者可以是不同国度、地区，不同制度、体制下的人，意识形态有差别，贫富有差距，但作为合作者，双方在法律地位上是平等的。对谈判要不卑不亢，进退自如，有礼有节。

④ 政策策略原则。融资不是乞讨、求人，与资金方打交道也不仅仅是个资金技术问题。所以不仅要讲政策，而且还要讲策略。在谈判中，谈判的策略是原则性和灵活性相统一的表现。事先要筹谋，当事要随机应变，注意方式、方法，做到有礼有节，这才是谈判的最高水准。

（2）谈判过程中需要注意的几点。我们所面对的投资人并不是一个，更多时候，我们会同时面对多个投资人，他们的背景、喜好、知识结构等都不一样，因此，他们所关心的问题及提问方式也不尽相同。所以，在谈判过程中，我们需要注意以下几个方面，这样我们可以增加自己的自信，弱化自己的弱势。

① 重视投资方的关注点。在投资家来看，项目的价值在于优秀的管理团队、独特的产品、足够大的市场三者的组合。谈判时，创业企业应该从这几个方面来突出自身的价值，吸引投资商。同时要告诉对方自己在市场中的位置，包括是处于早期还是晚期，每年的销售额，在市场中的份额等，让投资者可以区分开创业企业与竞争对手的不同之处，以强化自己的项目优势。

② 介绍自己时不要说描述性很多的语言。要从几个点去定位，让对方清楚地知道你在做什么，企业的状况如何。如果站在投资商角度想问题，会更容易地抓住其注意力。因为每个投资商都会接到很多商业计划书，会见到很多人，关键在于怎样把你与别人区分开来。然后，告诉对方未来的发展规划。此时投资商会把握自己的投资定位。如果正好符合，自然会开始感兴趣。

③ 要突出企业的投资回报率。企业核心问题是财务预测，例如商业模式、团队、现有的市场的形式、竞争环境、服务对象、未来 3～5 年的收入与利润等，财务预测反映出来的是商业模式与赢利模式，同时需要说服投资商确实能够实现这样的目标。投资商给企业估价的方式非常简单：一个方式是市盈率法，通过对未来的赢利预测乘以 PE 值就是公司的价值。正常的 PE 值在 10～

15 之间，如果企业增长非常快，PE 值会达到 30、50，用这个估算出来企业最低的价值。投资商会据此在内部形成一个报告，预计在 3 年之后这家公司值多少钱，现在投资能够赚多少钱。如果项目的投资回报率达到或者超过投资的预期，拿下融资合同的可能性就非常大了。

④ 坚持保留股份比例和企业控制权上的主动权。在项目的前期规划时，或者在谈判时，创业者应该保持自己的主动权以及合作底线，不要为了获得资金而过分地出卖自己应有的利益和权利，否则，投资人会决定放弃投资，创业者应该是主动的，在没取得融资之前，我们拥有 100% 的股份，现在我只转让一点点，是为了吸引些资金，而不是为投资者打工，在谈判的时候，底线不要太低，更不要轻易地被打破。

六、创业融资的风险

1. 企业融资面临的主要风险

（1）债务融资风险。债务融资方式的特点是，融资过程简易、融资速度快、融资成本低，企业还能享受财务杠杆作用等多种因素带来的好处，但这种融资方式也有致命的缺点。通过债务融资的企业会承受较大的债务性资金风险，因为企业一旦取得债务性资金，就必须按期还付本息，对企业的生产经营来说有不小的压力。如果企业无法按时还清本息，那债务危机就会变成企业内部的财务危机，企业所欠的债务越多，财务危机就越大，越难以控制，处理不当，企业便有破产的危险。

（2）股权融资风险。股权融资中股本没有固定期限，无需偿还。股权融资渠道的优点就是企业不用承受股票到期还本付息的压力，也没有股利负担，相对而言，风险较小。一般的股权融资会构成权益性资本，可有效地提高企业的信誉度。普通股股本在运行中会产生资本公积金和盈余公积金等，这就是企业负债的基础，它能有效扩展企业的融资渠道，提高公司的融资能力，降低融资风险。不过，股权融资方式也存在一些风险：控制权稀释风险，当投资者获得了企业的一些股份之后，企业原本股东的股权就会被分割、减弱，有的小股东甚至会失去控股权；机会风险，企业由于参与了股权融资，便会失去其他融资方式给自己带来的融资机会；经营风险，企业股东在公司的战略、经营管理方式上与投资人会有较大的分歧，企业进一步的经营决策变得困难而摇摆不定。

（3）国家政策和外部市场环境的影响。国家政策和外部市场环境对企业融资都有很大影响，例如产业政策、利率、资本市场的发达程度、通货膨胀等，而利率和汇率水平的高低情况对企业融资成本有直接影响。当国家经济处在货币紧缩的环境下时，企业可能会面临贷款难、利息高、成本上升、无法还本付息的风险，这时，企业的融资成本高，内部财务风险增加，容易遭受损失。当然，国际货币市场汇率的变化也会为企业带来外币的收付风险，尤其是以出口贸易为主的企业。持续的通货膨胀会让企业所需求的资金不断增加，资金的供应就会出现不足，货币性资金不断贬值，市场物资的价值上升，资金成本也不断提高。这些因素都会给企业带来不小的冲击，如果融资失，误，企业财务风险便会直线上升。

（4）企业融资过程中的陷阱。风险投资、私募股权等各种融资方式的出现带给了企业更多的融资机会，也让融资渠道变得更广泛，但机遇始终与挑战并存，一些错误的融资信息也会给企业带来严重的损失。例如，在目前融资市场中，一些以投资为名的诈骗手段纷纷出现，它们会先用优越的条件吸引企业，然后要求企业做商业计划书或请律师做尽职调查，先收取一部分费用，再接着就是考察费、调研费、接待费，最后谈到融资时，就会让企业去指定的融资机构，交评估费，最后直接找个借口说不投资，而在这个过程中产生的大笔费用都需要企业来买单，这无疑给企业带来了严重的融资风险。

2．防范融资风险的主要策略

（1）建立有效的风险评估和分析模式。企业应及时确定风险预防目标，建立和完善风险预警系统，对企业在融资过程中可能出现的各种风险进行评估和分析。企业必须对市场融资环境和自身的融资能力进行判断，保证融资决策的正确性、科学性，促进企业在市场经济中能健康发展。企业应结合风险预警目标和风险管理队伍水平，合理选择风险评估方式，对风险程度、结果等进行分析，便于及时做出融资对策。

（2）合理确定资金需求量，控制资金投放时间。企业的融资数量和资金投放使用时间都是根据企业实际的资金需求量及其使用时间决定的。不管企业通过何种融资方式、融资途径，都必须首先确定融资量，资金量对企业选择一个合理的融资方式有重大意义，确定一个融资限度也有利企业控制融资，降低风险。如果融资量不够，对企业的日常生产经营就会造成不良影响；而融资过剩，又会增加企业的融资资本，降低企业资金的有效使用率。因此，在融资前，企业必须根据自身的实际情况制定融资量计划，根据现有资金的使用情况，确定筹资的数量。

（3）认真选择融资模式，努力降低资金成本。市场经济体制的建立和发展给整个中国创造了新的发展环境，尤其是资金市场的完善，让企业的融资渠道越来越广泛，融资方式越来越多，但不管通过哪种方法进行融资，企业都要付出一定的代价，代价就是企业会出现不同的资金成本。融资过程中，企业要严格遵守国家制定的融资政策、方针和法律规范，科学选择融资方式，并注意融资成本的占用。综合考察各种融资方式，研究各种资金来源的构成，从不同的资金需求和企业的经营条件出发，寻找一种最适合企业的融资方式，真正减低企业的融资成本。

（4）健全企业融资风险防范机制。企业通过融资促进自身发展，提高竞争力，扩大生产规模，但在此过程中需增强风险意识，全面考虑可能会引发风险危机的各种因素，完善企业内部的融资机制，加强融资监督，将融资风险防范工作落实在企业生产发展的各环节中，只有这样，企业才能在竞争激烈的市场环境中勇往直前。企业还应建立融资风险评估制度和重大风险报告制度，在未得到董事会批准的情况下，企业一律不得对外融资，对于违反融资规范的行为，企业有权力追究其责任。

（5）防止骗贷，落入陷阱。为了预防融资陷阱风险，企业可委托律师对投资方的具体信息进行调查，防止受骗，并签订临时合同，首先约定好违约责任，预防因陷阱造成不必要的损失。企业无论采用何种方式吸引投资，都需要在初始股权的结构设置上保证企业的绝对控股权，同时也要考虑到失去控股权的风险。

（6）企业需增强法律意识。我国的各种法律制度、规范陆续出台，企业融资也在法律的规范下显得井然有序，企业的融资空间在法律的监控下有所缩小，而那些违反法律的融资行为必定会受到制裁。企业管理者应从现在开始，转变观念，遵守法律的规定，规避法律风险，使企业走上健康发展的道路。

企业要发展，必定会承受各种风险，但风险始终与危机并存，只要合理规避风险，便能抓住机遇，为自己创造发展机会。企业通常是利用融资方式来扩大发展规模，但在此过程中一定要加强融资管理，规范资本运营，防范和化解融资风险，实现全面快速发展。

项目三 | 新创企业成长

【引例与分析】

屡败屡战的孙剑波

稀饭网 CEO 孙剑波在创业的头两年，曾经和好友做过出版、广告、媒体及代理等多个行当，但很少人知道他刚出校门的第一个项目其实是设计一种"卫比斯心情 T 恤"，想用可怜的资金打造一个个性 T 恤衫的品牌。这并非一个很差的创意，个性 T 恤在美国流行文化的带动下确实开创了很大的市场，而两个年轻小伙子也确实具备打造一个品牌的创意能力和设计能力。但是，他们忽略了国内消费者的成熟程度和服饰市场渠道的复杂局面，更关键的是，忽略了盗版服装的巨大威胁。雪上加霜的是非典的袭击，使得他们开店卖 T 恤的计划彻底破产了。于是，他们只得先开一个电子商务网站来销售 T 恤。客观上说，正是这样的无奈让他们节约了部分资金，而不至于让这第一跤跌得更惨。

这一段短短的创业历程，几乎成为接下来两年间他们转而从事出版和广告等行当的缩影，用孙剑波的话来说，就是一个挫折接着一个挫折，一个失败接着一个失败。创业者犯过的错误，他们都犯过了。创业者可能遇到的艰辛险阻，他们也都遇到过。创业者传奇中的好故事，他们倒是一个都没碰上。短短两年，他们以极大的密度经受了别人在其他环境下十年才能经受的磨难，用最短的时间从学校人变为了社会人。

"我创业 3 年多，从来不知道什么叫一帆风顺。"孙剑波说，"挫折和难甚至让我丧失尊严和自信，但而今回头去看，全是财富。"

[分析]打算创业的人，在开始时就应该耐得住寂寞，守得住目标。自暴自弃是创业成功的头号天敌。其实，大部分创业者在创业过程中难免会遇到一些挫折，真正一帆风顺的创业者微乎其微。在失败和挫折面前，是用积极态度还是消极态度面对，直接决定了创业者未来的命运。向挫折和失败投降的人，永远失去了成功的可能性，而乐观的态度对一个创业者和企业来说是至关重要的，跌倒了，可以重新站起来。在企业成立初期会面临许多风险和危机，创业者除了需要具备屡败屡战的勇气，还有具备一双慧眼，时时关注企业的发展趋势，识别企业可能面临的危机，并及时化解危机，规避企业失败的因素。

一、新企业成长规律及方式

创业企业如何顺利度过创业期是很重要的，但更重要的是如何管理创业企业的快速成长阶段。一些创业企业没有死在创业期，却在企业快速成长阶段难逃厄运。原因之一是在企业成长的同时，企业家团队的能力和企业的核心能力没有随之成长，表现在团队能力和核心能力与企业规模的增长不相匹配。所以，创业者需要了解和掌握创业企业成长的一般规律、方式、扩张战略，以及创业者在创业企业成长过程中角色的转变。

1. 新创企业扩张战略

尽管创业企业作出了详尽的战略规划，但有时还是难逃失败的命运。一组数据表明：中国企业的平均寿命为 7 年左右，民营企业平均寿命只有 3 年，中关村电子一条街上的 5 000 家民营企业生存时间超过 5 年的不到 99 家。很多创业企业走过了艰难的创业初级阶段，却失败于成长阶段。新创企业在创业之后的迅速成长阶段，虽然成长速度快，但成长轨迹中的波动性相对也大；它们富于创新，但同时也面临很多的成长"痛苦"；销售收入增长很快，但盈利性较差，等等。创业企业成长阶段的管理是创业者面临的又一大挑战。对于一个创业者，如果不能在创业后的一定时期内使企业健康成长，将会使创业家壮志难酬。因而，管理创业企业成长，是创业者在经过创业初期之后面临的主要任务。

当创业企业平安度过了创业阶段，营销模式、管理模式已经形成，市场份额逐步扩大并趋于稳定的时候，创业者就应该思考企业的扩张战略，包括内部扩张和外部扩张两种途径。

（1）内部扩张战略。内部扩张战略是企业最常见的一种扩张途径。采用这种战略的企业力图增加现有产品或服务的市场份额。内部扩张战略特别适用于那些产品或服务在进入其寿命周期衰退阶段前的创业企业如图 4-7 所示。

	现有产品	新产品
现有市场	I 市场渗透	III 产品开发
新市场	II 市场开发	IV 增加新产品、开发新市场

图 4-7　新创企业内部扩展战略

① 市场渗透策略（现有产品和现有市场组合）。企业主要是分析市场需求是否得到了最大的满足、有没有渗透机会。如果有，企业就需要采取相应的市场渗透策略。企业需要设法在现有市场上提高现有产品的市场份额。当企业在对市场机会进行分析、判断后，决定采取渗透战略时，需要做好以下 3 个方面的计划。

a. 确定市场领域。一是选择现有市场需求未被满足的产品市场；二是进入现有产品具有需求的其他市场，包括其他消费群体、其他地理区域的市场在内的企业还未进入的所有市场。企业既可以对上述市场采取依次进入的方式，也可以采取同时进入的方式。

b. 分析市场吸引力。市场吸引力是指企业进入目标市场后可能创造的最大利益。衡量市场吸引力的指标主要有市场需求规模、利润率、发展潜力等。在一定条件下，市场需求规模越大，则表明该市场的吸引力越大；利润率即市场需求中单位需求量可以为企业带来的最大利益，利润率与市场需求规模一起决定了企业抓住市场机会进入特定市场可以创造的最大利益；发展潜力反映特定市场为企业提供的市场需求规模、利润率的发展趋势及速度。即使某一市场目前提供的市场需求规模很小或利润率很低，但由于整个市场规模或该企业的市场份额、利润率有迅速增大的趋势，则该市场对企业而言仍可能具有相当大的吸引力。

c. 确定企业在市场上的竞争优势。从质量、成本、技术、服务、客户关系、营销渠道等方面分析企业采取渗透战略的可能性。分析当现有市场的其他竞争对手采取策略性行为后，企业如何长久保证自己的竞争优势。市场渗透内部扩张战略有3种方法：一是尽力鼓励现有顾客多购买本企业的产品或劳动；二是设法将购买竞争者产品的顾客吸引到购买自己的产品或服务上来；三是说服没有用过本企业产品的人使用本企业的产品。这种策略的实施办法是变动价格或者促销。这种扩张战略适用于那些其产品处于生产周期成长阶段或成熟阶段，市场份额较小的企业。

② 市场开发战略（现有产品和新市场组合）。商业机会分析主要是考察在其他市场（新市场）是否存在对企业现有产品的需求。这里所说的新市场，是指包括其他消费群体、其他地理区域的市场在内的企业还未进入的所有的市场。如果在其他市场上存在对企业现有产品的需求，这就是一种商业机会，企业就应该采取市场开发战略。具体需要进行以下几方面的分析。

a. 市场需求饱和度分析。若市场需求非饱和，则为企业开发该市场提供了良机。

b. 市场竞争状况分析。若当地市场需求处于非饱和状态，并且进入者不多或者进入者竞争不充分，就表明市场份额有待进一步分配。

c. 市场的竞争秩序分析。如果市场可以相对公平、公开地进入，不存在操纵市场、控制价格、限制交易等非正当竞争现象，并且政府政策环境有利于进入，则企业可以进入。

对于刚刚进入扩张阶段的企业而言，在进入新市场时，一般都采取先易后难、先简后繁的办法，逐步深入。这样既能够在市场开发中积累丰富的经验，又能够在一定时期做到资源集中利用，节约经营成本。

③ 产品开发战略（现有市场和新产品组合）。企业主要是分析现有市场上是否有其他未被满足的需求存在。如果有，经过分析和评价，这种商业机会适合企业的目标和能力，企业就要开发出新产品满足这种需求，这种策略就是产品开发策略。比如某生产手机的公司，可以考虑发展手机的一些新特色。该公司也可以开发一些随着生活水平的提高而产生的一些新需求的电子产品等。

企业在开发新产品时可以采取以下方式。

a. 独立研制。采取这种方式开发的一般是全新的或者换代的产品，要求企业具有较高的技术水平，有较雄厚的人力和财力资源，因此处在创业阶段的企业，最好是开发不太复杂的产品或开发仿制型、改良型的产品。

b. 技术引进。采用这种方式，企业投资少，并且可以较快地掌握产品制造技术，争取时间把产品制造出来，因此较适用于刚开始创业的企业。

c. 协作开发。这是一种由企业、高等院校或科研机构协作进行新产品开发的方式。这种方式花钱少、见效快，又能促使企业提高开发能力，是一种较好的方式。

④ 多元化战略（新市场与新产品组合）。企业主要是分析新的市场中存在哪些未被满足的需求。如果经过分析和评价后，发现这些大多属于企业原有经营范围之外，企业就应该采取相应的多元化战略。企业在实施多元化战略时，必须考虑内、外部资源条件。多样化战略往往引起企业定义的改变。对于处于扩张期的新创企业，采取多元化经营需要注意以下问题。

a. 多元化战略的实施时机。在企业规模较小而产品及市场都在不断增长的情况下，不宜采用多元化战略，而应集中资本扩大生产原有产品。在这个时机采取多元化战略是不明智的。

b. 多元化的方式。企业的领导者必须深入研究本企业在何种领域采取何种多元化战略，战略实施到何种程度才能最大限度地发挥企业潜力，并使资源达到充分运用。多元化程度低，管理相对简单；多元化程度高，管理难度加大，甚至可能超过现有管理水平。因此，不能盲目决策。

c. 处理好专业化与多元化的关系。企业应分析实施专业化战略或多元化战略后企业的竞争优势如何、市场竞争对手的反应如何，从中找出适合本企业实际情况的战略。

（2）企业外部扩张战略。企业也可以运用外部扩张战略，即通过合资、兼并等方式获得其他企业有利资源的战略。创业企业的外部扩张手段主要有以下几种。

① 合资。随着商业风险的增加、竞争的日趋激烈，以及企业失败率的增大，合资因其较高的规范性和涉及广泛的参与者而成为创业企业进行扩张的常用方法。

合资是指有两个或两个以上的公司形成一个新的公司，成为合资企业。合资企业是一个独立实体，又称为战略联盟，这涉及各种伙伴，包括大学、非营利组织、企业和公共部门。合资是创业企业进入新市场的良好渠道。合资企业的类型包括以下 3 种。

最常见的合资是在两个或两个以上的私营企业之间进行。私营企业合资行为的主要目标有：分享技术和降低成本，例如通用公司和丰田公司在汽车制造领域携手合作，进入新市场，开拓海外市场，融资和市场扩展等。

校企合作。在校企合作中，只要避开可能侵害专利的关键信息，大学也有权公开发表研究成果。

国际合资企业。这种方式由于能获得比较优势而迅速增长。

创业者必须根据环境合理判断合资究竟能否提供发展机会，或是否会对企业产生不利影响。

② 收购。这是创业者扩大企业规模的另一个有力手段。收购是一种通过购买现有企业进入新市场或新产品领域、实现企业扩张的妙方。收购可以是购买一个完整的企业，也可以仅购买企业的一部分。对创业者而言，收购一家现存的企业有许多优点，也存在不少缺点。

收购的优点：获取已正常开展的业务；获得已有的客户基础；获得已确立的营销组织；节约成本；获得现有员工以及他们所附带的各种资源；获得更多的创新机会。

收购的缺点：差强人意的经营业绩记录；关键员工的流失；高估收购价格。

最常用的收购方式是创业者直接收购企业的所有股票或资产，或者根据自己的能力购入相应的资产。无论采取哪种形式，创业者都需全面考虑、妥善安排、量力而行。

杠杆收购

对于创业企业来说，国外越来越流行的扩张方式是杠杆收购。杠杆收购是创业者通过借贷，利用现金来收购一家现存的企业。由于收购者的个人资产相对于收购所需现金而言十分有限，收购者往往需要大量外部资金的支持。银行、风险投资者和保险公司都是杠杆收购中所需资金的最积极的提供者。

在具体应用杠杆收购一般是按以下步骤进行。

第一阶段：杠杆收购的设计准备阶段，主要是由发起人制定收购方案，与被收购方进行谈判，进行并购的融资安排，必要时以自有资金参股目标企业，发起人通常就是企业的收购者。

第二阶段：集资阶段，并购方先通过企业管理层组成的集团筹集收购价 10%的资金，然后以准备收购的公司的资产为抵押，向银行借入过渡性贷款，相当于整个收购价格的 50%～70% 的资金，向投资者推销约为收购价 20%～40%的债券。

第三阶段：收购者以筹集到的资金购入被收购公司期望份额的股份。

第四阶段：对并购的目标企业进行整改，以获得并购时所形成负债的现金流量，降低债务风险。

杠杆收购的优势：

① 并购项目的资产或现金要求很低；

② 运营效率得到提高；

③ 改进领导力与管理；

④ 杠杆作用。当债务比率上升时，收购融资的股权就会做一定程度的收缩，使得私募股权投资公司只要付出整个交易 20%～40%的价格就能够买到目标公司。

杠杆收购的缺点：杠杆收购最大的风险存在于出现金融危机、经济衰退等不可预见事件，以及政策调整等。这将会导致：定期利息支付困难、技术性违约、全面清盘。

③ 兼并。企业扩张的另一种方法是兼并，即两个或者两个以上的企业合并为一个企业。兼并与收购非常相似，以至于有时候两个概念可以互相替代。兼并或收购的关键问题是购入程序的合法性。

创业者需要对兼并作出周密的计划。需要明确兼并的目的，尤其是那些涉及未来收益的兼并更是如此，必须明确两个企业的所有者从兼并中的最终获益情况。

创业者还必须仔细评估兼并对象企业的经营管理状况，以确保原有的管理层在未来企业的发展中保持竞争力。现存资源的价值和适用性也应考虑在内。实际上，这涉及对双方企业的仔细分析，从而保证兼并能够取长补短。

最后，创业者应尽量营造一种相互信任的环境和氛围，以消除管理中可能存在的隐患。

④ 特许经营。特许经营可以定义为有注册商标的产品或服务的制造者或独家分销商将一个地区的排他性营销权授予独立的分销商，被授权者需要支付一定的特许费和遵守标准化运营程序的一种制度安排。向外授权方称为特许方，接受授权方是被特许方。通过购买特许权，被特许方就能获得进入新市场的机会，其获得成功的可能性要远远大于自己从零开始经营一个新企业。

特许经营也是创业者扩大业务的一种方法。在特许经营中，创业者可以作为被特许方接受特许方在营销方面的培训和支持，并使用已经建立了知名度和美誉度的品牌；也可以作为特许方，让他人为使用自己的品牌、名称、工艺、产品、服务等付费，从而扩张自己的业务。

a. 机会。对于被特许方来说，购买特许权最重要的优点是创业者不需要承担一个全新的企业所涉及的各种风险。特许经营拥有这样的资源：产品或服务拥有较高知名度和美誉度；配方或设计拥有专利权；自有商标或品牌；控制财务收支的财务管理系统；该领域专家提供的经营管理咨询；广告和原材料采购的规模经济效应；总部提供的服务；已经接受市场检验的经营理念等。正因如此，创业者在创立新企业时遇到的诸如产品不能被顾客迅速接受、缺乏管理经验、筹集资金困难、对市场不了解以及经营和组织控制不当等问题及其风险在特许经营中都可以被化解或减少到最低限度。对特许方而言,特许经营的好处是随着购买能的不断增强,企业扩张风险、资金需求量和成本都会降低。

b. 风险。对被特许方而言,特许经营的缺点通常集中在特许方可能不提供服务、广告和选址上。一旦特许方没有实现其在特许协议中所作的承诺,被特许方也许在某些重要的方面就得不到任何支持,从而举步维艰。另外,还面临着特许方破产或被另一家公司买断的棘手问题。对于特许者而言,选择这种扩张方式也面临一定的风险和不利之处。有时特许方很难找到素质合格的被特许方。尽管进行了大量的培训和控制,管理不善依然会导致某些特许经营的失败,这对整个特许经营系统都会产生严重的负面影响。随着被特许方数量的不断增加,进行有效管理、控制会变得越来越难。

2. 新创企业的成长特点

创业企业在创业期以自由精神、不规范的体系、不完善的系统等为特征,而规范期的企业以专业化的、利润为导向的经营模式而著称,管理体系更加规范,系统更加完善。发展期的组织介于两者之间。归纳起来,创业期、发展期和规范期企业之间的最重要的区别集中体现在:利润、计划、组织、控制、培训、创新、领导风格和文化几个方面如表4-2所示。

表4-2 　　　　　　　　　　创业期、发展期、规范期企业的主要特征

区别要素	创业期	发展期	规范期
利润	把利润视为副产品	以业务增长为主导、利润为辅助	以利润为导向,把利润作为明确的目标
计划	不规范、非正式的计划	随业务增长,对计划开始重视、逐渐规范	规范、系统的计划过程,涵盖了战略规划、运营计划、应急计划
组织	职位重叠,责任不明	机构增加,分工开始专业化	规范、明确的职位描述,分工专业化
控制	局部非正式的控制,很少使用规范的评估	开始关注对业务单元整体绩效的评估和控制	规范的、有计划地组织控制系统,包括明确的目标、目的、措施、评估和奖励
培训	非正式的培训,主要是在岗培训	应急式的培训,以应对业务增长的需要	有计划的培训,建立完善的培训体系
创新	以重大创新为主,愿意承受重大风险	以局部创新为主,对风险的承受能力减弱	以局部创新为主,愿意承受适度风险
领导风格	创业团队个人风格千差万别,尚未形成统一的风格	创业团队调整、磨合,在碰撞中有所趋同	伴随职业经理人员的加盟,磋商式、参与式风格逐渐显现
文化	宽松自由的"家庭式"企业文化	个人行为习惯与组织要求剧烈碰撞,趋同	明确界定的组织主导的企业文化

二、新创企业成长中的问题

1. 新创企业快速增长的原因

企业在成长的过程中能否实现快速增长,取决于多方面的因素,其中有内部因素,也有外部因素,有成功的管理,也有机遇。外部因素包括主要政府管制(劳工管制、投资管制、准入管制、地方市场保护管制等)和环境因素(地理、文化、法律、市场等)而在外部环境既定的条件下,

从企业自身来说，尽管其失败的原因各有不同，但创业成功的原因却趋同。

（1）善于识别和把握机会。对机会准确而及时地捕捉是创业成功的核心。新经济时代，变化快速而非渐变，其特征是收益增加、正反馈、规模经济性弱、进入障碍低，脑力和智力成为关键资产。新经济是双赢博弈，其核心是探寻机会而不是避免风险。交易成本的降低、经济全球化趋势、知识价值的提升、信息收集的方便性、新技术的应用导致一些产业的最小规模经济点下降，以及服务业等创业门槛低的产业日趋增多等，社会的发展与进步为企业家创业与发展创造了良好的环境。

 知识库 · **牛仔服的诞生**

李维公司的创始人李维·施特劳斯（Levis Strauss）从德国追随哥哥到美国做杂货商。19世纪40年代后期，美国加利福尼亚州掀起了"淘金热"。一次，他乘船到旧金山开展业务，带来了一些线团类的小商品和一批帆布供淘金者搭帐篷。下船后巧遇一个淘金的工人。李维·施特劳斯忙迎上去问："你要帆布搭帐篷吗？"那个工人却说："我们这需要的不是帐篷，而是淘金时穿的耐磨、耐穿的帆布裤子。"李维深受启发，当即请裁缝给那位淘金者做了一条帆布裤子。这就是世界上第一条工装裤。如今，这种工装裤已经成了一种世界性服装—Levis 牛仔服。

（2）富于创新和变革。大部分企业在创业初期资金不多、融资能力较差、技术能力和经营管理能力有限，只有通过创新才能争取行业的领先地位。创业企业最突出的标志就是创新，许多企业每年都会拿出占销售额10%的经费进行新产品的研究开发。市场上日益迅速地推出新的或改进的产品，使创新在创业企业中日趋重要。一方面，创新导致新产品的增加和新产品开发速度加快；另一方面，新产品更快地不断出现，迫使公司不断创新。正是由于这种不断的创新，成为创业企业快速增长的重要原因。

（3）注重整合外部资源，追求外部成长。新创企业的人力、物力、财力资源相对匮乏，注重借助别人（既包括竞争对手，也包括合作者）的力量使自身发展壮大便显得更加重要，这也是其快速成长的原因。具体包括融资、开设分支机构等。

（4）注重人力资源管理。快速成长企业的经营者并不一定要受过高等教育，但他们要雇用一大批有能力的下属，并为他们提供良好的工作环境、成长机会和分享企业成功的机会，使员工有较好的安全感和主人翁意识，从而愿意承担企业生产经营风险，并更积极地投入到事业当中。

（5）灵活有效的管理策略。创业企业所需的人才、设施、资金以及信息等条件相比较为缺乏，在成长与发展中难以抽出用于技术创新的各种资源，甚至没有资源。在这种情况下，创业企业的发展取决于该企业的管理能力，如采用什么样的战略、怎样营销、怎样创新等。

面对成长过程中出现的问题，快速增长的企业善于推动并领导变革，并且敢于打破传统竞争模式，引入新的游戏规则。

2．新创企业成长中的问题

企业成长不会一帆风顺，会遇到许多障碍，归纳起来主要表现在以下方面。

（1）复杂性及管理难度加大。随着企业的发展，企业所面临的内外环境更加复杂。需要与越来越多的顾客及供应商建立并维护关系。吸引了众多竞争对手，改变了行业内的竞争状况：一方面可能面临大企业的打压，另一方面需应对小企业的"搭便车"行为。

地域因素带来的文化、法律、市场环境的影响。

（2）成长的资源限制。

① 管理能力的制约。企业在某个时点拥有的管理服务数量是固定的，这些管理服务一部分要用于目前企业的日常运作，另一部分用于扩张性活动。如果管理企业当前事务所需的管理服务与企业规模成一定比例，而且企业扩张所需新增管理服务与扩张规模也成一定比例，则企业只能按照这一固定比率成长，否则就会出现管理危机，影响效率。

② 市场容量的限制。一旦企业实现了初期的快速成长，很快就会有其他企业跟进。众多竞争对手的加入使顾客有更大的选择空间。随着顾客对产品和市场更加了解，他们往往要求较高的产品质量或索取更多的服务项目和更低的价格。顾客竞价力增强使成长中的企业不得不调整市场战略，以赢得新顾客和维持已有顾客。

在企业自身方面，新创企业随着规模的增大，初期的目标市场容量将无法支撑企业快速发展的需求，企业家必须寻求扩张。但企业扩张往往又受到地域、环境以及多元化经营障碍等方面的制约，使得管理变得更加复杂，造成了极大的障碍。

③ 资金的约束。企业的快速成长需要企业具备相应的资产。如果不能得到新的资金，就会严重制约企业的成长。

（3）持续创新的不足。富于创新是推动企业成长的主要动力。企业创立之后，创业者关注的核心问题是生存，初期创新的推动力量会随着创业者投入资源的减弱而减弱，也会随着消费者熟悉程度的增强和竞争对手模仿行为的增多而减弱。

（4）创业者的角色转换以及团队建设滞后。在企业的增长阶段会发生一些关键的转变，这时需要创业者转变管理方式。要做到这一点并不容易。在所有可能的不同转变中，最难做到、可能也是对组织发展最重要的是从一个一人的创业型管理公司转变成为一个经营上有组织的、专业的管理团队控制的公司。在这个转型的过程中会发生很多问题，特别是如果这个企业有这样的特征：一个高度集中的决策系统；对一两个高度关键人物的过度依赖；没有足够的管理技巧和训练；家长式作风。那么，这将对公司的成长和发展构成一种威胁，会降低创业者成功管理企业成长阶段的能力，从而限制了企业的发展。因此在成长阶段，创业者角色要适时转换。

除了创业者自身的角色转变，还需要加强管理团队的建设。在一些新创企业，仍然有这方面的问题。他们在企业内部培植个人英雄主义，把企业的竞争力建立在个人能力的基础上，遇到问题，多采用更换个别高层管理者的做法解决，结果不仅无法解决问题，反而制约了企业的发展。

要解决创业企业成长中的问题，关键是要实现两个转变，即创业者角色的转变和企业经营管理的转变。

三、新创企业危机管理

创业企业的快速成长带来了一些综合征，如掩盖了管理薄弱、计划不力和资源浪费等现象；削弱了管理者控制企业发展方向的能力；使企业偏离既定的发展目标；阻碍了各部门和个人间的沟通；忽略了员工培训；使人们过度乐观、过度紧张；通常无法授权，权力集中于创始人，造成管理决策的瓶颈问题；质量控制难以保证；忽视创新和长期投资。

这些症状极易引发创业企业陷入成长中的危机。危机是指危及企业形象和生存的突发性、灾难性事件，它通常会给企业带来较大损失，严重破坏企业形象，甚至使企业陷入困境乃至破产。危机作为一种事件，具有 4 种特征：突发性、预知性、破坏性和紧迫性。所谓企业危机管理，就是指企业在经营过程中针对可能面临或正在面临的危机，就危机预防、危机识别、危机处理和企业运营恢复等行为所进行的一系列管理活动的总称。

1. 危机分类

真正的危机在于企业内部经营管理的危机，概括起来有以下几种表现形式。

（1）产品危机。产品是企业参与市场竞争的主要载体，过硬的产品是企业各种竞争实力的集中体现。如果企业在生产经营中，其产品在结构、质量、品种、包装、更新换代速度等方面与市场需求脱节，产品缺乏竞争力，造成产品大量积压，甚至完全被市场淘汰，企业可能被迫停止运行。

（2）价格危机。企业在产品定价策略上可能低估了竞争对手的能力，或过高估计了目标顾客的接受能力。当竞争对手采取低价策略时，本企业则碍于自身的生产条件、技术、规模的限制，无法压低产品价格，使企业的产品销售困难。

（3）信用危机。企业信誉反映了社会公众对企业的整体印象和评价。在很多情况下，它超过了产品对消费者的吸引力。消费者在众多企业生产的几乎无差异的产品面前，选择的依据主要是企业的信誉。企业由于在产品质量、包装、性能以及售后服务等方面与消费者产生纠纷，甚至造成消费者的重大损失，使企业整体形象严重受损、信誉降低，进而被要求巨额赔偿，甚至被责令停产，企业从此陷入危机。

（4）财务危机。企业在投资、融资上的决策失误，或受股票市场的非正常波动、贷款利率和汇率的调整等不利因素的影响，或应收账款因债务人破产而无法收回，或内部子公司破产等原因而导致企业资金入不敷出。若企业无法寻觅更好的融资渠道，则不可避免地导致企业资金断流，财务难以维持，最后造成企业生产瘫痪。

（5）资产危机。因地震、海啸、水灾及风暴等不可抗拒的自然灾害，或因人为失职、人为破坏等给企业财产造成不应有的损失，给企业带来危机。

（6）信息危机。商情变幻，企业必须准确、及时、灵敏地掌握商情信息。信息失误会给企业带来损失，或使企业处于竞争劣势。

（7）战略危机。企业因战略选择失误而导致的危机。

（8）人才危机。掌握企业核心技术、商业秘密的人员以及生产经营方面的骨干突然流失，使企业的生产经营活动难以为继，从而造成巨大损失。

2. 危机预防

危机管理从危机预防开始划分为 4 个时期：危机预防、危机的确认、危机的控制和危机的化解。俗话说，"防火胜于救火，防灾胜于救灾"。危机管理最有效的措施应该是危机的预防。危机的预防和规避可以从以下几个方面进行。

（1）自我诊断。企业诊断通常分自我诊断和委托专家诊断，企业通常是 2 类结合起来使用。企业进行自我诊断的最核心工作就是要注重前期的预警。企业由于自身精力有限而往往聘请外部的诊断机构、咨询机构来为自己做诊断。

企业诊断通常包括 3 个阶段：一是对企业经营状况进行调查研究；二是提出改善企业经营的具体方案；三是指导企业实施诊断方案。企业进行自我诊断时主要根据以下 2 点：一是看结果与年度目标的差异，不论是超额还是不足，如果差异大，就要进行差异分析，寻找原因，从而采取措施；二是针对计划外的突发事件、问题，积极寻找原因，解决问题。

（2）公司治理结构。公司治理的核心是建立一种在股东、董事和高层经理之间相互监督、相互制约的体系和制度安排，促使企业有一个明确的经营目标、组织结构、决策系统和激励机制。公司治理结构是企业长期发展的制度基础，是企业必须用好的工具之一。很多新创企业早期往往采用家族式的管理模式，在创业之初没有规范化的管理，靠着企业家拼搏取得了成功。但是随着企业的发展，只有建立起科学的现代化制度，企业才会做大、做强。公司治理不规范是新创企业的突出难题之一，导致了每年大批企业关门和倒闭。

（3）接班人计划。所谓接班人计划，指的是一套培育各级领导的流程工具。培育过程包括以下 3 个步骤。

第一步，理清企业的经营策略与长期、短期目标。

第二步，根据企业的经营策略，判断现有领导人的品质与深度，即领导人必须具备哪些能力才能达成企业的目标。

第三步，找出企业未来的关键人才，锁定最有成功潜力的人选，投入最多的资源加以栽培。

（4）生命周期。有两种主要的生命周期方法。一种是传统的产品/行业生命周期方法。这种方法假定企业在生命周期中的发展、成长、成熟、衰退各个阶段，面对的竞争状况是不一样的，因此应该采取不同的竞争策略。

另一种是需求生命周期理论。这种理论假定不同的顾客会有不同的需求，同一顾客的需求在不同的时间段、技术、政治等环境下也会有所不同。因此，企业要及时改变自己，与之相适应。

新创企业资源有限，运用生命周期理论可以帮助新创企业在瞬息万变的市场竞争环境中找准位置，最大限度地发挥资源的作用，谋求自身的发展、壮大。

（5）内部控制。对于新创企业，要特别注意以下 3 方面的控制：成本控制、风险控制和业务流程控制。一般企业对于成本控制都给予了较多的关注。但对风险控制和流程控制关注不够。

在风险控制中，要特别关注 3 种致命的风险：

① 财务风险，如流动资金、投资、汇率等；

② 法律风险，如倾销、合作等的诉讼；

③ 咨询风险，如知识产权、商业机密等。

流程控制的要点如下：

① 找出 5～10 个最重要的流程；

② 设法让员工知道这些重要流程，并让其了解自己负责的工作与这些流程有何关联；

③ 以满足顾客与股东需要为出发点，先针对一个流程建立起应用绩效衡量指标，评估流程绩

效，同时设定想要达成的目标；

④ 指定流程负责人；

⑤ 挑选两三个流程，重新设计整个流程，并改进步骤，选择适当时机进行实验；

⑥ 待这些流程进入正轨后，设法与公司的管理制度做有效的结合。

3．危机处理

当企业面临各种危机时，不同的危机处理方式将会给企业带来截然不同的后果。成功的危机处理不仅能将企业所面临的危机化解，而且还能够通过危机处理过程中的种种措施增加外界对企业的了解，并通过这种机会重塑企业形象。与此相反，不成功的危机处理或者不进行危机处理，则会将企业置于极其不利的位置，将会导致以新闻媒介为代表的社会舆论压力将使企业形象严重受损；危机来源一方的法律诉讼或者其他形式的追究行动将使企业遭受巨大的经济损失；企业员工因无法承受危机所带来的压力而信心动摇甚至辞职；新老客户纷纷流失等。

危机化解是危机管理的主要环节，一旦企业发生危机事件，危机化解就显得极为重要，因为它事关企业的生死存亡。危机化解是一个综合性、多极化的复杂问题。危机化解的大致步骤如图 4-8 所示。

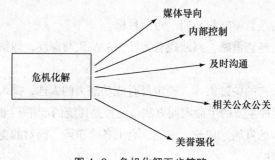

图 4-8　危机化解五步策略

第一步，听取危机事件报告及评估，密切关注媒体的反应。

当危机发生时，企业最高负责人应保持冷静。首要的是召集企业高层听取关于危机事件的报告。同时，要注意媒体的反应，采取适当的措施，引导媒体报道向有利于企业的方向发展。当最高负责人和高层人员听取完汇报之后，必须在最短的时间内对危机事件的发展趋势、对公司可能带来的影响和后果、公司能够和可以采取的应对措施以及对危机事件的处理方针、人员、资源保障等重大事件作出初步的评估和决策。

第二步，内部控制：组建危机处理小组，制订危机处理计划，全面调配物质资源。

第三步，及时沟通。在进行危机处理的过程中，企业要注意与内外的沟通。一方面，对企业内部员工进行安抚，稳定军心；另一方面，与外部媒体公众联系，让他们了解企业对待危机的态度和措施，维护企业声誉和形象。

第四步，相关公众公关。危机：危险+机会。

如果危机事件已经遭到媒体曝光，则危机处理重点应转到媒体攻关上来。如果事实真相对企业不利，则危机处理小组应表示出真诚的悔改之意，并强调这次事件的偶然性，拿出企业的改进措施和时间表以及企业承担责任的方式和范围，以取信于媒体和受众。如果事实真相对企业有利，则危机处理小组应充分利用媒体揭露真相，并引导其对事件本身进行客观的报道和评论，努力塑造企业受害者的形象，博取舆论的同情。与此同时，危机处理小组还需通过法律专家和顾问，向危机事件另一方施加法律行动的压力，迫使其承认过错和责任，达成解决方案。对于媒体的负面报道，不可指责，而应引导其视线，唤起其良知和正义之心。

知识库　危机：危险+机会

"泰诺"是美国约翰逊联营公司生产的治疗头痛的止痛胶囊商标，是一种家庭用药，在美国的销路很广，每年销售额达 4.5 亿美元，占约翰逊联营公司总利润的 15%。突然有一天，有消息报道，芝加哥地区有人因服用"泰诺"止痛胶囊而死于氰中毒。随着新闻媒介的传播，这一数字从开始的 3 人增至 2 000 人（实际死亡人数是 7 人），一时舆论哗然。约翰逊联营公司面临一场生死存亡的巨大危机。

面对危机，该公司毅然决定在全国范围内立即全部回收"泰诺"止痛胶囊（5 天内完成），价值近 1 亿美元。公司还花 50 万美元通知医生、医院、经销商停止使用和销售。约翰逊联营公司以这样的重大牺牲表示对消费者健康的关切和高度责任感。这一决策立即受到舆论的广泛赞扬。公司还积极配合美国公众和医药管理局的检查，及时向公众公布检查结果。

之后，美国政府和芝加哥地方当局发布了新的药品包装规定。约翰逊公司借助这一良机，进行了重返市场的公关策划，并为"泰诺"设计了防污染的新式包装，重新将产品推向市场。在一年的时间内，"泰诺"又占据了大部分的市场，恢复了其领先地位。公司和产品重新赢得了公众的信任，在绝境中转危为安，从危机中找到了商机。

第五步，美誉度强化。

企业不但要善于总结经验教训，还可以通过危机处理来积累包括危机处理经验在内的各种经验，建立起一些平时没有机会建立的社会关系资源，如媒体关系和政府关系，或是与消费者的互信关系。通过危机处理来对企业进行广泛的正面宣传，扩大企业的社会影响，提升企业的知名度和美誉度，从而积累企业的品牌资源。

4．创业失败分析

如果企业不能处理好成长过程中的危机，则难逃失败的命运。究其原因，既来源于内部，又来源于外部。通过一组企业家和一组风险投资家对企业成败的内部因素（I）和外部因素（E）进行的区分和排序，发现企业家通常将企业失败原因的 89%归因于当时的内部因素，而风险投资家则将它们大多数新企业投资项目的失败归于内部原因（84%），如表 4-3 所示。

表 4-3　　新创企业失败的决定因素

创业家方面	等级	风险资本家方面	等级
I—缺少管理技能	1	I—缺少管理技能	1
I—战略差	2	I—战略差	2
I—缺少资本	3	I—缺少资本	3

续表

创业家方面	等级	风险资本家方面	等级
I—缺乏远景	4	E—外部市场差	4
I—产品设计差	5	I—产品设计差	5
I—关键人员缺乏	6	I—产品引入时机	6
E—外部因素		I—外部因素	

（1）市场方面。

① 分销策略不当。无论是基于委托代销制，还是交易会直销制，分销策略都必须面向产品和顾客。

② 业务界定不清楚。缺乏准确的定位，会使企业不断改变，缺乏稳定性。

③ 过度依赖于一个消费群。这将导致企业不能够实现多种经营，当细分市场发生较大变动或者消费者偏好突然发生转移，则企业会陷入困境，甚至可能失败。

④ 广告等促销手段执行不力，公共关系没有做好，或者存在其他一些营销问题。这些因素都将导致销售量较低，使新创企业走向灭亡。

（2）财务方面。

① 资金不足。初始投资不足或者企业对外融资渠道有限都会导致周转资金不足、现金流量不足等问题。

② 过早举债。过多的初始负债将导致严重的财务问题。

③ 与风险资本的关系问题。企业家与风险投资家之间在目标、观念和动机方面的分歧会导致企业问题。

（3）经营管理方面。

① 团队发展观念。选拔人才依赖关系而非个人素质；与风险投资家的关系紧张；企业创建者更关心他们的弱点而非强项；缺少合格的专业服务对公司予以支持。

② 生产运营管理。存在质量管理不过硬，原材料、资源供给不足等生产运作管理问题。

③ 人力资源管理。所有者自我的恶性膨胀、与雇员间的关系及控制因素均可能导致企业失败。

④ 创业企业的独裁体制。中国企业家在建立企业的同时，并没有建立起一套完善的制约和监督机制。中国的企业大多集创业者、所有者、决策者和执行者为一身，这些必将大大增加创业企业的经营失误机会和决策失误机会。

知识库

决策体制导致失败

巨人集团的史玉柱在检讨失败时曾坦言："巨人的董事会是空的，决策是一个人说了算。因我一个人的失误，给集团利益带来了巨大的损失。"他还指出："决策权过度集中在少数高层决策人手中，尤其是一人手中，负面效果同样突出，特别是这个决策人兼具所有权和经营权，而其他人很难干预其决策时，风险会更大。"

　　不仅是巨人集团，很多创业企业在决策方面基本上都是独断体制。因此，没有人能够阻止飞龙集团姜伟"决策的浪漫化、决策的模糊性、决策的急躁化"，也没有人能对吴炳新的"三株年销售额达到 900 亿元"的宏伟目标提出质疑（按这一目标，三株早就可跻身于世界 500 强）。

　　（4）创业者的因素。创业企业的一个典型特征就是对创业者的依赖程度较大，创业者的个人因素会对企业造成极大影响。通常，创业者的投机心理和创业经验、知识的缺乏是创业者因素中的主要方面。

　　① 创业者的投机心理。以软件起家的巨人集团，意图纵横电脑、保健品和房地产 3 大领域，最终却因规模太大、战线太宽而陷入资金危机不能自拔；秦池妄想通过"竞标"来开创营销时代等，无一不是投机心理在作祟。

　　② 专业知识和创业经验缺乏。大多数的创业者并不具备丰富的专业知识和创业经验，完全是凭自己的满腔热血，这样的结局可想而知会导致失败。创业者应该善于吸取前人的经验，利用丰厚的资本来引进成功的商业模式以及具有丰富经验的创业人才。

　　此外，外部因素如经济萧条、倒退，市场的不确定性，市场上突然出现强有力的竞争对手等也都会导致创业企业走向失败。总之，导致创业失败的因素是多方面的，有时这些因素交错在一起，有时一个因素引发连锁反应，最终导致失败。

 职业道德与素质

　　案例之一：20 世纪 80 年代，英国的巴林银行计划在新加坡设立分行。时任新加坡总理李光耀派人考察后，发现该银行信用不佳，毅然拒绝。英国首相为此多次向李光耀交涉，亦无结果，以致两国关系也一度受到影响。几年后，巴林银行破产，英、美、法、日等发达国家因此蒙受了巨大损失。直到这时人们才发现，新加坡的信用环境是最好的。国际资本开始向新加坡聚集，新加坡逐渐成为亚洲金融中心。新国经济腾飞也从此开始。

　　案例之二：早在 1858 年，恩格斯就称汕头为"中国唯一有些商业意义的口岸"。但是，近几年，这个百年商埠和中国改革开放的特区，因为信用缺失，经济开始萎缩。2002 年，国家在这里查出 1 000 多家偷税漏税企业，涉及金额 200 多亿元。这个时期，汕头走私、假冒伪劣商品、地下六合彩泛滥成灾。作为一种必然结果，全国有 18 个地区向辖区经济实体发出警告"不能、不要、不和汕头人做生意"在一些城市，商家甚至打出了"本地无潮货"的广告，以显示其诚信。2000 年，汕头 GDP 增长首次低于两位数，2001 年，汕头 GDP 首次出现 2.5%的负增长。信用环境不好，投资环境不好。从 1999 年到 2001 年，迁出汕头的企业多达 1 200 家。

　　【问题】两个案例对比，问题出在哪儿？

　　【分析】不讲信用就不能做生意。在商业社会中，最大的危险就是不诚实和欺骗。

小结

项目	学习目标	重难点
新创企业	了解创建新企业需要掌握的基本理论知识和具体的操作步骤	企业组织形式、企业注册登记的程序
创业融资	了解企业融资方式、融资的步骤、融资面临的主要风险	融资方式、创业融资的步骤、融资风险
新创企业成长	了解新创企业的成长规律和成长方式，了解新创企业成长中将遇到的问题，掌握如何对新创企业所遇到的问题进行危机管理	新创企业危机管理

职业能力训练

一、思考题

1. 简述新企业的设立流程。
2. 简述债务融资的方式和特点。
3. 简述融资租赁的特点。
4. 简要分析各种筹资方式的利弊。
5. 分析创业失败的主要影响因素和主要原因。
6. 简述新企业成长的方式有哪几种，各种的特如何。
7. 新创企业危机有哪些？如何防范？
8. 试述解决创业企业危机的措施和途径。

二、讨论题

美国花旗银行原亚太地区 CEO 夏保罗认为融资的次序很重要：

第一阶段一定是利用自有资金；

第二阶段找战略合作伙伴，打造一个赢的团队；

第三阶段才去找风险投资者，这个时候你要讲一个有吸引力的故事让风险投资者兴趣；

第四个阶段才到相对保守的商业银行去贷款；

第五个阶段是到货币市场去发行债券。

夏保罗强调："对照这 5 个阶段，不同的阶段找不同的融资者，次序不要搞错，"

你认为他说的话有道理吗？请举个案例支持或反对他的成功创业案例。

三、案例分析

豆瓣网的融资历程

"豆瓣面对的其实并不是一个小众市场。"杨勃的理由在于书籍、电影、音乐其实是一个非常普遍的需求，其背后的人群也是非常庞大的。"关键在于如何在现存的基础上找到一条合理的路径以吸引更多的用户。"

其实，豆瓣本身也不是杨勃创建的第一家企业。

1. 连续创业者

早在 2000 年，杨勃就辞掉了 IBM 顾问科学家的工作回到了北京。在北京国贸的星巴克，杨勃在清华时的老同学说服了他。"其实我参加进去的时候，他们已经快要拿到投资了。"杨勃当时在这家名为"快步易捷"的企业的职位是首席技术官。

杨勃坦诚对于那次创业并不是很喜欢，"更多的是受到了当时创业热潮的感染，没有想好自己能做什么。跟当年很多怀有远大理想的企业一样，'快步'的目标是成为中国最重要的物流 E 化方案供应商。但是经历了融资、烧钱等过程之后，'快步'却没能朝着目标再前进一步。"

2004 年 7 月中旬，决定不再坚持的杨勃跑到美国去转了两周后发现，自己"再也无法想象回到大公司去上班会是一种什么样的景象"。

回国后不久，一个名叫"驴宗"的网站就在杨勃的计算机里成型了。"驴宗"的想法跟杨勃的爱好密切相关。当杨勃还在美国的时候，他就曾经靠着打工挣来的钱在美国、欧洲等地跑了一大圈。不过在某种程度上，"驴宗"只是后来"豆瓣"的试验品。"相对旅游而言，看书、听音乐、看电影是一种更加普遍的需求，也是我的爱好。"

2004 年 9 月间，离开曾经居住的北京豆瓣胡同，杨勃决定在网上给自己也给大家建一个"豆瓣"网站。

2. 另类天使

"我觉得用 20 万元人民币（约 2.5 万美元）差不多就可以作出一个雏形来。"不过 2 次创业的杨勃当时手里就是连这 20 万美元也拿不出来。"我自己的钱都砸在了快步易捷里头了。"开始豆瓣网站程序后不久，杨勃就想到了天使投资。在美国待了将近 10 年的杨勃找起这点钱来也没有费多大劲。"梁文超给我投了 1.5 万美元，他的一个同事也跟着投了 1 万美元。"梁文超是杨勃在清华大学物理系读书时同寝室的同学。当时梁文超正在硅谷的从 Maxim 公司工作。

"我们当时就说好了，1 年后他们可以选择是让我还钱还是转换成公司的股票，而且他们可以把这笔钱按照对自己有利的方式转换成股票。"杨勃解释说，如果一年内相投资人进来，而且投资人给出的估价高于企业的价值，那么梁文超和他的同事就可以按照企业的价值来获得相应的公司股份；反之亦然。这种做法相当于把风险都留在了杨勃这边。"当时我们也没有签什么协议，只是口头上的君子协定。"梁文超只是出于信任才把钱"借"给了杨勃。"在硅谷的时候，我和他是我们班仅有的两个还没有结婚的，相互之间交流比较多。"杨勃嘴边流露出了些许自嘲的口气。

1 年后，即 2005 年年底，梁文超和他同事的"借款"如约转换成了豆瓣的股票。按照一年前的约定，对豆瓣的估值大约是 67 万美元。没过多久，杨勃又开始了寻找第 2 轮天使投资的工作。"原定的目标是十多万美元。"杨勃很快就觉得一时花不了那么多钱，最后只要了 6.5 万美元。2006年春节前后，这笔钱陆续打到了杨勃个人账户上。豆瓣的估值也随之涨到了百万美元以上。"我的确跟陈一舟有过接触，当时是希望他个人能够做豆瓣的天使投资人。"由于双方在预期上存在差距，因此也就没有什么结果。"陈一舟更希望以千橡集团作为投资主体。我并不希望那么早就有公司资本进来。"

3. 从用户到投资人

杨勃原本并不打算过早地给豆瓣寻找机构投资。但是 2005 年以来中国创业投资市场上，竞争的加剧却使得杨勃很快就跟风险投资（VC）接上了头。最先找到杨勃的是 IDGVC 的投资经理高强。早在 2000 年，IDGVC 就投资了杨勃参与创建的"快步易捷"。2005 年 6 月，拥有广泛触角的 IDGVC 再次注意到了刚刚起步的豆瓣。

从 IDGVC 开始算起到最终拿到投资，杨勃或被动或半推半就地总共建了 15 家左右的创投机构。

"我们感觉刚刚进来的国际 VC 跟在本土打拼过一段时间已经完成了本土化的 VC 之间，最大的差距其实不是在信息的获取上，而是表现在对市场的深深层理解上。"迅然，杨勃跟纯粹国外背景的 VC 在语言沟通上并不存在什么障碍，但是他最终还是选择了由本土背景的冯波和 Chris 联手创建的策源基金。冯波早年在亚信、新浪等企业私募融资过程当中发挥了关键性的作用。此前，他还曾经出任过 China Vest 中国首席代表。

不过，冯波第一眼并没有看上豆瓣。尽管冯波很早就已经是豆瓣的注册用户。但是对于上线不到半年，也没有多少用户的豆瓣，冯波还是很难找到足够的理由来说服自己。

2006 年 4 月，断断续续地接触了半年之后，逐渐被豆瓣粘住的冯波和策源的投资经理原野才开始认真讨论起杨勃和他的豆瓣。经过 2 个月的讨论，2006 年 6 月 1 日，杨勃和冯波正式签署了"Term Sheet"。6 月下旬，策源基金的 200 万美元投资就到了豆瓣的账户。

4．先路径依赖

"通过长期的观察和接触，我们逐步感觉到杨勃是一个实实在在做事情的人。"原野如此解释策源基金态度的转变。"在相当长的一段时间内，基本上都只是杨勃一个人在做豆瓣，而且做得越来越有声色。"

"一开始，豆瓣只需要关注书评、书籍推荐等网友看中的核心价值就可以了。"美国加州大学圣迭哥分校博士毕业的杨勃觉得自己一个人就可以先把网站做起来，"没有必要一开始就把架子搭得那么大。"杨勃说，"当时我也请不起那么多人"。

豆瓣功能的添加和完善都是杨勃在跟网友的互动过程当中逐步实现的。在书评的基础上，豆瓣逐渐增添"以书会友、价格比较、二手交换"等功能，同时还增加了电影和音乐等方面的内容。

有了这些功能作基础，通过跟当当、卓越等网上书店的链接而产生的购买行为，豆瓣开始有了一些分成收入以应付日常的开支。与此间时，豆瓣最初的一些用户也开始完成了身份的转换。

2006 年 3 月，豆瓣正式上线一周年之际，豆瓣迎来了自己的第 2 位正式员工——Brant。Brant 是豆瓣的第 212 个用户。截至 2006 年 6 月 30 日，连同杨勃在内，豆瓣一共拥有 5 名正式员工。这个数字正好和快步易捷创始人的数量相同。不仅如此，这 5 个人还都是豆瓣的前 2 500 名注册用户。

"从用户当中发展员工有一个明显的好处，那就是他们对豆瓣比较熟悉，有感情。"杨勃觉得这样大家的理念会比较接近。

获得融资后的豆瓣还将开通旅游板块。杨勃本来担心这将会分散豆瓣的核心价值，但现在"驴友俱乐部"是豆瓣最活跃的小组之一，"原来豆瓣的用户大多数也都是驴友一族"。

案例讨论：

1．杨勃采用了什么样的融资策略？

2. 试着想想为什么杨勃并不希望那么早就有公司资本进来？

3. 从上述材料中，你觉得有哪些值得学习的地方？

四、创业实训

1. 自己的社交圈子（20 分）

一些大学教授、培训教师、记者、演员、作家，他们绝大部分是从自己的知识圈子走向创业成功的。成龙、周星驰等人都是从自己大半生的演艺生涯成功地步入了导演的创业道路。有一些大学教授、培训师正是根据自己在专业知识行业里的地位和影响力成功地走向了职业培训业的创业道路。类似创业成功的案例还很多，当然也有很多人的创业走向失败。在演艺圈里有不少人依仗自己充裕的资金开创了餐饮公司，虽然在很大程度上，名气起到了招揽客户的作用，但还是因为与自己的知识圈跨越太大不能有效管理而导致血本无归的大有人在。

给自己的社交圈子打分（20 分）

☐自己在宿舍内具有较强的影响力——2 分

☐自己在班里具有较强的影响力——4 分

☐自己在学院里具有一定的影响力——6 分

☐自己在学校里具有影响力——8 分

2. 自己的技术圈子（30 分）

我国大力鼓励个人创业，一大批专业技术人员从稳定的技术岗位走向创业的道路，尤其在沿海一带这样的例子不胜枚举。很多建筑人才创办的装潢公司、建筑设计公司；律师创办了律师事务所；财务人才创办了会计师事务所等。这也是创业的基础圈子，一般新型的技术人才创业成功率比较高，技术越是发展到普及程度，创业的成功率就越低。因此，在这些热门行业有一技之长的朋友要创业就要认真评价一下自己的其他圈子的资源，只有在几个圈子拥有多元化的优势才能有成功的创业机会。

给自己的技术圈子打分（30 分）

☐自己的专业知识掌握扎实——5 分

☐参加创新创业比赛获得优异成绩——10 分

☐参加创业企业活动获得一定经验——5 分

☐独立创办过创业企业——10 分

3. 自己的人际圈子（30 分）

在自己的人际圈子里创业的人成功率一般比较高，而且比较轻松。据统计，所谓的暴发户绝大部分都是属于在这类圈子里创业成功的人。有很多人利用自己的家族地位、关系等优势结合自己的圈子创业而走向成功。

给自己的家庭圈子打分（30 分）

☐父母家人具有一定的社会地位——5 分

☐父母从事专业技术、管理活动——10 分

☐父母支持自己从事风险活动——5 分

☐父母拥有自己的创业企业——10 分

4. 自己的经济圈子（20 分）

没钱的人用身体和脑子赚钱，有钱的人用钱赚钱。要做一名成功的商人一定要学会用钱赚钱。其实在自己的经济圈子里创业的成功率也是非常高的，但是从这个圈子里进行创业的人却不是很多，因为很多人在创业的问题上把这个圈子作为附加条件总是捆绑在其他的圈子上，重点依附于其他的圈子创业，结果导致失败。经常遇到很多的朋友，陌生人谈到自己这几年有一点积蓄想找些投资领域自己创业，可是由于技术力量不够以及综合能力不强而茫然没有头绪，即使匆忙地走上创业的道路，结果还是竹篮打水一场空，赔了夫人又折兵。现在有很多的社会金融投资渠道，如股票、国债、黄金等，有很多人利用自己的经济优势，抓住正确的社会投资信息而发家。利用自己的资金，投资成功的渠道基本上有两种：第一种是自己创业，利用其他圈子的优势，又有足够的资金优势，锦上添花，自然成功率很高。这种创业的人一定要把握好一个投资比例，就是自己其他圈子的能力与自己投入资金的比例是否吻合。第二种就是利用自己的资金优势参与金融投资，找理财行家借助理财投资，或者嫁接于别人的投资事业从事融资投资。现在有很多风险投资公司以及很多风险投资个人就成功做到了这点。

给自己的融资圈子打分（20 分）

☐自己积攒下了一笔不小的资金——2 分

☐父母同意资助一笔不小的资金——4 分

☐亲朋好友同意资助一笔不小的资金——6 分

☐风险投资基金同意资助一笔不小的资金——8 分

5. 判断

（1）自己的总分是多少？

（2）自己的优势在哪里？

6. 问题

（1）总分高低与创业成败正相关吗？

（2）优势到底是创业的资本，还是创业的包袱？

 学习评价

1. 职业核心能力测评表

（在☐中打√，A 通过，B 基本通过，C 未通过）

职业核心能力	评估标准	自测结果		
自我学习	1. 能进行时间管理	☐A	☐B	☐C
	2. 能选择适合自己的学习和工作方式	☐A	☐B	☐C
	3. 能随时修订计划并进行意外处理	☐A	☐B	☐C
	4. 能将已经学到的东西用于新的工作任务	☐A	☐B	☐C
信息处理	1. 能根据不同需要去搜寻、获取并选择信息	☐A	☐B	☐C
	2. 能筛选信息，并进行信息分类	☐A	☐B	☐C
	3. 能使用多媒体等手段来展示信息	☐A	☐B	☐C

续表

职业核心能力	评估标准	自测结果		
数字应用	1. 能从不同信息源获取相关信息	☐A	☐B	☐C
	2. 能依据所给的数据信息，作简单计算	☐A	☐B	☐C
	3. 能用适当方法展示数据信息和计算结果	☐A	☐B	☐C
与人交流	1. 能把握交流的主题、时机和方式	☐A	☐B	☐C
	2. 能理解对方谈话的内容，准确表达自己的观点	☐A	☐B	☐C
	3. 能获取信息并反馈信息	☐A	☐B	☐C
与人合作	1. 能挖掘合作资源，明确自己在合作中能够起到的作用	☐A	☐B	☐C
	2. 能同合作者进行有效沟通，理解个性差异及文化差异	☐A	☐B	☐C
解决问题	1. 能说明何时出现问题并指出其主要特征	☐A	☐B	☐C
	2. 能作出解决问题的计划并组织实施计划	☐A	☐B	☐C
	3. 能对解决问题的方法适时作出总结和修改	☐A	☐B	☐C
革新创新	1. 能发现事物的不足并提出新的需要	☐A	☐B	☐C
	2. 能创新性地提出改进事物的意见和具体方法	☐A	☐B	☐C
	3. 能从多种方案中选择最佳方案，在现有条件下进行实施	☐A	☐B	☐C

学生签字：　　　　　　教师签字：　　　　　　20　　年　　月　　日

2. 专业能力测评表

评价内容	权重	考核点	考核得分		
			小组评价	教师评价	综合得分
职业素养（20分）	20	分析创业融资成功的关键之处			
案例分析（80分）	80	作一个创业规划设计书			

组长签字：　　　　　　教师签字：　　　　　　20　　年　　月　　日

参考文献

[1] 张建伟. 经济学基础（第 2 版）[M]. 北京：人民邮电出版社，2015.

[2] 李志强. 经济学基础[M]. 北京：北京出版社，2015.

[3] 孙德林. 创业基础教材[M]. 北京：高等教育出版社，2012.

[4] 倪成伟. 财政与金融（第 3 版）[M]. 北京：高等教育出版社，2014.

[5] 陈星. 金融概论[M]. 北京：高等教育出版社，2014.